Cornelia Müller-Magdeburg (Hrsg.)

Verändertes Denken – zum Wohle der Kinder

Festschrift für Jürgen Rudolph

Nomos

Die Deutsche Nationalbibliothek verzeichnet diese Publikation in der Deutschen Nationalbibliografie; detaillierte bibliografische Daten sind im Internet über http://dnb.d-nb.de abrufbar.

ISBN 978-3-8329-4970-9

1. Auflage 2009

Inhaltsverzeichnis

aus der Justiz

aus der Rechtsanwaltschaft

aus der Psychologie

aus der Beratung und Mediation

Vorwort

Die vorliegende Festschrift ist Jürgen Rudolph, Richter am Amtsgericht a.D., in großem Respekt und Anerkennung seines unermüdlichen Wirkens um die interdisziplinäre Zusammenarbeit der mit dem Familienkonflikt befassten Professionen gewidmet. Der Name und die Person von Jürgen Rudolph sind für Freund und Feind untrennbar mit dem sog. »Cochemer Modell« verbunden, wie die interdisziplinäre Praxis im Landkreis Cochem-Zell gemeinhin und verkürzend bezeichnet wird. »Cochemer Modell« – wer auch immer davon hört, reagiert zunächst mit Widerstand und Abwehr: »Schon wieder eine neue Heilslehre ...«, »Das geht nur auf dem Dorf...«, »Dafür eignen sich nur bestimmte (Mittelschichts-?) Elternpaare...« Und so sind es im Wesentlichen zwei herausragende Leistungen von Jürgen Rudolph, die zu ehren Ziel dieser Festschrift ist:
Herrn Rudolph ist es zum einen gelungen, im Familienkonflikt einen Perspektivwechsel herbeizuführen und uns deren Notwendigkeit und (!) Möglichkeit vor Augen zu führen. Unter seiner Anleitung konnten die Professionellen ihren Blickwinkel von den eigenen Notwendigkeiten, Zwängen und Begrenztheiten auf die Sichtweise der Kinder lenken. Dadurch konzentriert sich das familiengerichtliche Verfahren im Trennungs- und Scheidungskonflikt statt auf die trennungs- oder lebensweltbedingten Defizite der Eltern nunmehr auf deren Ressourcen und die Notwendigkeit und auch Möglichkeit, ihre elterliche Verantwortung für die gemeinsamen Kinder wiederherzustellen.
Neben diesem Perspektivwechsel ist es die unermüdliche Ausdauer von Jürgen Rudolph, welche die Aufmerksamkeit einer Festschrift verdient. Wie kein Zweiter hat Richter am Amtsgericht Rudolph für den Perspektivwechsel »landauf – landab« geworben, in ländlichen Regionen und in Großstädten, vor Praktikern, Betroffenen, Interessenverbänden und politisch Verantwortlichen. Über 15 Jahre tritt er bereits für den Wechsel in der Betrachtungsweise des Familienkonfliktes ein. Kein Widerstand noch persönlicher Angriff haben ihn je auch nur einen Augenblick entmutigt. Im Gegenteil hat er die im Laufe der Jahre sich stetig wiederholenden (Schein-) Gegenargumente stets mit dem Engagement der ersten Stunde als Herausforderung zum intellektuellen Diskurs aufgegriffen. So hat er fast jedem Kritiker eindrucksvoll demonstriert, dass es nicht um die Abwägung eines Für und Wider, sondern um den ganz grundsätzlichen Paradigmenwechsel geht. Ist dieser vollzogen, stellen sich die immer wieder gleichen Fragen gar nicht mehr (z.B. Geht das überhaupt in Großstädten? Oder – wie neuerdings oft zu hören ist – vielleicht nur im Zusammen-

hang großstädtischer Infrastrukturen? Gibt es »Fälle«, die nicht geeignet sind? Welche andere Profession ist schuld, dass ich selbst mich nicht auf den Veränderungsweg begeben kann?...). Es gibt kein Zurück mehr in die traditionelle Verfahrensweise.

Am 1. September 2009 tritt das Gesetz über das Verfahren in Familiensachen und in den Angelegenheiten der freiwilligen Gerichtsbarkeit (FamFG)[1] in Kraft. In den Paragrafen §§ 155 ff. FamFG greift es mit der Beschleunigung von Sorgerechts- und Umgangsverfahren, dem Hinwirken auf einvernehmliche Lösungen und der Möglichkeit der Anordnung von Beratung sowie mit der Prozesshaftigkeit des familiengerichtlichen Verfahrens Elemente des sog. »Cochemer Modells« auf.[2] Rudolphs engagierter Einsatz ist damit auch auf politscher Ebene erfolgreich gewesen. Seine Arbeit ist in Gesetzesform gegossen worden, gewissermaßen als »lex Rudolph«. Dies ist ein unvergleichlicher rechtspolitischer Erfolg.

Jedoch bleibt das Gesetz notwendigerweise hinter den Anforderungen seiner Leitgedanken zurück. Das FamFG kann als Verfahrensgesetz die verfahrensrechtlichen Aspekte der Cochemer Praxis, des sog. beschleunigten Familienverfahrens festschreiben. Einer gesetzlichen Regelung entzogen sind jedoch naturgemäß die essentiellen Haltungen und Haltungsveränderungen, die eine erfolgreiche Fokussierung auf die Sichtweise des Kindes voraussetzen.

Es sind diese – sich gesetzgeberischer Kodifizierungen entziehenden – Haltungen, Perspektiv- und Paradigmenwechsel zum Wohle des Kindes, denen sich die zahlreichen renommierten Vertreterinnen und Vertreter der Rechts- und Justizpolitik, anwaltlichen und gerichtlichen Praxis, Familienpolitik, psychologischen Praxis und Wissenschaft Beratung und Mediation in ihren Aufsätzen widmen. So vielfältig die professionelle Beteiligung am Familienkonflikt ist auch der professionelle Hintergrund der Autorinnen und Autoren wie auch das Licht, welches sie auf das Kindeswohl werfen. Es ist die Vielfalt, die der Jubilar nicht zuletzt mit seiner Überzeugungskraft, Authentizität, mit Bescheidenheit und Charme in ein engmaschiges Netzwerk geknüpft hat. Sie spiegelt sich in dieser Festschrift wider.

Der besondere Dank für das Zustandekommen dieser Festschrift gilt daher in erster Linie den Autorinnen und Autoren, deren Ideen, Vorschläge, Reformansätze und Kritik sich in der Festschrift materialisiert haben und dieses Werk erst bilden. Ihre durchweg freudigen Zusagen sind schon für sich genommen eine besondere Wertschätzung gegenüber Jürgen Rudolph.

Durch großzügige Spenden haben der Münchener Anwaltsverein, das Institut für Gericht und Familie (igf), Berlin, die Gesellschaft für Gerichts- und

1 Gesetz vom 17. Dezember 2008, BGBl. 2008 I, S. 2586 ff.

2 Amtliche Begründung des Entwurfes der Bundesregierung, BR-Drs. 309/07 vom 10. Mai 2007.

Rechtspsychologie (GWG), München, der Verband Anwalt des Kindes (VAK) sowie die Bundes-Arbeitsgemeinschaft für Familien-Mediation (BAFM) das Vorhaben finanziell ermöglicht. Der Nomos Verlag hat die Idee der Festschrift professionell aufgegriffen, sich dadurch einerseits erneut als Verlag des FamFG profiliert und andererseits Verantwortung für die wissenschaftliche Qualität der Festschrift übernommen. Dank gebührt auch der Lektorin des Nomos Verlages, Frau Gisela Krausnick, für ihre sachkundige und geduldige Beratung und Begleitung des Vorhabens.

Berlin, im Mai 2009

Dr. Cornelia Müller-Magdeburg
Vizepräsidentin des Amtsgerichts
Pankow/Weißensee, Familienrichterin

aus Rechtspolitik und Rechtswissenschaft

Heinz Georg Bamberger[1]

Arbeiten in Netzwerken – Ein Plädoyer für neue Wege in der Justiz

Wenn heute über die Modernisierung der Justiz gesprochen oder geschrieben wird, steht der Gedanke des vernetzten Arbeitens immer weit vorne im Focus der Aufmerksamkeit. Eine moderne Justiz – so meine Überzeugung – besteht nicht nur aus einer angemessenen personellen und technischen Ausstattung, sondern macht sich insbesondere an der Bereitschaft aller Verantwortlichen fest, sich neuen Ideen und neuen Wegen zu öffnen. Die Bereitschaft, »über den Tellerrand zu schauen«, ist dabei nicht zuletzt auch ein Indikator für eine Steigerung der Qualität der Justiz.

Jede Richterin, jeder Richter erkennt früher oder später: Wir können uns nicht damit begnügen, jede Frage auf einer allein juristischen Ebene zu beantworten, und nicht jeder Konflikt kann ausschließlich mit Hilfe von Normen gelöst werden. Wir müssen uns also öffnen für andere Sichtweisen und für andere Erkenntnisquellen. Wir müssen uns öffnen für eine Zusammenarbeit mit anderen Professionen.

Das hat seinen Grund in der Wirklichkeit selbst. Wirklichkeit ist interdisziplinär. Daher kann, was wir unseren Entscheidungen zugrunde legen – der Lebenssachverhalt – auch am besten interdisziplinär und interprofessionell erkannt und festgestellt werden.

Dieser interdisziplinäre Ansatz besteht in der Heranziehung anderen Fachwissens, wie beispielhaft bei der Beauftragung eines Sachverständigen. Darüber hinaus muss es hier um eine Interaktion, um ein gemeinsames Wirken auf gleicher Augenhöhe gehen. Eine gute Zusammenarbeit im Einzelfall setzt an vielen Stellen die notwendige Verständigung über das wechselseitige Aufgabenverständnis und über die Verfahrensweisen voraus, außerdem die Kenntnis der Vorraussetzungen und der Rahmenbedingungen, unter denen der Kooperationspartner tätig wird. Die reibungslose Verständigung im Einzelfall wird dadurch erleichtert, dass sich die Akteure persönlich kennen.

Zur Vertiefung des genannten Verständnisses empfiehlt sich eine fallübergreifende dauerhafte Zusammenarbeit der Partner in der Form der regionalen Runden Tische, der Arbeitskreise und der Arbeitsgemeinschaften. Als Justiz-

1 Der Autor ist Justizminister des Landes Rheinland-Pfalz. Er war über 30 Jahre lang Richter, zuletzt für viele Jahre Präsident des Oberlandesgerichts Koblenz.

minister des Landes Rheinland-Pfalz bin ich stolz darauf, dass wir uns in unserem Bundesland schon sehr früh und vor allem sehr nachhaltig der Notwendigkeit dieses eng vernetzten Arbeitens geöffnet haben.
Schon im Jahr 1992 begann sich im Bezirk des Amtsgerichts Cochem ein Arbeitskreis »Trennung und Scheidung« zu etablieren. Es ging um: Verfahrensbeschleunigung, die Gestaltung der frühen Termine, die Einbindung des Jugendamtes und das Angebot der Hilfen der Erziehungsberatungsstellen, die Einholung lösungsorientierter Gutachten der Sachverständigen und vor allem um den Vorrang autonomer Entscheidungen der Eltern vor einer etwaigen streitigen Entscheidung. Das war die Idee und der Weg der »Cochemer Praxis«, die der Richter des Amtsgerichts und Familienrichter Jürgen Rudolph von Anfang an entscheidend und mit großem Engagement mit begleitet und mit gestaltet hat. Er war einer der Protagonisten des »Cochemer Modells«. Was damit an neuen Ideen und Gestaltungsmöglichkeiten vorankam, hat letzten Endes seinen Weg in das im September dieses Jahres in Kraft tretende Reformgesetz für das Verfahren in Sachen des Familiengerichts und der freiwilligen Gerichtsbarkeit gefunden.
In einer Vielzahl von Arbeitskreisen »Trennung und Scheidung« im ganzen Land wurden zwischenzeitlich unterschiedliche Vorgehensweisen, die individuell in interprofessioneller Zusammenarbeit und unter Berücksichtigung der lokalen Bedingungen in den jeweiligen Bezirken entwickelt wurden, herausgearbeitet. Am 09.10.2003 hat sich eine Landeskonferenz der Arbeitskreise Trennung und Scheidung gegründet, die sich als überregionaler Zusammenschluss der Arbeitskreise im Land Rheinland-Pfalz versteht und sich als wichtiges Diskussionsforum aller an den Familiengerichtsverfahren beteiligten Professionen etabliert hat.
Allen Herangehensweisen, ob in Cochem oder in den anderen Gesprächsrunden, eigen ist jedoch die Achtung der am Verfahren beteiligten Berufe (Professionen) und das unbedingte Bekenntnis, das Wohl der betroffenen Kinder in den Vordergrund der gemeinsamen Bemühungen zu stellen.
In diesem Zusammenhang darf ich aus einem Beschluss des Landesjugendhilfeausschusses vom 11. Februar 2008 zu den kindzentrierten Hilfen bei Trennung und Scheidung zitieren. Dort heißt es:
»Das Wohl des Kindes verlangt von den mit dem Trennungskonflikt befassten Professionen, dem Kind zu helfen, die mit einer Trennung der Eltern verbundenen Irritationen, Ängste und anderen Belastungen zu bewältigen, das Kind bei der Entwicklung seiner eigenen, nicht von Verlustängsten bestimmten Haltung zu unterstützen, diese Haltung im Sinne einer Beteiligung bei der Gestaltung der neuen Lebenssituation zu berücksichtigen, zur Bewältigung von elterlichen Konflikten beizutragen, für die Sicherung der kindlichen Beziehung zu wichtigen Bezugspersonen einzutreten und für die Sicherung der körperlichen und seelischen Unversehrtheit des Kindes z.B. im Falle von

häuslicher Gewalt, Misshandlung, sexuellem Missbrauch und Verwahrlosung einzutreten.«

Diesen Programmsätzen kann ich nur beipflichten. Sie machen allerdings auch schon deutlich, dass es Zielkonflikte geben kann. Ausgangspunkt der speziellen Problematik im Familienrecht ist es, dass das neue Kindschaftsrecht – wie ich meine aus gutem Grund – in § 1626 Abs. 3 BGB feststellt, dass es in der Regel zum Wohl des Kindes gehört, Umgang mit beiden Eltern zu haben. Aus § 1684 Abs. 1 BGB ergibt sich folgerichtig ein Umgangsrecht des Kindes und die Verpflichtung und Berechtigung der Eltern zum Umgang.

In familiengerichtlichen Verfahren kann diese Grundaussage in Kollision mit der möglichen Gefährdung des Kindes und/oder der Mutter durch die von dem anderen Elternteil ausgehende Bedrohung geraten. In diesen Verfahren mit Gewalthintergrund stehen die Familiengerichte vor einem Zielkonflikt, einerseits grundsätzlich für einen Umgang des Kindes mit beiden Elternteilen sorgen zu müssen und andererseits einen effektiven Schutz vor neuen Gewaltübergriffen zu gewährleisten.

In den zahlreichen Arbeitskreisen »Trennung und Scheidung« sowie in den regionalen Runden Tischen im Rahmen des rheinland-pfälzischen Interventionsprojektes gegen Gewalt in engen sozialen Beziehungen setzen sich die professionell an den familiengerichtlichen Verfahren Beteiligten insbesondere mit der Frage auseinander, wie mit dieser Problematik in der Praxis umzugehen ist. Eine qualifizierte Begleitung beider Elternteile und der betroffenen Kinder durch Beratungsstellen, lösungsorientierte Gutachten und die Vorhaltung des sogenannten begleiteten Umgangs sind dabei sicher wichtige Ansatzpunkte.

Durch Fortbildungsangebote zum Thema »Kindeswohl« und auch durch die gezielte Unterstützung und Förderung der Teilnahme von Richterinnen und Richtern an den genannten interprofessionell besetzten Gremien wird gewährleistet, dass in der gerichtlichen Praxis die notwendige Sensibilität in den Familienrechtsverfahren in den Fällen der Gewalt in engen sozialen Beziehungen vorhanden ist. Die Lösung des aufgezeigten Konflikts im individuellen Fall wird dadurch nicht auf eine rein juristische Sichtweise verkürzt. Die Sichtweisen beispielsweise der Pädagogik und der Entwicklungspsychologie werden gleichermaßen einbezogen.

Zurzeit gibt es ca. 40 regionale Arbeitskreise »Trennung und Scheidung« in Rheinland-Pfalz. In den meisten dieser Arbeitskreise sind die örtlich zuständigen Familienrichterinnen und -richter eingebunden und zum Teil auch federführend. In regelmäßigen Abständen wird durch das Ministerium der Justiz durch entsprechende Anschreiben an die Gerichte zum Ausdruck gebracht, dass eine Mitarbeit in diesen Arbeitskreisen wünschenswert ist.

Nach der Gründung einer Landeskonferenz von Arbeitskreisen zur Trennung und Scheidung in Folge der gemeinsamen Fachtagung des Ministeriums für Arbeit, Soziales, Familie und Gesundheit und des Ministeriums der Justiz im Februar 2003 zur »Kindschaftsrechtsreform – Umsetzung des Kindschaftsrechts/Vernetzung der Professionen« wurden kontinuierlich weitere Landeskonferenzen durchgeführt. Ziel der Konferenzen ist es, eine die Professionen übergreifende Zusammenarbeit zu unterstützen und zu etablieren, die die Förderung des Kindeswohls und einen fairen elterlichen Interessenausgleich in krisenhaften Situationen elterlicher »Trennung und Scheidung« weiterentwickelt. Für die Landeskonferenzen der Arbeitskreise Trennung und Scheidung, die ein- bis zweimal jährlich, jeweils unter Federführung eines regionalen Arbeitskreises durchgeführt werden, steht sowohl eine ideelle als auch eine materielle Landesförderung zur Verfügung.

In den Landkreisen und Städten, in denen sich die Netzwerke gebildet haben, wird überall deutlich, dass durch die Kooperation die vorher bestehenden Vorbehalte der einzelnen Professionen sowie die teilweise auch lange gehegten und gepflegten Vorurteile und Missverständnisse ausgeräumt werden können. Zunehmend wächst die Erkenntnis, dass sich die unterschiedlichen Sichtweisen gegenseitig befruchten und ergänzen können, dass eine neue Form von Kreativität und insbesondere Kommunikationskultur entstehen kann. Dies alles wirkt sich nicht nur dahingehend aus, dass sich die professionell beteiligten Juristen, Sozialarbeiter, Psychologen in einer völlig neuen und für alle regelmäßig wesentlich angenehmer erlebten Form miteinander verständigen können, sondern hat auch zur Folge, dass die erzielten Ergebnisse qualitativ besser sind.

Der Gedanke des vernetzten Arbeitens als Ausdruck einer modernen Justizpolitik setzt sich in Rheinland-Pfalz in immer mehr Bereichen durch. Ich kann hier die gerade eingerichteten »Häuser des Jugendrechts« in Ludwigshafen und Mainz erwähnen. Hier geht es darum, der Delinquenz Jugendlicher und Heranwachsender durch eine intensive Zusammenarbeit, in dem Fall der Jugendämter, der Beratungsstellen, der Polizei, der Staatsanwaltschaft und der freien Träger der Strafentlassenenhilfe vor Ort, zu begegnen. Durch schnelle Reaktionen und vor allem durch den intensiven Austausch von Informationen kann eine effektive, zeitnahe Intervention gewährleistet werden. In Fallkonferenzen in den »Häusern des Jugendrechts« kann in den meisten Verfahren eine Verständigung auf eine gemeinsame Herangehensweise erzielt werden. Weitere »Häuser des Jugendrechts« sind für andere Städte in Rheinland-Pfalz schon in Planung. Auch für die ländlichen Bezirke wird zur Prävention und Bekämpfung der Jugendkriminalität über Kooperationsmodelle in einer ähnlichen Form, wie es die »Häuser des Jugendrechts« sind, nachgedacht.

Als weiteres Beispiel für eine moderne Justizpolitik möchte ich die in unserem Bundesland umgesetzte flächendeckende Einrichtung von Zeugenkontaktstellen bei allen Gerichten und bei den Staatsanwaltschaften nennen. Die Aufgaben der Zeugenkontaktstellen umfassen im Wesentlichen Hilfeleistungen im unmittelbaren Zusammenhang mit Verhandlungs- oder Vernehmungsterminen. Oberste Leitlinie für die Tätigkeit der Kontaktstellen ist es, auf Fragen, praktische Probleme oder Ängste der Zeuginnen und Zeugen einzugehen und mit Rat und Tat vor und nach deren Aussage zu helfen. Grundlegender Bestandteil der Konzeption ist die Vernetzung mit Institutionen außerhalb der Justiz, die dem Schutz von Zeuginnen und Zeugen, insbesondere dem Opferschutz dienen. Allen Zeugenkontaktstellen stehen Ansprechpartnerinnen und Ansprechpartner bei dem WEISSEN RING e.V., den Frauennotrufen, den Kinderschutzdiensten sowie der Polizei zur Verfügung, die insbesondere bei der Vermittlung weitergehender Hilfsangebote für besonders belastete (Opfer-)Zeuginnen und (Opfer-)Zeugen Unterstützung bieten.
Nicht zuletzt möchte ich das rheinland-pfälzische Landesgesetz zum Schutz von Kindeswohl und Kindesgesundheit vom 7. März 2008 (GVBl 2008, S. 52) erwähnen. Dieses Gesetz regelt Maßnahmen zum Schutz von Kindeswohl und Kindesgesundheit durch frühe Förderung und rechtzeitige Hilfen zur Vermeidung von Vernachlässigung, Misshandlung oder Missbrauch. Als Ziel des Gesetzes wird unter anderem der Aufbau lokaler Netzwerke genannt, um umfassend durch Früherkennung von Risiken für Fehlentwicklungen sowie durch rechtzeitige effektive Maßnahmen einen wirksamen Schutz der Kinder zu erreichen. Als Beteiligte der lokalen Netzwerke werden neben vielen anderen auch die Familiengerichte genannt. Hier wird also sogar der gesetzliche Auftrag erteilt, dass alle in diesem Bereich tätigen Institutionen zu einer vernetzten Zusammenarbeit verpflichtet sind.
Die genannten Beispiele zeigen es deutlich und es entspricht auch meinen eigenen Beobachtungen und Erfahrungen: Es wächst die Bereitschaft zur Öffnung für die anderen Wissenschaften und Professionen. Die Erkenntnis nimmt zu, dass wir Juristen oft zu wenig wissen. In Übereinstimmung mit diesen Entwicklungen wird die Bedeutung anderer Wege der Streitbewältigung größer. Sie gehen weg von der Entscheidung, hin zur einvernehmlichen Regelung. Sie setzen auch einen anderen Umgang, einen anderen Ton und eine andere Form der Kommunikation voraus.
Justiz wird heute kritischer betrachtet. Wie soll sie sich weiter verändern? Wir müssen uns bei alledem um mehr Qualität und Professionalität kümmern. Das ist schwierig in schwierigen Zeiten. Wenn wir aber unsere Standards nicht wenigstens halten, riskieren wir den Bedeutungsverlust. Wie kann heute und in Zukunft die Justiz besser bestehen? Wo ist Anpassung an die sich ändernden Verhältnisse notwendig oder nützlich? Wo müssen wir Stand halten? Wie gelingt es uns vor allem besser, das Starre, Mechanische, Apparathafte zu

überwinden und das Wesentliche unserer Aufgabe verständlich zu machen und zu zeigen, wofür wir da sind? Das betrifft den allgemeinen Umgang, die Verfahrensqualität, die Entscheidungsqualität, unsere Problemlösungskompetenz.

Für uns als Justiz gilt es, kluge Lösungen zu entwickeln, die wertschöpfend sind und Akzeptanz finden können. Im Letzten geht es immer darum, wie mit den vorhandenen Mitteln Qualität zu sichern ist. Dafür tragen wir Verantwortung, ohne Klagen und Larmoyanz, offen gegenüber Neuem, freundlich gegenüber dem Bürger – unerschrocken im Nebeneinander von Weisheit und Engagement. Hier kann die Arbeit in Netzwerken, die intensive Kooperation mit anderen Professionen einen entscheidenden Beitrag leisten, neue und bessere Wege zu finden.

Michaela Noll[1]

Das Cochemer Modell – Zum Wohle der Kinder

Seit dem Jahr 2003 diskutierten wir, ob das sogenannte »Cochemer Modell« ein Modell für Deutschland werden könne. Nun tritt am 1. September 2009 das »Gesetz über das Verfahren in Familiensachen und in den Angelegenheiten der freiwilligen Gerichtsbarkeit« (FamFG) in Kraft, das in den §§ 155 ff. wesentliche Elemente der Cochemer Praxis in Gesetzesform gießt. Dieses Ereignis ist der geeignete Anlass, um Ihren Beitrag zum FamFG mit einer Festschrift zu würdigen.
Wir lernten uns 2003 im Rahmen einer Expertenanhörung der CDU/CSU-Bundestagsfraktion zur Kindschaftsrechtsreform kennen. Dort hatte ich Gelegenheit, mich mit Ihnen über das sogenannte »Cochemer Modell« auszutauschen – ein zu der Zeit besonderes Modell, das Sie mit dem Arbeitskreis Trennung und Scheidung in Ihrem damaligen Amtsgerichtsbezirk Cochem entwickelt hatten, um in Scheidungssachen das Leid der betroffenen Kinder zu mindern. Dieses Modell hatte mich als Familienpolitikerin und Mitglied der Kinderkommission des Deutschen Bundestages bereits vor unserem Zusammentreffen interessiert.
Als Familienpolitikerin werde ich gar nicht erst versuchen, mich in rechtlichen, pädagogischen oder psychologischen Ausführungen zu ergehen. Stattdessen möchte ich diese Gelegenheit nutzen, um den Abschnitt des Weges aufzuzeigen, der uns zusammengebracht hat, in der Sorge um Kinder in Scheidungs- und Trennungssituationen.

Das »Cochemer Modell«

Am 1. Juli 1998 sind mit dem Kindschaftsrechtsreformgesetz umfangreiche Änderungen des Kindschaftsrechts in Kraft getreten. Von den ersten Überlegungen, das Familienrecht und das dazugehörige Verfahren deutlicher auf das Kindeswohl auszurichten, bis zum tatsächlichen Beschluss, war es ein langer Weg. Doch wie heißt es so schön: »Steter Tropfen höhlt den Stein«.

1 Die Autorin ist seit 2002 CDU-Bundestagsabgeordnete für den Wahlkreis Mettmann Süd. Die Rechtsanwältin ist Mitglied des Familienausschusses und stellvertretende Vorsitzende der Arbeitsgruppe Familie der CDU/CSU-Bundestagsfraktion sowie Mitglied der Kinderkommission des Deutschen Bundestages.

Dieser Weg war notwendig, um den Kindern in dieser schwierigen Phase beistehen zu können. Deswegen habe ich als Familienpolitikerin und Mitglied der Kinderkommission diesen Weg aufmerksam verfolgt. Fakt ist, dass beinahe jede dritte Ehe vor dem Scheidungsrichter endet. Und wir alle wissen, die eigentlichen Leidtragenden der Scheidungsdramen sind die Kinder, die von überlanger Verfahrensdauer und mangelnder Kooperation ihrer Eltern zusätzlich belastet werden. Dass es nicht möglich sein sollte, gerade in dieser schwierigen Situation mehr Rücksicht auf die Kinder zu nehmen, wollte auch ich nicht akzeptieren.
Das Kindschaftsrechtsreformgesetz brachte in dieser Hinsicht umfangreiche Neuregelungen. Dennoch konnte es die Schwierigkeit nicht auflösen, dass gerichtliche Entscheidungen Konflikte zwar regeln, aber selten tatsächlich beenden. Es war offensichtlich, das Kindeswohl erforderte dringend eine stärkere interdisziplinäre Vernetzung auf der Grundlage einer gleichberechtigten Zusammenarbeit der beteiligten Institutionen. Das heißt, die Auseinandersetzung versachlichen, Konflikte schlichten, die Einigung zum Wohle der betroffenen Kinder muss für alle im Vordergrund stehen.
Dafür, diesem Ziel näher zu kommen und in der konfliktbeladenen Scheidungssituation das Kindeswohls bestmöglich zu wahren, hatten Sie, Herr Rudolph, bereits erkannt, ist ein gleichberechtigtes gemeinsames Sorgerecht die beste Grundlage. Als Richter am Amtsgericht Cochem hatten Sie dies gesehen, durchgesetzt und praktiziert, lange bevor Ihnen andere auf diesem Weg folgten und das »Cochemer Modell« zu einem feststehenden Begriff im Familienrecht wurde.

Das »Cochemer Modell« trifft auf die Bundespolitik

Zum Zeitpunkt unseres Kennenlernens 2003 war es Ihnen bereits gelungen, den Familienverfahren an Ihrem Amtsgericht eine neue Handschrift zu geben, von der seitdem viele Kinder in Ihrer Region profitieren konnten.
Damit stellte sich für mich die Frage: Warum sollte dieses Modell nicht bundesweit möglich sein? Als Familienpolitikerin im Deutschen Bundestag war und ist es eines meiner besonderen Anliegen, die Umsetzung des Kindschaftsrechtsreformgesetzes so kinderfreundlich wie möglich zu gestalten, also Stressfaktoren für die Kinder abzubauen und den Kontakt nach Möglichkeit zu beiden Eltern aufrecht zu erhalten.
In unserem Koalitionsvertrag von 2005 haben wir dann gemeinsam mit der SPD Gedanken des »Cochemer Modells« aufgegriffen und festgehalten, dass wir »beim gemeinsamen Sorge- und Umgangsrecht Verbesserungen zum Wohle des Kindes erreichen wollen«. Wichtig erschienen uns dabei vor allem, alle Beteiligten, insbesondere das Kind frühzeitig anzuhören sowie Beratung

zu ermöglichen. Darüber hinaus befürworteten wir eine deutliche Verkürzung der gerichtlichen Verfahren. Wir hielten es für unentbehrlich, »neue – auch außergerichtliche – Verfahren der Kooperation aller Beteiligten zur Durchsetzung des Sorge- und Umgangsrechts« zu erproben.
Um im Vorfeld dazu die grundlegende Reform des Kindschaftsrechts zu untersuchen sowie zu hinterfragen, lud die CDU/CSU-Bundestagsfraktion am 23. September 2003 zu einem Expertengespräch »Kindschaftsrecht« nach Berlin ein. Zu diesem wurden auch Sie als Experte eingeladen. Als Familienrichter, der in seiner Praxis mit großem Erfolg die Maxime »Kindeswohl vor Elternrecht« umsetzte, haben Sie alle überzeugt.
Das Ergebnis des Gesprächs war eindeutig: Es bestand punktueller gesetzlicher Nachbesserungsbedarf. Die bestehenden gesetzlichen Regelungen mussten von den beteiligten Professionen (Familiengericht, Jugendamt bzw. andere Beratungsstellen, Rechtsanwälte, Verfahrenspfleger, Sachverständige) in ihrer täglichen Praxis noch besser ausgeschöpft werden. Einhellig wurde ein Recht des Kindes auf stärkere Beteiligung gefordert.
Im Nachgang unseres fachlichen Austausches formulierte ich eine kleine Anfrage »Kindschaftsrechtsreform« (Drs. 15/2399) an die Bundesregierung, um den Nachbesserungsbedarf der Kindschaftsrechtsreform zu hinterfragen. Darüber hinaus war es mir ein persönliches Anliegen, den Gedanken des »Cochemer Modells« auch in meinem Bundesland Nordrhein-Westfahlen zu diskutieren, mit Erfolg. Die Landtagsfraktion NRW beschloss ebenfalls, das Thema zu vertiefen und wir führten im November 2004 eine Fachveranstaltung durch – selbstverständlich mit Ihnen als Experte – und selbstverständlich mit positiver Resonanz.

Das »Cochemer Modell« wird Standard in der Bundespolitik

Wenn ich heute im Mai 2009 zurückblicke und mich daran erinnere, dass wir 2003 das »Cochemer Modell« als ein Standard für Deutschland diskutierten, dann ist es doch sehr zufriedenstellend zu sehen, dass am 1. September 2009 das FamFG in Kraft tritt, das in seinen §§ 155 ff. zum Vorrangs- und Beschleunigungsgebot wesentliche Elemente des »Cochemer Modells« umsetzt.

Was bleibt an politischer Herausforderung?

Dieser Erfolg im Sinne der Kinder sollte uns dazu anhalten, Bilanz zu ziehen, nicht jedoch zu verharren. In der Frage, wie wir Kinderrechte auch in Zukunft weiter stärken können, bleiben uns einige politische Herausforderungen. Eine

besondere Herausforderung im Kontext von Scheidungen ist sicher das gemeinsame Sorgerecht nicht verheirateter Paare.
Ein entscheidender Fortschritt der Kindschaftsrechtsreform von 1998 war, dass seitdem auch nicht miteinander verheiratete Eltern die Möglichkeit haben, das Sorgerecht für ihr Kind gemeinsam auszuüben, wenn sie übereinstimmende Sorgeerklärungen abgegeben haben. Im Interesse einer stabilen Lebenssituation für das Kind haben wir die gemeinsame elterliche Sorge von der Zustimmung beider Elternteile abhängig gemacht. Die Abgabe übereinstimmender Sorgeerklärungen soll die elterliche Kooperationsbereitschaft bei Fragen der Erziehung dokumentieren. Andernfalls verbleibt das Sorgerecht grundsätzlich allein bei der Mutter.
Dieses Regelungskonzept hat das Bundesverfassungsgericht 2003 bestätigt, gleichwohl aber dem Gesetzgeber aufgegeben, die tatsächliche Entwicklung zu beobachten und zu prüfen, ob die zugrunde liegenden Annahmen auch vor der Wirklichkeit Bestand haben.
Die gesellschaftliche Realität von Familie hat sich in den vergangenen Jahren verändert. Es entstehen neue Rollenverteilungen innerhalb der Ehe und neue Familienformen. Immer mehr Kinder leben in nichtehelichen Lebensgemeinschaften. Immer mehr Väter wollen ihr Elternrecht wahrnehmen und für ihr Kind sorgen. Diesen gesellschaftlichen Veränderungen muss sich unsere Politik stellen. Dabei muss aus meiner Sicht bei allen Fragen das Kindeswohl an erster Stelle stehen und der entscheidende Maßstab für gesetzgeberische Maßnahmen sein.

Lore Maria Peschel-Gutzeit[1]

Kinderrechte ins Deutsche Grundgesetz? Chancen und Herausforderungen – Bestandsaufnahme und offene Fragen[2]

Wer sich mit Rechten von Kindern beschäftigt, findet einerseits eine ganze Anzahl von ausdrücklichen Rechten, die Kinder in unserer Rechtsordnung haben; andererseits stößt er schnell an Grenzen. Das liegt u.a. daran, dass bei Rechten von Kindern und Rechten für Kinder häufig nicht unterschieden wird zwischen Verfassungsrechten und sogenannten einfachen Rechten, also Rechten und Ansprüchen, die sich aus dem einfachen Recht ergeben. Nimmt man dann noch völkerrechtsähnliche Vereinbarungen wie die UN-Kinderkonvention oder die Grundrechtecharta hinzu, erhöht das häufig die Verwirrung.

I. *Bestehende Kinderrechte*

Zu beginnen ist also mit der Frage, wie und wo Kinderrechte derzeit bereits rechtlich verankert sind.

1. Bonner Grundgesetz

Als erstes ist die Deutsche Bundesverfassung zu nennen, also das Bonner Grundgesetz vom 23.5.1949.
Ausdrücklich finden Kinder im Grundgesetz nur an einer Stelle Erwähnung, nämlich in Art. 6 GG. Dort heißt es in Abs. 2, dass Pflege und Erziehung der Kinder das natürliche Recht der Eltern und die zuvörderst ihnen obliegende Pflicht sind. Und weiter in Art. 6 Abs. 3 GG, dass gegen den Willen der Erziehungsberechtigten Kinder nur aufgrund eines Gesetzes von der Familie getrennt werden dürfen, wenn die Erziehungsberechtigten versagen oder

1 Die Autorin blickt auf eine jahrzehntelange Erfahrung als Familienrichterin, zuletzt als Vorsitzende Richterin eines Familiensenats des Hanseatischen Oberlandesgerichts Hamburg, zurück. Sie war Justizsenatorin der Länder Hamburg und Berlin. Heute ist sie Rechtsanwältin in Berlin.

2 Überarbeitete und aktualisierte Fassung eines am 9.4.2008 vor der Friedrich-Ebert-Stiftung Berlin gehaltenen Vortrages.

wenn die Kinder aus anderen Gründen zu verwahrlosen drohen. Und schließlich heißt es noch in Art. 6 Abs. 5 GG, dass den nichtehelichen Kindern durch die Gesetzgebung die gleichen Bedingungen für ihre leibliche und seelische Entwicklung und ihre Stellung in der Gesellschaft zu schaffen sind wie den ehelichen Kindern.

In allen drei Absätzen des Art. 6 GG werden Kinder nicht als Subjekte behandelt, sondern als Objekte: Sie sind Gegenstand der Pflege und Erziehung der Eltern, sie dürfen nur unter erschwerten Bedingungen von der Familie getrennt werden und ihnen sind, wenn ihre Eltern nicht miteinander verheiratet sind oder waren, entsprechende gesellschaftliche Bedingungen zu schaffen wie den ehelichen Kindern.

Aus dieser Objektstellung in Art. 6 GG ist über lange Zeit gefolgert worden, dass Kinder nur Objekte von Verfassungsrechten seien, nicht aber Subjekte, also nicht Träger von Grundrechten.

Das ist aber nicht richtig: Kinder sind originäre Rechtssubjekte im Sinne des Grundgesetzes. Nach der gefestigten Rechtsprechung des Bundesverfassungsgerichts, begonnen mit der Entscheidung vom 29.7.1968[3], sind Kinder selbst Träger subjektiver Rechte, nämlich Wesen mit eigener Menschenwürde und einem eigenem Recht auf Entfaltung ihrer Persönlichkeit. Als Grundrechtsträger hat das Kind selbst Anspruch auf den Schutz des Staates. Dies begründet das Bundesverfassungsgericht damit, dass Kinder Menschen im Sinne von Art. 1 GG sind, also eine unverletzliche Menschenwürde haben und dass sie unter Art. 2 GG fallen, mit dem Recht auf freie Entfaltung der Persönlichkeit.

In seiner jüngsten Entscheidung vom 1.4.2008[4] zur Umgangspflicht eines nichtehelichen Vaters hat das Bundesverfassungsgericht u.a. wörtlich ausgeführt, die elterliche Pflicht zur Pflege und Erziehung ihres Kindes bestehe nicht allein gegenüber dem Staat, der über die Ausübung der Elternverantwortung zu wachen habe und verpflichtet sei, zum Schutze des Kindes einzuschreiten, wenn Eltern dieser Verantwortung nicht gerecht werden. Sondern Eltern seien auch – unmittelbar – ihrem Kind gegenüber zu dessen Pflege und Erziehung verpflichtet, das Kind habe eigene Würde und eigene Rechte. Als Grundrechtsträger habe es Anspruch auf den Schutz des Staates und die Gewährleistung seiner grundrechtlich verbürgten Rechte. Das Elternrecht aus Art. 6 GG sei untrennbar mit der Pflicht der Eltern verbunden, dem Kind Schutz und Hilfe zu seinem Wohl angedeihen zu lassen. Diese Pflicht beziehe sich nicht lediglich auf das Kind, sie bestehe auch gegenüber dem Kind. Denn das Kind sei nicht Gegenstand elterlicher Rechtsausübung, es sei Rechtssub-

3 FamRZ 1968, 478.
4 FamRZ 2008, 845.

jekt und Grundrechtsträger, dem die Eltern schulden, ihr Handeln an seinem Wohl auszurichten.
Mit dieser den Eltern auferlegten Pflicht gegenüber dem Kind, es zu pflegen und zu erziehen, korrespondiere das Recht des Kindes auf Pflege und Erziehung durch seine Eltern. Dass den Eltern eine tiefgreifende Einflußnahme auf das Leben ihres Kindes eingeräumt werde, rechtfertige sich allein aus dem Umstand, dass das Kind noch nicht selbst für sich Verantwortung tragen könne und zu Schaden käme, wenn es hierbei keine Hilfe erführe. Bedürfe das Kind solcher Unterstützung durch seine Eltern und sei deshalb die Elternverantwortung allein dem Wohl des Kindes verpflichtet wie geschuldet, dann habe das Kind auch einen Anspruch darauf, dass zuvörderst seine Eltern Sorge für das Kind tragen und ein Recht darauf, dass seine Eltern der mit ihrem Elternrecht untrennbar verbundenen Pflicht auch nachkommen. Dieses Recht des Kindes finde in der elterlichen Verantwortung seinen Grund und stehe in engem Zusammenhang mit seinem Grundrecht auf Schutz seiner Persönlichkeit aus Art. 2 Abs. 1 i.V.m. Art. 1 Abs. 1 GG, es sichere dem Kind den familiären Bezug, der für seine Persönlichkeitsentwicklung von Bedeutung sei.
Zwischen beiden erwähnten Entscheidungen des Bundesverfassungsgerichts liegen 40 Jahre. Man sollte meinen, dass sich die Erkenntnis, dass Kinder Träger von Grundrechten sind, dass sie also denselben Schutz und dieselben Rechte aus unserer Verfassung herleiten können wie Erwachsene, inzwischen Allgemeingut geworden ist. In der Praxis ist das jedoch nicht der Fall. Die Allgemeinheit unterscheidet bis heute zwischen Kindern und Erwachsenen und ist nicht ohne weiteres bereit, Kindern dieselben Grund- und Menschenrechte einzuräumen wie Erwachsenen. Deshalb ist der Schluß gerechtfertigt, dass das Grundgesetz in seiner jetzigen Fassung den gefestigten Erkenntnissen der Rechtsprechung nicht hinreichend Rechnung trägt.
Das gilt auch für die Frage, ob das Grundgesetz in seiner jetzigen Fassung eine verfassungsrechtliche Sicherung des Kindeswohls gewährleistet. Art. 6 GG formuliert, wie ausgeführt, dass die staatliche Gemeinschaft über die Betätigung der Eltern wacht. Dies ist das staatliche Wächteramt. Und – wie ebenfalls ausgeführt – besagt Art. 6 Abs. 3 GG, wann Kinder von ihren Eltern getrennt werden dürfen, ja müssen, nämlich dann, wenn die Erziehungsberechtigten versagen oder wenn die Kinder aus anderen Gründen zu verwahrlosen drohen. Diese Gefährdungs- bzw. Verwahrlosungsgrenze ist sehr weit gezogen. Das Wohl des Kindes kann sehr viel früher und eher tangiert sein, ohne dass es zu einer direkten Gefährdung des Kindes kommt. Mithin enthält das Grundgesetz keine verfassungsrechtliche Sicherung des Kindeswohls.

Für die Eltern gilt etwas anderes: Sie haben aus Art. 6 Abs. 2 S. 1 GG ein verfassungsrechtlich garantiertes, institutionell abgesichertes Elternrecht. Derart klare eigene Rechte haben die Kinder in unserer Verfassung nicht. Ihre verfassungsrechtliche Stellung ist derzeit vor allem ein Reflex, der sich aus dem Elternrecht ergibt. Dies hat das Bundesverfassungsgericht in der Entscheidung vom 1.4.2008 noch einmal sehr klar herausgestellt, indem es wörtlich ausgeführt hat, dass Eltern auch dem Kind unmittelbar gegenüber zu dessen Pflege und Erziehung verpflichtet sind und weiter, dass das Elternrecht, welches das Bundesverfassungsgericht zumeist Elternverantwortung nennt, allein dem Wohl des Kindes verpflichtet ist. Das Kind hat – so das Bundesverfassungsgericht – ein Recht darauf, dass seine Eltern der mit ihrem Elternrecht untrennbar verbundenen Pflicht zur Pflege und Erziehung auch wirklich nachkommen. Diese deutliche Klarstellung ist ein Hinweis darauf, dass das Bundesverfassungsgericht nicht oder jedenfalls nicht mehr länger bereit ist, es den Eltern zu überlassen, ob und wie sie das Kind erziehen und fördern, solange sie nicht die Gefährdungsgrenze überschreiten. Vielmehr sagt das Bundesverfassungsgericht jetzt, das Kind ist nicht Gegenstand elterlicher Rechtsausübung, es ist Rechtssubjekt, es ist Träger von Grundrechten, die Eltern schulden ihm direkt die Pflege und Erziehung, das Kind hat ein Recht darauf, dass die Eltern ihre Pflicht wahrnehmen, und dieses Recht stehe in unmittelbarem Zusammenhang mit dem Grundrecht des Kindes auf Schutz seiner Persönlichkeit aus Art. 2 Abs. 1 i.V.m. Art. 1 Abs. 1 GG.
Mit dieser klaren Definition dürfte sich das Bundesverfassungsgericht auch von einer früheren Entscheidung vom 17.2.1982[5] distanziert haben, nach welcher kein Kind gegen den Willen der Eltern ein Recht auf bestmögliche Förderung hat, sondern nur auf die Förderung, die die Eltern ihm gewähren wollen. Dabei, so damals das BVerfG, werde die Möglichkeit in Kauf genommen, dass das Kind durch den Entschluß der Eltern Nachteile erleide.
Gerade weil das Bundesverfassungsgericht die eigene Rechtsstellung des Kindes nun so klar herausgestellt hat, sollte die Forderung nach Aufnahme von eigenen Kinderrechten in die Verfassung eigentlich ohne größere Widerstände erfüllt werden können.
Zusammenfassend ergibt sich, dass das Kind eigene Grundrechte hat, weil es von Art. 1 und Art. 2 GG umfaßt ist. Es hat eine eigene unverletzliche Menschenwürde und es hat ein Recht auf Entfaltung seiner Persönlichkeit. Es hat gegenüber den Eltern – und gegenüber dem Staat als Wächter – ein Recht auf Pflege und Erziehung.
Aber ausdrücklich kommt das Kind – außer an den genannten Stellen – im Grundgesetz nicht vor.

5 FamRZ 1982, 567, 570.

2. *Länderverfassungen*

Das ist in vielen Länderverfassungen anders. So heißt es in der Bayerischen Landesverfassung, dass Kinder Anspruch auf Entwicklung zu selbstbestimmungsfähigen und verantwortungsfähigen Persönlichkeiten haben. In der Brandenburgischen Verfassung, die – wie in allen neuen Bundesländern – eine relativ moderne Verfassung ist, ist in Art. 27 geregelt, dass Kinder als eigenständige Personen das Recht auf Achtung ihrer Würde haben, dass sie in besonderer Weise den Schutz von Staat und Gesellschaft genießen und dass ihnen durch Gesetz eine Rechtsstellung einzuräumen ist, die ihrer wachsenden Einsichtsfähigkeit durch die Anerkennung zunehmender Selbständigkeit gerecht wird. In der Bremischen Verfassung heißt es in Art. 25, dass jedes Kind ein Recht auf Entwicklung und Entfaltung seiner Persönlichkeit hat, darüber hinaus ein Recht auf gewaltfreie Erziehung und auf den besonderen Schutz vor Gewalt, vor Vernachlässigung und Ausbeutung. Die staatliche Gemeinschaft – so die Bremische Verfassung – achtet, schützt und fördert die Rechte des Kindes und trägt Sorge für kindgerechte Lebensbedingungen. Die Mecklenburgische Verfassung bestimmt in Art. 14, dass Kinder als eigenständige Personen den Schutz des Landes vor körperlicher und seelischer Vernachlässigung genießen, während Nordrhein-Westfalen dem Kind ausdrückliche eigene Rechte einräumt, nämlich ein Recht auf Achtung seiner Würde als eigenständige Persönlichkeit und auf besonderen Schutz von Staat und Gesellschaft. Wörtlich heißt es in Art. 6 der Verfassung von Nordrhein-Westfalen, dass Kinder und Jugendliche das Recht auf Entwicklung und Entfaltung ihrer Persönlichkeit haben, darüber hinaus auf gewaltfreie Erziehung und auf den Schutz vor Gewalt, Vernachlässigung und Ausbeutung. Ferner heißt es dort, dass Staat und Gesellschaft die Rechte der Kinder achten und sichern, dass sie für altersgerechte Lebensbedingungen Sorge tragen und Kinder nach ihren Anlagen und Fähigkeiten fördern. Und in der Rheinland-pfälzischen Landesverfassung ist geregelt, dass jedes Kind ein Recht auf Entwicklung und Entfaltung hat. Die staatliche Gemeinschaft schützt und fördert die Rechte des Kindes. Während das Saarland die Rechte der Eltern hervorhebt, formuliert die Sächsische Verfassung, dass das Land das Recht eines jeden Kindes auf eine gesunde, seelische, geistige und körperliche Entwicklung anerkennt. Ganz ähnlich formuliert die Thüringische Verfassung.
Diese wenigen Beispiele zeigen, dass eigene Kindergrundrechte in Verfassungen durchaus ihren Platz haben.

3. *Europäische Grundrechtecharta*

Das gilt auch für die sogenannte Grundrechtecharta, also Teil II des ursprünglichen europäischen Verfassungsvertrages, der nicht in Kraft getreten ist. In

Art. 24, der überschrieben ist mit »Rechte des Kindes«, heißt es, dass Kinder Anspruch haben auf den Schutz und die Fürsorge, die für ihr Wohlergehen notwendig sind. Ferner bestimmt Art. 24, dass Kinder ihre Meinung frei äußern können, dass ihre Meinung in Angelegenheiten, die sie selbst betreffen, in einer ihrem Alter und ihrem Reifegrad entsprechenden Weise berücksichtigt wird. Abs. 2 des Art. 24 besagt, dass bei allen Kinder betreffenden Maßnahmen öffentlicher oder privater Einrichtungen das Wohl des Kindes eine vorrangige Erwägung sein muss, und schließlich heißt es in Art. 24, dass jedes Kind Anspruch auf regelmäßige persönliche Beziehungen und direkte Kontakte zu beiden Eltern hat.
In Art. 24 geht es keineswegs nur um den Schutz der Kinder, sondern um Teilhabe, wenn es dort heißt, dass die Meinung der Kinder in Angelegenheiten, die sie selbst betreffen, grundsätzlich zu berücksichtigen ist.

4. *UN-Kinderkonvention*

Auch die UN-Kinderkonvention aus dem Jahre 1989, die von der Bundesrepublik im Frühjahr 1992 ratifiziert worden ist, enthält einen ganzen Katalog eigener Kinderrechte: So heißt es in Art. 12 der UN-Kinderkonvention, dass die Vertragsstaaten dem Kind, das fähig ist, sich eine eigene Meinung zu bilden, das Recht zusichern, diese Meinung in allen das Kind berührenden Angelegenheiten frei zu äußern. Die Vertragsstaaten berücksichtigen die Meinung des Kindes angemessen, und zu diesem Zweck wird dem Kind insbesondere Gelegenheit gegeben, in allen es selbst berührenden Gerichts- oder Verwaltungsverfahren entweder unmittelbar oder durch einen Vertreter gehört zu werden.
Die Konvention enthält weitere eigene Kinderrechte, so das Recht eines jeden Kindes auf einen seiner körperlichen, geistigen, seelischen, sittlichen und sozialen Entwicklung angemessenen Lebensstandard und das Recht des Kindes auf Bildung, um den Kind Chancengleichheit zu garantieren, um nur einige Rechte aus dem großen Rechtekatalog der UN-Kinderkonvention zu nennen.
Die wenigen Beispiele aus internationalen Abkommen und deutschen Länderverfassungen machen eines deutlich: Eigene Kinderrechte sind nicht beschränkt auf den Schutz von Kindern. Entscheidend sind zwei weitere Rechte, die hinzukommen müssen, soll die Grundrechtsposition der Kinder wirklich gesichert sein: Es geht um ihr Recht auf bestmögliche Förderung ihrer Fähigkeiten und Anlagen und um ihr Recht auf Teilhabe in allen Bereichen, die sie selbst betreffen.

5. *Einfaches Recht*

Unterhalb von Verfassungs- und Völkerrecht haben Kinder in vielen deutschen Gesetzen eigene Teilhabe-, Mitwirkungs- und Antragsrechte:

a) *BGB*

So gibt ihnen das BGB ein ausdrückliches, eigenes Recht auf gewaltfreie Erziehung, § 1631 Abs. 2 und verbietet körperliche Bestrafungen, seelische Verletzungen und andere entwürdigende Maßnahmen.
Nach § 1684 hat das Kind ein eigenes Recht auf Umgang mit jedem Elternteil; jeder Elternteil ist zum Umgang mit dem Kind verpflichtet und berechtigt.

b) *SGB VIII*

Das Jugendhilferecht enthält diverse eigene Kinderrechte: So hat nach § 1 Abs. 1 jeder junge Mensch das Recht auf Förderung seiner Entwicklung und auf Erziehung zu einer eigenverantwortlichen und gemeinschaftsfähigen Persönlichkeit. Nach § 8 sind Kinder und Jugendliche an allen sie betreffenden Entscheidungen der öffentlichen Jugendhilfe zu beteiligen, auf diese Rechte sind sie hinzuweisen, sie haben das Recht, sich in allen Erziehungsangelegenheiten an das Jugendamt zu wenden und dürfen sich unter bestimmten Voraussetzungen ohne Kenntnis der Eltern beraten lassen.
Kinder und Jugendliche haben schließlich Anspruch auf Beratung und Unterstützung beim Umgang mit dem anderen Elternteil, § 18 Abs. 3. Und ab dem 3. Lebensjahr hat das Kind Anspruch auf den Besuch einer Kita, § 24 Abs. 1.

II. *Auswirkungen eigener Kindergrundrechte in der Verfassung*

Alle diese Rechtsquellen zeigen, dass es hohe Zeit ist, endlich eigene Kinder-Grundrechte zu normieren und in unsere Bundesverfassung aufzunehmen. Da wird nun oft gefragt, was man sich denn von der Aufnahme von Kinderrechten ins Grundgesetz versprechen könne, es gebe doch schon so viele Kinderrechte. Und weiter wird gefragt, ob denn wohl die Kinderfreundlichkeit ansteigen werde, wenn Kinder mit eigenen Rechten in der Verfassung vorkämen.
Dieser Fragestellung liegt ein Missverständnis zugrunde: Eigene Kindergrundrechte sind das, was auch die Grundrechte für Erwachsene sind: Nämlich Menschenrechte. Jede moderne demokratische Verfassung enthält einen Katalog von Menschenrechten, die unveräußerlich sind. Niemand käme auf den Gedanken, zu fragen, ob denn wohl Grund- und Menschenrechte den

erwachsenen Menschen sozusagen automatisch bessere Lebensbedingungen bescheren. Weil dies so ist, ist dies bei Kindern ebenso wenig zu fragen. Es geht darum, den Kindern eine ausdrückliche eigene Grundrechtsstellung zu schaffen, so wie jeder Erwachsene in Deutschland sie für sich in Anspruch nimmt. Wäre die deutsche Verfassung entsprechend ergänzt, würden sich daraus mit Sicherheit Langzeitwirkungen ergeben: Kinder würden mehr und besser wahrgenommen als bisher, sie hätten – gäbe es ein eigenes Recht auf bestmögliche Förderung – andere Ansprüche auf schulische Bildung und z.B. frühkindliche Förderung zu stellen im Konzert der Kräfte, und zwar nicht nur gegenüber den Eltern, sondern auch gegenüber der Gesellschaft. Soweit es um die Teilhabe von Kindern geht, gilt Ähnliches: Wenn und soweit Kinderrechte im Bonner Grundgesetz verankert wären, so wie es in vielen Länderverfassungen schon der Fall ist, wäre es nur noch ein relativ kleiner Schritt, Kinder in Angelegenheiten zu beteiligen, die sie selbst betreffen, denkt man nur an Schulen, Kindergärten, Spielplätze, Wohnumfeld, Kinderkrankenhäusern, denkt man aber auch an die Behandlung von ausländischen Flüchtlingen, um nur einige Probleme zu nennen.

Dabei darf nicht übersehen werden: Rechte, die in der Verfassung stehen, gelten bekanntlich nicht unmittelbar zwischen den Bürgern. Es sind Schutz- und Abwehrrechte gegenüber dem Staat und sie haben bisweilen einen Reflex auf die Bürger.

So führt zwar das Bundesverfassungsgericht auch in seiner Entscheidung vom 1.4.2008 aus, dass Kinder einen Anspruch auf Erziehung und Pflege gegenüber dem Staat haben, weil der Staat als Wächter darauf achten muss, dass die Kinder gut aufwachsen können. Aber das Bundesverfassungsgericht fügt hinzu, das Kind habe einen unmittelbaren Anspruch auch direkt gegen die Eltern.

Und dennoch bedarf es noch des sogenannten einfachen Rechtes, weil nur das einfache Recht die Handlungsanweisungen gibt, um Grundrechte umzusetzen. Allgemein bekannt ist Art. 3 Abs. 2 GG, also der Gleichberechtigungsgrundsatz. Dieser ist Richtschnur für unseren Gesetzgeber, dennoch musste und muss der Deutsche Bundestag diesen Grundsatz in den einfachen Gesetzen umsetzen, um unser tägliches Leben zu beeinflussen. Das ist einerseits das Zivilrecht, allen voran das Bürgerliche Gesetzbuch, aber das ist genauso das öffentliche Recht, das also vor allen Dingen die öffentliche Verwaltung bestimmt, das gilt für das Strafrecht, kurz: für alle Lebensbereiche. Stets müssen Befehle der Verfassung durch einfache gesetzliche Regeln umgesetzt werden.

Kehrt man nun zurück zu der Frage, was man sich von der Aufnahme von Kinderrechten ins Grundgesetz versprechen könne, welche Chancen Kinder dadurch hätten, so wird man antworten können: In dem Augenblick, in dem eigene Grundrechte für Kinder in der Verfassung stehen, müssen diese eigenen Grundrechte in einfaches Recht umgesetzt werden. Dann handelt es sich um einklagbare Rechte, die das Leben der Kinder, deren Lebenssituation durchaus verändern können.

III. *Verfassungsrechtliche Ausgestaltung von Kinderrechten – Grundrechte oder Staatsziele?*

Manche differenzieren danach, ob man eigene Kinderrechte als echte Grund- und Menschenrechte ausgestalten sollte oder lediglich als Staatsziele und es wird auch gefragt, wo, also an welcher Stelle der Verfassung eine solche Bestimmung sich am besten wiederfinden würde.
Die Frage der Plazierung ist nicht vorrangig. Vorgeschlagen ist ein Art. 6a GG oder aber auch ein Art. 2a GG, also entweder eine Ergänzung des Artikels, der sich mit dem Familienleben beschäftigt, Art. 6 GG, oder eine Ergänzung des Art. 2 GG, der die persönlichen Grundrechte aller in der Bundesrepublik lebenden Menschen beschreibt.

1. *Ergänzung von Art. 2 GG*

So schlägt Professor Wiesner, der Jugendhilferechts«nestor«, vor, in Art. 2 GG nach Abs. 1 einen Absatz 1a wie folgt einzufügen: »*Jedes Kind hat ein Recht auf Förderung seiner Entwicklung und auf Bildung und Erziehung zu einer eigenverantwortlichen und gemeinschaftsfähigen Persönlichkeit sowie auf den Schutz vor Gefahren für sein Wohl. Die staatliche Gemeinschaft trägt für die Schaffung und Erhaltung kindgerechter Lebensverhältnisse Sorge. Dem Kindeswohl kommt bei allem staatlichen Handeln, das die Rechte und Interessen von Kindern berührt, vorrangige Bedeutung zu.*«
Demgegenüber ist eingewendet worden, wenn man schon an Art. 2 GG denke, auf jeden Fall einen Art. 2a GG zu bilden, weil man mit dem Einfügen eines weiteren Absatzes auch aus der sprachlichen Struktur des Art. 2 GG gänzlich herausfalle.
Außerdem ist erkennbar, dass der von Wiesner vorgeschlagene Text im Wesentlichen eine Wiederholung von § 1 SGB VIII ist. Und soweit Wiesner fordert, die staatliche Gemeinschaft habe für die Schaffung und Erhaltung kindgerechter Lebensverhältnisse Sorge zu tragen, so dürfte es sich dabei lediglich um ein Staatsziel handeln, das zu weich formuliert sein dürfte, um wirklich Auswirkungen zu zeigen.

2. *Analogie zu Art. 24 Grundrechtecharta und Einfügung als Art. 2a oder 6a GG*

Bei der Anhörung vor der Kinderkommission des Deutschen Bundestages im November 2006 ist vorgeschlagen worden, die Formulierung aus Art. 24 der Grundrechtecharta zu übernehmen, aber dessen Abs. 1 zu ergänzen. Bisher lautet dieser Absatz, wie ausgeführt, »*Kinder haben Anspruch auf den Schutz und die Fürsorge, die für ihr Wohlergehen notwendig sind. Sie können ihre Meinung frei äußern. Ihre Meinung wird in den Angelegenheiten, die sie betreffen, in einer ihrem Alter und ihrem Reifegrad entsprechenden Weise berücksichtigt*«.
Dieser Abs. 1 sollte ergänzt werden um den Satz: »*Sie (die Kinder) haben das Recht auf Bildung und auf bestmögliche Entwicklung und Förderung ihrer Persönlichkeit, ihrer geistlichen und körperlichen Fähigkeiten*«.

3. *Beschluss der SPD-Bundestagsfraktion und der Kinderkommission des Deutschen Bundestages*

Die SPD-Bundestagsfraktion hat beschlossen, Art. 6 GG um folgenden Passus zu ergänzen: »*Jedes Kind hat ein Recht auf Entwicklung und Entfaltung seiner Persönlichkeit, auf gewaltfreie Erziehung und auf den besonderen Schutz vor Gewalt, Vernachlässigung und Ausbeutung. Die staatliche Gemeinschaft achtet, schützt und fördert die Rechte des Kindes und trägt Sorge für kindgerechte Lebensbedingungen.*«
Dieser Vorschlag entspricht im Wesentlichen der Formulierung aus den Länderverfassungen von Nordrhein-Westfalen und von Bremen. Hierüber hat kürzlich eine Fachtagung der SPD-Bundestagsfraktion stattgefunden unter dem Titel »Kinderrechte ins Grundgesetz«. Die Kinderkommission des Deutschen Bundestages hat einen identischen Vorschlag gemacht.

IV. *Politische Auswirkungen eigener Kinder-Grundrechte*

Wenn die Kinderrechte als echte Grundrechte ausgestaltet werden, sind sie einklagbar in der Weise, dass sie unter Umständen Gegenstand von Verfassungsbeschwerden sein können. Die Entwicklung der letzten 60 Jahre in der Bundesrepublik hat deutlich gemacht, wie unglaublich wichtig es ist, wenn Bürger mit eigenen Grundrechten ausgestattet sind. Immer wieder hat das Bundesverfassungsgericht den Grundrechten zum Durchbruch verholfen, es hat bestehende Gesetze für mit der Verfassung nicht vereinbar und damit für unwirksam erklärt und hat so die Grundrechte der Bürger durchgesetzt. Weil

dies so ist, müssen Kinderrechte nicht als Staatsziele, die quasi Programmsätze sind, sondern als echte eigene Menschenrechte normiert werden.
Wenn nach politischen Auswirkungen eigener Kinderrechte im Grundgesetz gefragt wird, dürften diese auf der Hand liegen: In dem Maße, wie Kinder eigene Rechte auf bestmögliche Förderung und Bildung sowie auf Teilhabe haben, werden und müssen die politischen Parteien diese umsetzen und erfüllen.
Alle Parteien werden in ihre Programme entsprechende Zusagen aufnehmen und müssen sich auch in ihrem politischen Handeln an diese Vorgaben halten. Ein Kind, das ein Recht auf bestmögliche Förderung hat, hat dann z.B. einen eigenen Anspruch auf Jugendhilfe, den derzeit im Wesentlichen nur die Eltern haben. Es hat einen Anspruch auf bestmögliche schulische Förderung, auf vorschulische Förderung, um nur einige Gebiete zu nennen. Spätestens bei den Haushaltsberatungen würden sich derartige Rechtspositionen auswirken. Denn bekanntlich werden vor allem diejenigen in ihren Forderungen berücksichtigt, die entsprechende gesetzliche Ansprüche haben.

V. *Vorbehalte gegen Kinderrechte in der Verfassung*

Es werden Vorbehalte gegenüber Kinderrechten in der Verfassung gemacht, dabei handelt es sich vor allem um folgende Einwände:

1. *Schon vorhandene Grundrechtsverankerung für Kinder*

Wie fast stets bei Verfassungsänderungen wird als erstes behauptet, man brauche keine eigenen Grundrechte für Kinder, Kinder seien ja jetzt schon in der Verfassung verankert, weil sie von den Menschen- und Grundrechten der Art. 1-19 GG mit umfasst seien. Es wird außerdem befürchtet, dass dann, wenn man für Kinder eigene Grundrechte schaffe, auch andere Gruppen ähnliche Forderungen stellen könnten, etwa Ältere, Behinderte, Ausländer, die dann jeweils eigene Grundrechte haben möchten. Diesem Einwand ist leicht zu begegnen:
Die Rechtsprechung und juristische Lehrmeinung spricht all den eben genannten Gruppen die Grundrechte nicht ab, wie dies über Jahrzehnte nur und ausschließlich gegenüber den Kindern geschehen ist. Zu diesem Zweck hat man den Begriff der Grundrechtsmündigkeit erfunden, der zwar nicht in der Verfassung steht, der aber trotzdem durchaus bis heute verwendet wird. Allein dieser Umstand zeigt, dass Kinder eine eigene Bestimmung in der Verfassung brauchen, während alle anderen Gruppen zwar schutzwürdig sein mögen, aber in der Tat von den allgemeinen Grundrechten umfasst sind, sich

auf diese Grundrechte auch berufen können und dies auch erfolgreich getan haben und weiter tun werden.

2. *Finanzielle Forderungen*

Es wird weiter gefürchtet, dass dann, wenn die Kinder eigene Grundrechte hätten, sie entsprechende finanzielle Forderungen auch im politischen Leben stellen könnten.
Dies mag so sein, ist aber auch gewollt. Denn wir müssen bereit sein, jedes einzelne Kind in unserem Land bestmöglich zu fördern. Macht man sich klar, wie wenig Kinder wir haben, haben wir überhaupt keine andere Wahl.

3. *Schwächung der Elternstellung*

Schließlich, und das ist wohl der schwerstwiegende Einwand, wird gefürchtet, dass die Elternstellung geschwächt wird, wenn man eigene Grundrechte für Kinder in die Verfassung aufnimmt. Dieser Frage liegt wiederum ein Missverständnis zugrunde: Der Frankfurter Rechtsprofessor Simitis hat bereits vor vielen Jahrzehnten formuliert, das Grundgesetz arrangiere keine Arena zum Zweikampf zwischen Kindern und Eltern. Das Elternrecht aus Art. 6 GG ist, das ist zu wiederholen, ein Abwehrrecht gegenüber dem Staat, dieser hat sich nicht in die Erziehung der Eltern einzumischen, solange die Eltern das Kind nicht gefährden. Der historische Hintergrund für diese sehr klare verfassungsrechtliche Regelung ist bekannt: Die Väter und Mütter des Grundgesetzes hatten das Nazireich noch vor Augen, in welchem es bekanntlich eine staatliche Jugenderziehung gab, und man wollte auf jeden Fall verhindern, dass ein solcher Eingriff des Staates in die Eltern-Kind-Beziehung noch einmal möglich sein könnte.
Gibt nun aber die Verfassung den Kindern eigene Rechte, so könnten sich diese zwar auch gegen die Eltern wenden, wenn und solange die Eltern ihre Pflicht, ein Kind bestmöglich zu fördern, nicht erfüllen. Vor allem aber könnten, und das erscheint viel wichtiger, Eltern und Kinder sich in eine Reihe stellen, um von der Gesellschaft, der staatlichen Gemeinschaft, die entsprechende bestmögliche Bildung und Förderung zu verlangen. Es besteht weniger ein Dualismus zwischen Eltern und Kindern, sondern eine gegenseitige Verstärkung der Kinder- und Elternposition gegenüber Staat und Gesellschaft, insbesondere übrigens auch gegenüber der Jugendhilfe.
Das staatliche Wächteramt aus Art. 6 Abs. 2 GG würde vermutlich eine inhaltliche Veränderung erfahren, denn es hätte nicht nur darüber zu wachen, dass die Eltern die Kinder nicht gefährden, sondern zugleich Verantwortung dafür zu übernehmen, dass die Kindergrundrechte auf bestmögliche Förderung und Teilhabe gewährleistet werden.

VI. *Fazit und Ausblick*

Aus allem folgt: Die Aufnahme von Kinderrechten in unser Grundgesetz ist überfällig.
Es gibt keinen besseren Weg, die Bedeutung der Kinder in unserer Gesellschaft, deren Wert und Wertigkeit endlich klar auszudrücken, als den, ihnen ausdrückliche eigene Persönlichkeitsrechte durch das Grundgesetz zu garantieren. Durch eine derartige Verfassungsänderung, in Wirklichkeit wäre es eine Verfassungserweiterung, würde sich die politische, vor allem aber auch die gesellschaftliche Situation ganz entscheidend ändern, zwar nicht heute und morgen, weil das keine Verfassung vermag, wohl aber auf Dauer. Wir haben erlebt, wie sehr sich unsere Gesellschaft geändert hat, seit in unserer Verfassung vor 60 Jahren der Gleichberechtigungsgrundsatz verankert wurde. Wir haben auch erlebt, dass eine solche Regelung sich erst einmal in das Bewußtsein der Bevölkerung eingraben muss und dass es lange dauert, bis dies umgesetzt wird. Aber ohne den Gleichberechtigungsbefehl aus Art. 3 Abs. 2 GG gäbe es wohl bis heute keine Gleichberechtigung und keine Gleichstellung der Geschlechter. Eine ähnliche Entwicklung ist zu erwarten, wenn die Kinder eigene Grundrechte haben. Deshalb ist es einfach unsere Pflicht, dafür zu sorgen, dass die Kinder endlich, 60 Jahre nach Inkrafttreten unserer Verfassung, eigene Grundrechtspositionen erhalten, die auf den ersten Blick – ohne Auslegungskunststücke – deutlich machen, dass es darin um die Kinder geht, um deren eigene Persönlichkeitsrechte auf Schutz, Förderung und Teilhabe.

Paul Schaffner[1], *Dieter Brosch*[2]

Cochemer Praxis bei atypischen Fallkonstellationen am Beispiel des Vorwurfs einer möglichen sexuellen Grenzverletzung oder eines sexuellen Missbrauchs eines Kindes im familiengerichtlichen Verfahren

Die sogenannte Cochemer Praxis hat einen entscheidenden Vorteil: Indem sehr früh und schnell und durch das Zusammenwirken der verschiedenen am gerichtlichen Verfahren beteiligten Professionen nachhaltig interveniert wird, gelingt es in aller Regel, teils sonst – unter Umständen auch irreversible – das Kindeswohl gefährdende Entwicklungen in Form von Kontaktabbrüchen und Konflikteskalationen zu verhindern. Durch eine Sensibilisierung der Betroffenen für die Situation ihrer Kinder, der Vermittlung von Kenntnissen über die im Kontext von Trennung und Scheidung ablaufenden Prozesse und Unterstützung hinsichtlich Beratungs- und Hilfeangeboten, wird die Basis für eine Lösung im Interesse und zum Wohle aller Beteiligter, einschließlich der am Verfahren beteiligten Professionen geschaffen, die in der üblichen familiengerichtlichen Praxis zwar ebenso angestrebt, aber seltener erreicht wird[3]. Von entscheidender Bedeutung ist das gebündelte Erfahrungswissen der beteiligten Professionen im Umgang mit Familienkonflikten und ihre gemeinsame Zielsetzung, nämlich eine Lösung des Konflikts. Durch schnelles Intervenieren kann verhindert werden, dass einseitig Fakten geschaffen werden, indem die Zeit zwischen Konfliktentstehung und Intervention kurz gehalten wird.

Das Handeln der beteiligten Professionen versteht sich nicht als Therapie und kann und soll diese nicht ersetzen, auch wenn therapeutisches Erfahrungswissen von Vorteil ist. Ziel ist es, den Eltern Wege zu eröffnen, die entstandenen Konflikte miteinander und vor allem nicht auf Kosten der Kinder zu lösen. Um dies zu erreichen, müssen Rahmenbedingungen geschaffen werden, die sicherstellen, dass sich Eltern in ihrem Bemühen um das Wohl der Kinder nicht bevormundet, sondern unterstützt fühlen, da sonst Reaktanz und Ärger-

1 Der Autor ist Akademischer Oberrat des psychologischen Instituts, Abteilung Sozialpsychologie, der Johannes-Gutenberg-Universität Mainz.

2 Der Autor ist Professor der Fakultät Sozialwissenschaften an der Georg-Simon-Ohm-Hochschule Nürnberg.

3 Bergmann, E., Jopt, U., Rexilius, G., Lösungsorientierte Arbeit im Familienrecht, Köln, 2003.

emotionen entstehen[4]. Besonders wichtig ist in diesem Kontext auch, dass sich die Eltern von ihren Prozessvertretern gut vertreten fühlen. Diese nehmen eine Schlüsselstellung ein, indem sie sowohl die Interessen der Eltern, aber als unabhängiges Organ der Rechtspflege auch die der Kinder beachten müssen.

Die Eltern müssen sich aber auch von den anderen Verfahrensbeteiligten fachlich kompetent unterstützt fühlen, wobei der wesentliche Beitrag eines hinzugezogenen Sachverständigen darin besteht, das psychologische Wissen einzubringen, über das die anderen Verfahrensbeteiligten in dieser Weise nicht verfügen, zum Beispiel hinsichtlich der Bindungsstile[5], möglicher psychischer Störungen, Indikation und Grenzen psychotherapeutischer Interventionen, der Beurteilung der Glaubhaftigkeit von Aussagen und so weiter[6]. Fehlendes oder zumindest mangelndes Wissen und Unerfahrenheit können zu fatalen Entwicklungen führen, dokumentiert zum Beispiel in Justizskandalen wie den sogenannten Wormser Prozessen[7], in deren Konsequenz das Leben von zahlreichen Familien destruiert wurde: Nicht nur, dass 25 Personen in Haft genommen und wegen sexuellen Missbrauchs angeklagt wurden; trotz Freispruchs haben diese ihre Kinder zum Teil bis heute nicht mehr gesehen und die Kinder haben ihre Eltern verloren.

Am Beispiel des sexuellen Missbrauchsvorwurfs im familiengerichtlichen Verfahren soll im Folgenden aufgezeigt werden, wie auch bei einer solchen Fallkonstellation im Rahmen einer an der Cochemer Praxis orientierten Vorgehensweise den Schutzinteressen der Kinder in besonderer Weise entsprochen werden kann.

Eine häufige Konstellation besteht darin, dass im Kontext kindlicher Verhaltensauffälligkeiten dem umgangsberechtigten Elternteil der Vorwurf einer sexuellen Grenzverletzung oder sexuellen Missbrauchs gemacht wird, wobei von der Beschuldigtenseite in aller Regel von einem Missbrauch mit dem Missbrauch gesprochen wird, obwohl vorsätzliche Falschbeschuldigungen tatsächlich eine große Ausnahme darstellen[8]. Konsequenz ist oft ein Ausschluss des Umgangs mit der Begründung, dass die Vorwürfe zunächst abgeklärt werden müssen – in den Fällen unbegründeter Missbrauchsvorwürfe eine für Kind und beschuldigten Elternteil grausame Maßnahme.

4 Frey, D., Irle, M. (Hrsg.), Theorien der Sozialpsychologie, Bern 1993.

5 Spangler, G., Zimmermann, P. (Hrsg.), Die Bindungstheorie: Grundlagen, Forschung und Anwendungen, Stuttgart 1997.

6 Vgl. Salzgeber, J., Familienpsychologische Gutachten. München, 2005.; Volbert, R., Steller, M. (Hrsg.), Handbuch der Rechtspsychologie, Göttingen 2008; Westhoff, K., Terlinden-Arzt, P., Klüber, A., Entscheidungsorientierte psychologische Gutachten für das Familiengericht, Berlin 2008.

7 Vgl. Steller, M., Aussagepsychologie vor Gericht – Methodik und Probleme von Glaubwürdigkeitsgutachten mit Hinweisen auf die Wormser Missbrauchsprozesse. Recht und Psychiatrie, 1998 (16), 11-18.

8 Vgl. Rösner, S./Schade, B., FamRZ 1993, 1133 – 1139.

Notwendig ist in jedem Fall eine rasche gutachterliche Abklärung der Vorwürfe, um zu verhindern, dass durch wiederholte Befragungen des Kindes, Erwartungshaltungen des Interviewers, suggestive Einflüsse und Erinnerungsverluste die Aussagen verändert werden, wie auch eine Kindeswohlgefährdung durch eine möglicherweise ungerechtfertigte Kontaktsperre zu vermeiden. Aber selbst wenn die sachverständige Untersuchung keinen Beleg für eine mögliche sexuelle Grenzverletzung oder gar eines möglichen sexuellen Missbrauchs eines Kindes ergeben hat, bleiben in der Regel Ängste und Vorbehalte des den Verdacht hegenden Elternteils bestehen, auch deshalb, weil es mit wissenschaftlichen Methoden nicht möglich ist, den Nachweis zu führen, dass eine sexuelle Grenzverletzung oder ein sexueller Missbrauch des Kindes nicht stattgefunden haben[9].

Um die Problematik besser zu verstehen, ist die Kenntnis der Eigentümlichkeiten der Entstehung von Missbrauchsvorwürfen im familiengerichtlichen Kontext notwendig: Am Anfang steht zunächst oft irgendeine Äußerung oder ein Verhalten des Kindes, dem objektiv keine diagnostische Relevanz in Bezug auf einen sexuellen Missbrauch zukommt, bei den Beteiligten aber einen Anfangsverdacht begründet. In der Folge kommt es zu einer gezielten Befragung des Kindes, wobei Befragungstechniken zum Einsatz kommen, die in besonderer Weise geeignet sind, Kinder zu beeinflussen, nämlich ständige Wiederholung von Fragen mit Erwartungsdruck und Insistieren. Beim Kind wird dadurch das Gefühl erzeugt, nicht das Richtige gesagt zu haben. Gleichzeitig wird die Bereitschaft erhöht, das zu sagen, was seiner Meinung nach von ihm erwartet wird. Aus der Forschung ist bekannt, dass allein durch die Vermittlung der Tatsache, dass in einer bestimmten Situation etwas geschehen sein könnte, bei Kindern entsprechende Äußerungen ausgelöst werden können, um den Erwartungshaltungen des Befragers gerecht zu werden, ohne dass diese erlebnisbegründet sind[10]. Je mehr Fragen dabei gestellt werden, desto größer ist die Gefahr, dass Dinge in das Kind hineingefragt werden, die keine Erlebnisgrundlage haben. Da das Kind aber solche Äußerungen macht, entsteht bei dem betreuenden Elternteil nahezu zwangsläufig die Überzeugung, dass das Kind vor dem anderen Elternteil geschützt werden muss. Im Kontext der Suche nach Belegen für erfolgte sexuelle Übergriffe seitens des anderen Elternteils werden oft in projektiver Weise Vorstellungen darüber, was der andere Elternteil alles gemacht haben könnte, entwickelt. Indem dem Kind Möglichkeiten sexueller Übergriffe vorgestellt werden, wird es einer massiven Beeinflussung ausgesetzt.

9 Undeutsch, U. (1967) Beurteilung der Glaubhaftigkeit von Zeugenaussagen, in U. Undeutsch (Hrsg.), Handbuch der Psychologie, Bd. 11, Forensische Psychologie. Göttingen, 1967, S. 26-181.

10 Rössner/Schade, a.a.O.

Nachdem sich auf diese Weise der Anfangsverdacht erhärtet hat, werden oft andere Personen eingeschaltet – in aller Regel Beratungseinrichtungen –, die den Verdacht verifizieren sollen, was dann bei nicht angemessener Befragungs- und Untersuchungstechnik leicht geschieht. Statt das Kind frei berichten zu lassen, wird es mit sehr direktiven Frageserien konfrontiert, wobei auf diese Weise ebenfalls Aussagen provoziert werden, die keine Erlebnisgrundlage haben. Wenn die Beratungseinrichtung den Verdacht des Elternteils, der von einem sexuellen Missbrauch seines Kindes überzeugt ist, nicht verifiziert, tendieren diese Elternteile dazu, weitere Personen oder Einrichtungen aufzusuchen, in der Überzeugung, dass diese dann in der Lage seien, den begangenen Missbrauch aufzudecken und zu beweisen. Die in den Konflikt involvierten Erwachsenen sind in aller Regel von der Richtigkeit ihres Verdachts überzeugt, was jedoch auch zugleich heißt, dass sie überzeugt und gegebenenfalls überzeugend das Kind an ihren Feststellungen und Wahrnehmungen teilnehmen lassen. Da mithin bei dem den Verdacht hegenden Elternteil dieser letztlich nicht mit der notwendigen Sicherheit ausgeräumt werden kann, wird dieser Elternteil auch weiter nach »Beweisen« suchen, die seinen Verdacht letztlich bestätigen können.
Dieses Bemühen, das in aller Regel in wohlgemeinter Weise in der Zielsetzung begründet ist, das Kind zu schützen, kann das Wohl des tatsächlich nicht missbrauchten Kindes jedoch in mehrfacher Weise objektiv schädigen: Es hat nicht nur den Verlust einer zentralen Bezugsperson zu verkraften, sondern wird auch in eine Opferrolle gebracht und möglicherweise Therapien zugeführt, die tatsächlich nicht indiziert sind.
Um der beschriebenen Problematik gerecht zu werden, bedarf es einer interdisziplinären Vorgehensweise und Beratung beider Elternteile, damit der Umgang des Kindes mit dem fälschlicherweise beschuldigten Elternteil in einer kindeswohldienlichen Weise aufrechterhalten werden kann. Von Bedeutung ist hier besonders eine hohe Transparenz bei der Durchführung des Umgangs, zum Beispiel Umgang in Begleitung eines Dritten, der von dem den Verdacht hegenden Elternteil als »vertrauenswürdig« eingestuft wird, wobei der zu Unrecht verdächtigte Elternteil sich auf diese Weise auch selbst schützen und neuen Vorwürfen vorbeugen kann, um wieder Vertrauen aufbauen zu können.
Bei Betrachtung der gesamten Problematik wird deutlich, dass ein Ausweg aus der Krise nur mit beiden Eltern erreicht werden kann: Dem fälschlicherweise verdächtigten Elternteil, der sich als Opfer fühlt, muss vermittelt werden, dass er selbst etwas dazu beitragen und unter Umständen Einschränkungen seines Umgangs in Kauf nehmen muss, während dem betreuenden Elternteil geholfen werden muss, seine Ängste um das Kind abzubauen. Diese komplexe Aufgabe kann letztlich nur im Rahmen eines interdisziplinär vernetzten Teams geleistet werden.

Auch in Fällen eines begründeten Missbrauchsvorwurfs bedarf es eines interdisziplinären Vorgehens, vorrangig mit dem Ziel, den Täter einer Therapie zuzuführen. Eine erfolgreiche Therapie ist die beste Garantie dafür, dass das Kind bei möglichen zukünftigen Umgangskontakten keinen weiteren Gefahren ausgesetzt ist.

aus der Jugendhilfe und Sozialpsychologie

Reinhard Wiesner[1]

Die Rolle der Kinder- und Jugendhilfe im Elternkonflikt

I. *Der Ansatz des KJHG*

Durch das Kinder- und Jugendhilfegesetz vom 26. Juni 1990 (BGBl I S. 1163) wurde das bis dahin geltende (Reichs-)Jugendwohlfahrtsgesetz durch das Achte Buch Sozialgesetzbuch – Kinder- und Jugendhilfe abgelöst. War das Jugendwohlfahrtsgesetz primär reaktiv und eingriffsorientiert angelegt, so legt das SGB VIII den Schwerpunkt der Jugendhilfe seitdem auf die Förderung der Entwicklung von Kindern und Jugendlichen durch die *Stärkung und Unterstützung der elterlichen Erziehungskompetenz.* Einen besonderen Akzent im Rahmen des weit gefächerten Angebots an Beratungs- und Unterstützungsleistungen setzte der neue Tatbestand der »Beratung in Fragen der Partnerschaft, Trennung und Scheidung« (§ 17 SGB VIII).
Bis zum Inkrafttreten des KJHG war es die zentrale Aufgabe des Jugendamts, durch eine Stellungnahme in gerichtlichen Verfahren dem Gericht dabei zu helfen, den für die Erziehung des Kindes »geeigneteren Elternteil« zu identifizieren, damit das Gericht eine (sachgerechte) Entscheidung über das Sorgerecht treffen konnte. Diese Beratung *des Gerichts* »über die Eltern« wurde nun ergänzt und in der Praxis häufig ersetzt durch eine *Beratung der Eltern* über die Wahrnehmung ihrer elterlichen Sorge nach Trennung und Scheidung. Aus der Erkenntnis, dass Eltern sich zwar als Partner trennen, ihre Elternverantwortung aber nach Trennung und Scheidung fortbesteht, geht seitdem der primäre Auftrag der Jugendhilfe dahin, Eltern bei der Erarbeitung eines einvernehmlichen Konzepts über die Wahrnehmung der elterlichen Sorge nach Trennung und Scheidung zu unterstützen (§ 17 Abs. 2 SGB VIII). Handelte es sich bei dieser Leistung in den ersten Jahren nach dem Inkrafttreten des KJHG nur um eine Ermessensleistung, und ab dem 1. Januar 1995 um eine Sollvorschrift, so gilt § 17 seit dem Inkrafttreten der Kindschaftsrechtsreform vom 1. Juli 1998 als unbedingter Rechtsanspruch.

1 Der Autor ist Leiter des Referats 602, Rechtsfragen der Kinder- und Jugendhilfe, des Bundesministeriums für Familie, Senioren, Frauen und Jugend. Außerdem engagiert er sich in Lehre und Wissenschaft als Honorarprofessor an dem Arbeitsbereich Sozialpädagogik des Fachbereiches Erziehungswissenschaft und Psychologie der Freien Universität Berlin.

Mit dieser Regelung hat der Gesetzgeber eine ganz entscheidende Weichenstellung im Hinblick auf die Rolle des Staates bei Trennung und Scheidung der Eltern vorgenommen. Michael Coester hat diese Weichenstellung wie folgt kommentiert:
»Das Gesetz zieht die Konsequenz aus den gefestigten Erkenntnissen des Bundesverfassungsgerichts, wonach
1. die Familie auch nach Scheidung als psycho-sozialer Verband (mit dem Kind als Bindeglied der geschiedenen Eltern) fortbesteht,
2. die gemeinsame vorrangige Verantwortung der ehelichen Eltern sich auch gerade darauf erstreckt, das Kindeswohl in der Scheidungssituation und für die Folgezeit zu wahren,
3. ein gemeinsamer Elternvorschlag vermutlich für das Kind die beste Lösung bedeutet und
4. die Erhaltung und Förderung der gefühlsmäßigen Kindesbindung an beide Elternteile dem Kindeswohl dient.

Nimmt man die zum Kinderschutzrecht getroffene Aussage hinzu, dass bei Ausübung des staatlichen Wächteramts vor Eingriffen zunächst versucht werden muss, helfend und unterstützend auf die Wiederherstellung verantwortungsbewussten Elternverhaltens hinzuwirken, so wird deutlich, dass der Gesetzgeber mit den §§ 1671, 1672 BGB dem verfassungsrechtlichen Auftrag des Art. 6 GG bisher nicht voll genügt hatte. § 17 KJHG füllt diese Lücke und ist daher in seiner Bedeutung nicht hoch genug einzuschätzen.«[2]
Die Beratung »zur Unterstützung eines einvernehmlichen Konzepts für die Wahrnehmung der elterlichen Sorge«, die mit § 17 Abs.2 SGB VIII eingeführt worden war, richtet sich nicht auf den formalen Abschluss einer elterlichen Vereinbarung, sondern vor allem auf eine bestimmte *Qualität der elterlichen Einigung*, nämlich eine dem Wohl des Kindes förderliche Wahrnehmung der Elternverantwortung. Das Ziel der Beratung ist es, dem Kind ein Maximum und ein Optimum an Elternschaft, an Kontakt zu Vater und Mutter zu erhalten. Dieses inhaltliche Ziel, das mit fachlicher Beratung erreicht werden soll, ist von der formalen Ausgestaltung des Sorgerechtsmodells unabhängig. Für das Kindeswohl nicht entscheidend ist daher aus der Sicht der Jugendhilfe, welches Sorgerechtsmodell letztlich gewählt wird, sondern ob und wie die Eltern, die sich als Partner trennen, im Interesse des Kindes weiter miteinander kooperieren bzw. ihre Verantwortung im Hinblick auf das Kind aufteilen. Diese Fähigkeit und/oder Bereitschaft zur Kooperation im Interesse des Kindes ist aber aufgrund der Auseinandersetzung der Eltern auf der Paarebene häufig nicht oder nur eingeschränkt vorhanden. Vielfach werden die Interessen und Bedürfnisse des Kindes für die Durchset-

2 Coester in FamRZ 1991, 253.

zung elterlicher Interessen instrumentalisiert und missbraucht. Jeder hat seine eigene Interpretation des Kindeswohls und seiner Verwirklichung. So gewinnen qualifizierte Beratung, Unterstützung durch Mediation und andere Verfahren zur Senkung des Konfliktniveaus an Bedeutung, damit Trennung und Scheidung der Eltern für das Kind nicht zum Trauma werden, sondern ihm neue Chancen eröffnen.

Die Beratung in Trennungs- und Scheidungssituationen nach § 17 SGB VIII ist ebenso wie die Beratung bei der Ausübung des Umgangsrechts als *Leistungsangebot* ausgestaltet, sie ist also keine Pflicht und kann bis jetzt nicht zwangsweise angeordnet werden. Dies hat in der Praxis nicht selten zur Folge, dass ein Elternteil Beratung in Anspruch nimmt und dabei auch erwartet, dass die Beratungsstelle für ihn und gegen den anderen Elternteil Partei ergreift oder jedenfalls dafür sorgt, dass der andere Elternteil auch an der Beratung teilnimmt. In der langen Reformdebatte ist deshalb auch mit Blick auf die Regelungen in anderen Rechtsordnungen gefordert worden, die Beratung verpflichtend, also als »Zwangsberatung« auszugestalten. Es sollte noch mehre Jahre dauern, bis der Gesetzgeber im Rahmen der FGG-Reform diesen Diskussionsstrang wieder aufgegriffen hat.[3]

II. *Die Kindschaftsrechtsreform*

Im Rahmen der Kindschaftsrechtsreform wurden gerichtliches Verfahren und das Beratungsangebot der Jugendhilfe enger miteinander verzahnt. So bestimmte der Gesetzgeber, dass die Antragsschrift zur Einleitung des Scheidungsverfahrens Angaben darüber enthalten muss, ob gemeinschaftliche minderjährige Kinder vorhanden sind (§ 622 ZPO). Diese Angaben lösen ihrerseits eine Informationspflicht des Familiengerichts gegenüber dem Jugendamt aus, das daraufhin die Elternteile über das örtliche Angebot der Trennungs- und Scheidungsberatung zu informieren hat (§ 17 Abs. 3 SGB VIII). Auf diese Weise wurde sichergestellt, dass Eltern bereits zu Beginn des Scheidungsverfahrens über die Möglichkeiten der Beratung informiert werden. Darüber hinaus wurde das Gericht verpflichtet, die Ehegatten in der mündlichen Verhandlung auch zur elterlichen Sorge anzuhören und bei dieser Gelegenheit (erneut) auf das Beratungsangebot der Jugendhilfe hinzuweisen (§ 613 Abs. 1 Satz 2 ZPO).

In den Verfahren, in denen auf Antrag eines Elternteils vom Gericht über die Zuweisung der (Allein)Sorge zu entscheiden ist, wurde die Verzahnung zwischen gerichtlichem Verfahren und den Beratungsmöglichkeiten der Jugendhilfe noch enger gestaltet. So hat das Gericht (auch dort) nicht nur die Pflicht

3 Siehe dazu unter IV.1.

erhalten, die Elternteile auch auf die Beratungsmöglichkeiten hinzuweisen (§ 52 Abs. 1 Satz 2 FGG), es hat seitdem auch das Verfahren auszusetzen, wenn die Beteiligten bereit sind, außergerichtliche Beratung in Anspruch zu nehmen oder nach Überzeugung des Gerichts Aussicht auf ein Einvernehmen der Beteiligten besteht (§ 52 Abs. 2 FGG).
Der in § 18 Abs. 4 SGB VIII geregelte Anspruch auf Beratung und Unterstützung bei der Ausübung des *Umgangsrechts* erhielt durch die Reform des Kindschaftsrechts wachsende Bedeutung. Da der Gesetzgeber nun auch dem Kind selbst in § 1684 BGB ein Recht auf Umgang mit beiden Elternteilen zuerkannt hatte, wurde der Anspruch auf Beratung in § 18 Abs. 3 SGB VIII auch Kindern und Jugendlichen zuerkannt. Einen entsprechenden Anspruch haben auch alle diejenigen Personen, die nach § 1685 BGB umgangsberechtigt sind. Um in besonders konfliktbeladenen Fällen von einer Einschränkung des Umgangsrechts absehen zu können, hat der Gesetzgeber den so genannten beschützten oder begleiteten Umgang eingeführt, bei dem häufig Fachkräfte des Jugendamts oder eines freien Trägers die Aufgabe des Umgangsbegleiters übernehmen (§ 1684 Abs. 4 Satz 3 BGB).

III. *Die Entwicklung von Modellen verstärkter Kooperation der Verfahrensbeteiligten.*

Angesichts der zerstörerischen Kraft hoch strittiger Eltern-Konflikte und der von ihnen ausgehenden »Gefahr der Infizierung (professioneller) Dritter« sah sich die fachliche Praxis herausgefordert, neue Formen der Kooperation als Chance zu dafür zu nutzen, um mit den höchst unterschiedlichen Machtmitteln der unterschiedlichen professionellen Akteure auf eskalierte Konflikte einwirken zu können.[4] Solche hoch eskalierten Konflikte (ca. 2 bis 5 % von Trennungs- und Scheidungskonflikten) steigern sich bis zur existentiellen Schädigung des anderen Elternteils. Kinder, die einem fortwährenden Elternkrieg ausgesetzt sind, befinden sich in einer Gefährdungssituation, die als fortgesetzte Misshandlung bewertet werden kann, sodass hier im Einzelfall auch die Schwelle des § 1666 BGB erreicht wird.[5] Hier geraten Beratung und Therapie als Unterstützung der familieninternen Selbsthilfepotenziale an die Grenzen ihrer Möglichkeiten. Zur Eindämmung solcher Konflikte und damit zur Abwendung einer Gefährdung des Kindeswohls bedarf es besonderer Hilfen, Formen der Grenzsetzung und Kontrolle sowie der Kooperation der verschiedenen professionellen Akteure.[6]

4 Alberstötter in KindPrax 2005, 83.
5 Alberstötter a.a.O. S. 92.
6 Zur Notwendigkeit einer stärkeren institutionellen Kooperation im Allgemeinen siehe auch Bundeskonferenz für Erziehungsberatung (Hg.) in ZfJ 2005, 477.

So wurden Formen *gerichtsnaher Beratung und Vermittlung* bei Scheidungskonflikten entwickelt, die durch räumliche Nähe zu den Gerichten die Inanspruchnahme von Beratung auf Grund richterlicher Empfehlung sichern und vor allem auch in hoch strittigen Fällen die Möglichkeiten der Beratung zum Einsatz bringen wollen. Anfangs waren solche Modelle dem Vorwurf ausgesetzt, die Freiwilligkeit der Beratung als Voraussetzung für den Beratungserfolg aufs Spiel zu setzen. Bezweifelt wurde auch, ob es trotz der räumlichen Nähe zum Gericht gelingt, die Eigenständigkeit und die Prinzipien der Beratung (vertrauliche Behandlung der Daten) zu wahren. Erfahrungen über ein inzwischen zwanzig Jahre praktiziertes Modell wurden von den Beteiligten, nicht zuletzt den »in die Pflicht genommenen« Eltern, sehr positiv bewertet.[7]
Neben dem Modell der gerichtsnahen Beratung haben sich bei hohem Konfliktniveau – etwa nach gerichtlicher Zuweisung der Alleinsorge – »*Modelle verordneter Kooperation*« als erfolgreich erwiesen. Die (klassischen) unterschiedlichen Haltungen und Vorgehensweisen der einzelnen beteiligten Professionen tragen wegen ihres jeweils spezifischen Zugangs zu Scheidungsverfahren dazu bei, dass die Chancen zu einvernehmlichen Lösungen verringert werden.[8] In diesen Modellen »verordneter Kooperation« haben sich alle professionell am Familienkonflikt beteiligten Personen (Rechtsanwälte, Richter, Fachkräfte von Jugendämtern und Beratungsstellen sowie ggf. Sachverständige) darauf verständigt, strittige Vorgehensweisen nicht zuzulassen und elterliche Verantwortung zu stärken, indem immer wieder das *Erarbeiten einer konsensualen Lösung* forciert wird. Dies bedeutet auch, dass die zerstrittenen Partner bei keiner der genannten Professionen Gehör »für eine von dem üblichen Gewinner-Verlierer-Denken geprägte Vorgehensweise und seinen Vernichtungsgedanken in Bezug auf den anderen« finden.[9]
Dabei musste eine Form der interdisziplinären Zusammenarbeit entwickelt werden, bei der alle Professionen sich gegenseitig akzeptieren und das gleiche Ziel verfolgen, nämlich mittels verordneter Kooperation deeskalierend zu arbeiten. Vor dem Hintergrund der »abgestimmten neuen ganzheitlichen Fachlichkeit« wurden Betroffene bereits in der ersten Anlaufstelle angeleitet, Beratung beim Jugendamt oder bei einer Beratungsstelle in Anspruch zu nehmen, um gemeinsame Regelungen zu entwickeln. Gelingt dies nicht, so wird in der mündlichen Verhandlung vor dem Familiengericht nochmals darauf hingearbeitet und ggf. bei der Beratungsstelle ein verbindlicher Termin vereinbart. Die Professionellen zeigen dabei durch ihre Form der akzeptierenden Zusammenarbeit dem sich trennenden konfliktbelasteten Paar, wie man trotz vielleicht unterschiedlicher Positionen eine gemeinsam getragene Lösung

7 Lossen/Vergho in FamRZ 1998, 1218; Vergho in KindPrax 2001, 71.
8 Weber in ZfJ 2000, 361.
9 Füchsle-Voigt in FPR 2004, 600.

erarbeiten kann. Dabei bildet das Kindeswohl Grund und Grenze dieses Verfahrens. Dies bedeutet auch, dass nicht jede verordnete Kooperation per se im Interesse des Kindes liegen muss.[10] Gleichzeitig muss aber auch der *prozesshafte Charakter des gerichtlichen Verfahrens* im Blick bleiben, der darauf ausgelegt ist, das Veränderungspotential bei den Eltern auszuloten.[11]
Am bekanntesten ist das 1992 entwickelte sog. Cochemer Modell geworden, das inzwischen als Cochemer Praxis[12] über die Grenzen von Rheinland-Pfalz hinaus praktiziert wird und nun auch in die FGG-Reform Eingang gefunden hat.
Das Deutsche Jugendinstitut führt in Kooperation mit dem Institut für angewandte Familien-, Jugend- und Kindheitsforschung an der Universität Potsdam (IFK) sowie der Bundeskonferenz für Erziehungsberatung (bke) ein Forschungsprojekt zum Kinderschutz bei hochstrittiger Elternschaft durch.[13] Mit der Entwicklung und Evaluation zielgruppenspezifischer Diagnosetools und Unterstützungsprogramme möchte das Kooperationsprojekt dazu beitragen, die intrafamilialen Folgen eskalierter Elternkonflikte insbesondere im Hinblick auf den Schutz der betroffenen Kinder zu minimieren sowie die hohen personellen und finanziellen Belastungen der an hoch strittigen Kindschaftsrechtsverfahren beteiligten Institutionen zu vermindern und deren Arbeit effektiver zu machen. Damit wird erstmalig in Deutschland eine wissenschaftliche Begleitung und vergleichende Bewertung der unterschiedlich weit entwickelten Interventionsansätze geleistet.

IV. *Die FGG-Reform als Herausforderung (auch) für die Jugendhilfe*

1. *Die neuen fachlichen Herausforderungen*

Zwei Grundprinzipien des neu geregelten Verfahrens in Kindschaftssachen (§§ 151 ff. FGG) werden auch die Arbeitsweise der Jugendämter und der Beratungsstellen entscheidend verändern – oder anders herum: die FGG-Reform wird ihr Ziel, Konflikt vermeidende und Konflikt lösende Elemente zu stärken und damit das Kindeswohl konsequenter zu verwirklichen, nur erreichen, wenn diese Grundprinzipien auch in die Tat umgesetzt werden:

- das Vorrang- und Beschleunigungsgebot
- die Förderung einvernehmlicher Regelungen

10 Siehe dazu OLG Stuttgart in ZKJ 2007, 366 mit Verweis auf Fichtner/Salzgeber in FPR 2006, 278, 283.
11 Siehe dazu Müller-Magdeburg in ZKJ 2009, 184.
12 Siehe dazu Rudolph, Du bist mein Kind. Die Cochemer Praxis – Wege zu einem menschlicheren Familienrecht, Berlin 2007.
13 Nähere Informationen unter www.dji.de.

Das Vorrang- und Beschleunigungsgebot war bereits im Rahmen des Gesetzes zur Erleichterung familiengerichtlicher Maßnahmen bei Gefährdung des Kindeswohls[14] aufgenommen worden, das bereits seit dem 12. Juli 2008 geltendes Recht, aber noch längst nicht überall gelebte Praxis ist. Das Gericht hat nunmehr spätestens innerhalb eines Monats nach Beginn des Verfahrens die Sache mit den Beteiligten in einem Termin zu erörtern (§ 50 e Abs. 2 FGG, ab 1.9.2009: § 155 FamFG). Die Eltern sind zum persönlichen Erscheinen verpflichtet. Damit soll in Verfahren, die den Aufenthalt des Kindes, den Umgang oder die Herausgabe betreffen, eine Eskalation des Elternkonflikts oder ein Festfahren der elterlichen Positionen verhindert werden.

Das Potential der frühen Anhörung kann jedoch nur ausgeschöpft werden, wenn das Gericht dort auch seine Instrumente einsetzen kann, so etwa, den streitenden Eltern nahe zu legen, außergerichtliche Beratung in Anspruch zu nehmen (§ 52 Abs.2 FGG). Voraussetzung dafür ist ein bedarfsgerechtes Angebot an Beratungsleistungen nach §§ 17, 18 SGB VIII in der jeweiligen Region, was derzeit – angesichts der knappen öffentlichen Kassen – nicht überall gewährleistet ist. Vor allem aber muss das Jugendamt personelle und organisatorische Vorkehrungen treffen, damit die in der Sache fallzuständige Fachkraft sich im ersten Termin tatsächlich zum aktuellen Sachstand äußern kann. Erwartet wird dabei sogar die Übernahme einer das richterliche Gespräch mit den Eltern moderierenden Rolle durch die Fachkraft des Jugendamtes.[15] Zum anderen ist eine enge Kooperation zwischen Familiengericht und Jugendamt erforderlich, um Terminkollisionen zu vermeiden.

Alle diese Rahmenbedingungen müssen in gleicher Weise erfüllt sein, damit die mit der FGG-Reform normierte neue Soll-Verpflichtung, auf ein Einvernehmen hinzuwirken (§ 156 FamFG), in der vom Gesetzgeber beabsichtigten Weise umgesetzt werden kann. Der Deutsche Bundestag hat die Soll-Verpflichtung des Regierungsentwurfs dadurch relativiert, dass die Hinwirkungspflicht nur ausgelöst wird, sofern ein Hinwirken auf ein Einvernehmen dem Kindeswohl nicht widerspricht, z.B. in Fällen häuslicher Gewalt.[16] Damit hat der Bundestag Bedenken aus der Fachwelt gegenüber einer pauschalen Verpflichtung Rechnung getragen.[17]

Nach dieser Vorschrift erhält das Familiengericht auch die Befugnis, die Eltern zu verpflichten, Beratung in Anspruch zu nehmen (§ 156 Abs.1 Satz 4 FamFG). Die Beratung kann zwar nicht mit Zwangsmitteln durchgesetzt werden, die Weigerung des Elternteils soll aber bei der Kostenentscheidung

14 Gesetz vom 4.7.2008 BGBl. I S. 1188.

15 Müller-Magdeburg a.a.O. S. 187.

16 Siehe dazu die Regierungsbegründung BT-Dr. 16/6308 S.236 einerseits und den Bericht des Rechtsausschusses BT-Dr.16/9733 S. 73, 293.

17 Siehe dazu Trenczek in ZKJ 2009, 97.

Berücksichtigung finden (§ 81 Abs.2 Nr. 5 FamFG). Neu aufgenommen wurde auch die Soll-Verpflichtung des Gerichts, auf die Möglichkeit der Mediation und der sonstigen außergerichtlichen Streitbeilegung hinzuweisen (§ 156 Abs.1 Satz 3 FamFG). Eine Verpflichtung seitens des Gerichts, Mediation in Anspruch zu nehmen, wurde jedoch nicht aufgenommen.[18]
Für die Beratungsstellen stellt die gerichtliche Anordnung einer Beratung eine fachliche Herausforderung dar, galt die Freiwilligkeit der Inanspruchnahme doch lange Zeit als ein Grundprinzip der fachlichen Arbeit. In den letzten Jahren hat hier jedoch auch innerhalb der Praxis ein Umdenkungsprozess eingesetzt.[19] So hat etwa die Bundeskonferenz für Erziehungsberatung als Fachverband diese Handlungsoption des Familiengerichts, mit der der Gesetzgeber eine Empfehlung des 16. Deutschen Familiengerichtstages aufgenommen hat, ausdrücklich begrüßt.[20] Beratung hat in dieser Situation vor allem die Aufgabe, Eltern für die ihnen obliegende Erziehungsverantwortung zu sensibilisieren und auf dieser Basis eine tragfähige Regelung zur Wahrnehmung der elterlichen Sorge bzw. des Umgangs für ihr gemeinsames Kind zu entwickeln. »Nicht nur Eltern werden dann zur Beratung verpflichtet, sondern Beratung verpflichtet auch Eltern auf ihre Verantwortung für ihr Kind«.[21]

2. *Reform zum Nulltarif?*

Die Umsetzung der FGG-Reform erfordert personelle und finanzielle Kapazitäten – und zwar in den Gerichten, den Jugendämtern und bei den Freien Trägern als Anbieter von Beratung und Mediation. Die Regierungsbegründung bleibt an dieser Stelle wie gewohnt einsilbig, erweist sich doch bereits die Ausweisung von Folgekosten (für Länder und Kommunen) als sensibles Thema für die Befassung im Bundesrat. So findet sich im Vorblatt des Regierungsentwurfs unter der Rubrik »Finanzielle Auswirkungen auf die öffentliche Haushalte im Hinblick auf die Länder« folgend zusammenfassende Aussage: Die Haushalte werden durch den Gesetzentwurf jedenfalls im Ergebnis nicht zusätzlich belastet.[22] Der Bundesrat war von dieser Aussage nicht überzeugt und wies auf die umfangreicheren Aufgaben der Betreuungsbehörden und der Jugendämter hin.[23]

18 Kritisch dazu Trenczek, a.a.O. S. 103.
19 Siehe dazu Weber/Schilling (Hg), Eskalierte Elternkonflikte – Beratungsarbeit im Interesse des Kindes bei hoch strittigen Trennungen. München und Weinheim 2006.
20 Bundeskonferenz für Erziehungsberatung (Hg.) in ZKJ 2009, 121.
21 Bundeskonferenz für Erziehungsberatung in ZKJ 2009, 121, 123.
22 BT-Dr. 16/6308 S.2.
23 Stellungnahme des Bundesrates BT-Dr. 16/6308 S. 360. Siehe im Hinblick auf die Belastungen durch das Gesetz zur Erleichterung familiengerichtlicher Maßnahmen bei Gefährdung des Kindeswohls die Ausführungen von Meysen, der von einem signifikanten Mehraufwand spricht (Meysen in JAmt 2008, 233, 242).

Berücksichtigt man die inzwischen sich dramatisch verschlechternde Situation der öffentlichen Haushalte auf Grund der Wirtschaftskrise, so dürften einer raschen Umsetzung der Reformziele doch enge Grenzen gesetzt sein. Was die Handlungsmöglichkeiten der Kinder- und Jugendhilfe betrifft, sei darauf hingewiesen, dass sich dort die öffentliche Aufmerksamkeit sehr stark auf den Kinderschutz und den Ausbau der Tagesbetreuung konzentriert und damit die knappen Mittel dort gebunden werden. Für den (dringend notwendigen) Ausbau von Beratungskapazitäten und Mediationsangeboten bleibt da wohl nichts mehr übrig.

3. *Die Kooperation der Beteiligten – oder: Was muss sich in den Köpfen ändern?*

Eine wesentliche Voraussetzung für das Gelingen der Reform ist weder mit Rechtsvorschriften noch mithilfe finanzieller Investitionen zu schaffen: die *Fähigkeit und Bereitschaft zur Kooperation aller am Verfahren beteiligten Personen* und Institutionen – und dazu zählen neben Fachkräften im Jugendamt und in den Beratungsstellen, den Richterinnen und Richtern auch die Anwälte, Sachverständigen und Verfahrensbeistände. Das, was also bei den Eltern individuell hergestellt werden soll, muss strukturell bei den Verfahrensbeteiligten bereits geleistet sein. Dazu zählt als Voraussetzung die Überzeugung von der Richtigkeit des Konzepts, der Philosophie eines Interaktionsprozesses zum Wohl des Kindes – ähnlich dem Hilfeplanverfahren nach § 36 SGB VIII –, das Wissen um das eigene fachliche Potential sowie das Wissen um die Rolle und das fachliche Potential der Partner. Hinzukommen muss die Bereitschaft und Flexibilität, dieses Wissen in jeder Phase des Verfahrens zur Erreichung des gemeinsamen Ziels einzusetzen.[24]

Zu klären sind die Formen und Anlässe der Beteiligung bzw. Kooperation aber etwa auch Fragen der Weitergabe von Informationen bzw. des Vertrauensschutzes etwa im Verhältnis Beratungsstelle und Gericht.[25] Die neuen Verfahrensvorschriften lassen der Praxis erhebliche Spielräume, die von den konkret handelnden Personen auf Grund der jeweiligen örtlichen Bedingungen auszufüllen sind. Insofern ist auch die Einführung und Umsetzung der FGG-Reform – ähnlich der Dynamik des Einzelfalles – ein prozesshaftes Geschehen. Einen wesentlichen Beitrag zur Gestaltung dieses Prozesses können gemeinsame Fortbildungsveranstaltungen und institutionalisierte Formen der Zusammenarbeit leisten, wie sie inzwischen vielerorts installiert sind.

24 Siehe dazu auch Müller-Magdeburg ZKJ 2009, 184, 188.
25 Siehe dazu Bundeskonferenz für Erziehungsberatung, ZKJ 2009, 121, 125.

Auch das Cochemer Modell bzw. die Cochemer Praxis, deren »Vater« durch die Beiträge in diesem Band gewürdigt werden soll, ist nicht mit einem »Knopfdruck« in »Betrieb genommen« worden, sondern war und ist ein »work in progress«.

Winfried Flemming[1]

Das Wunder von Cochem

Sieben Argumente für ein aktives Jugendamt im Familiengerichtsverfahren

Die Partnerschaft zwischen Jugendamt und Familiengericht währt seit den zwanziger Jahren des vorigen Jahrhunderts und in dieser Zeit waren die Glücksmomente wohl eher selten, dafür gab es einerseits gelegentliche Übergriffe und andererseits viel Widerwillen. Man kann die beiden Institutionen mit Recht als langjährige schwierige Weggefährten bezeichnen.
Durch die im FamFG gewollte Verfahrenspartnerschaft von Jugendhilfe und Familiengericht kann nun eine entscheidende Verbesserung der Wirkung von Jugendhilfe im Kontext des Familiengerichtsverfahrens erreicht werden.

Die Ausgangslage: Zwei grundverschiedene Institutions- und Verfahrenswelten treffen aufeinander – und auf die Lebenswelt einer Familie

Machen wir uns nichts vor: In den Regelungen des Familienrechts einerseits und des SGB VIII andererseits treffen zwei einander fremde Systeme zusammen. Jugendämter und Familiengerichte sind verschieden organisiert. Die Hilfen des SGB VIII und die des BGB und des FamFG sind nicht aufeinander abgestimmt. Die in den beiden Systemen handelnden Personen sprechen unterschiedliche ›Sprachen‹: Während Jugendhilfe großen Wert auf Freiwilligkeit, Vertrauen, Beteiligung Transparenz, Partizipation und Mitwirkung als unverzichtbare Grundlagen methodischen Helfens nennt, verfügt das Familiengericht lediglich über eine Fülle von Möglichkeiten und Maßnahmen, Zwang auszuüben. Dabei zielen die Entscheidungen des Familiengerichts ebenfalls entweder auf eine Verbesserung der Situation von Kindern oder versuchen zumindest eine Gefährdung des Kindeswohls weitgehend auszuschließen.

1 Der Autor ist in Berlin als Referent bei der Senatsverwaltung für Bildung Wissenschaft und Forschung, Abteilung Jugend und Familie, für die interdisziplinäre Zusammenarbeit im Familiengerichtsverfahren zuständig.

Die Zusammenarbeit der beiden Institutionen ist zusätzlich durch zwei wesentliche Ängste beeinträchtigt:

- die Angst um die richterliche Unabhängigkeit auf der einen Seite und
- die Angst um die Steuerungsverantwortung der Jugendhilfe (§ 36a SGB VIII) auf der anderen Seite.

Bei all den Unterschieden und Ängsten ist aber die Wirkung der im Familiengerichtsverfahren getroffenen Entscheidungen auf die betroffenen Kinder oft in den Hintergrund getreten. Das betrifft vor allem das kindliche Zeitempfinden. Die normale Verfahrensdauer schafft für Kinder oft Realitäten, so dass eine Entscheidung, und sei sie auch noch so gut abgesichert, häufig zu spät kommt, weil das Leben einfach weitergegangen ist.

1. *Verhandlung und Verständigung als Grundprinzip des Gesetzes erzeugen ein neues Klima im Familiengerichtsverfahren*

In den letzten Jahren haben sich – ausgehend von Cochem – viele Richterinnen und Richter trotz aller Bedenken und Vorbehalte auf den Weg gemacht, an den Grundfesten der bewährten und sicheren Abläufe zu rütteln und die Verfahrensabläufe zu verändern. Sie wollten nicht hinnehmen, dass während der oft sehr langwierigen Familienverfahren durch die Kraft des Faktischen oft Realitäten geschaffen wurden, die das Leben der vom Elternkonflikt betroffenen Kinder entscheidend beeinflusst haben, während die verfahrensbeteiligten Fachleute hilflos um die ›richtige‹ Entscheidung rangen. Deshalb haben sie die Verfahrensbeteiligten einfach entgegen der Gewohnheit frühzeitig eingeladen und sich mit ihnen gemeinsam ›aufs Glatteis‹ einer ergebnisoffenen Verfahrensplanung begeben, und waren nun mit aufgeheizten, unfertigen und unausgegorenen Streitigkeiten konfrontiert. Kinder sind auch (oder besser gerade) in der Umbruchsituation einer Trennung ihrer Eltern auf starke und kompetente Eltern angewiesen. Ein Verfahren, das sich an den Belangen von Kindern orientiert, muss Eltern also entsprechend stützen und wo es notwendig ist, auch leiten.
Das FamFG macht in § 155 aus diesem sinnvollen und mutigen Schritt nun eine Vorschrift: In Kindschaftssachen lädt der Richter spätestens vier Wochen nach Antragstellung alle am Verfahren Beteiligten zur aktiven Mitgestaltung des Familiengerichtsverfahrens mit dem Ziel einer kindgerechten und elterngerechten Verständigung ein und verlangt damit von allen Beteiligten eine grundsätzlich neue und veränderte Haltung. Zu diesem frühen Zeitpunkt kann man in einem Familienkonflikt nämlich gar nichts anderes tun, als auf eine Verständigung der Erwachsenen zu setzen und diese Verständigung notfalls mit Nachdruck zu leiten. Ein solches Vorgehen, war also auch

bisher schon möglich und ist nun Gesetz: Schon die Verfahrensvorschriften des FGG (neu: in der seit dem 12. Juli 2008 gültigen Fassung) und des nun in Kraft getretenen FamFG[2] versuchen, die Verantwortung der streitenden Parteien in der Wahrnehmung ihrer Elternrolle zu stärken. Eltern und vor allem auch die Kinder werden dabei als Subjekte mit eigenen Rechten und Interessen behandelt.

Richterinnen und Richter[3] sind nun aufgerufen, ihre gewohnten Arbeitsweisen umzukehren. Sie haben vier Wochen nach Antragstellung in der Regel nur wenig solides Material in der Hand bzw. in der Akte, und die Situation ist in vielen Fällen verworren und schwer überschaubar. Das sind wahrlich ungünstige und schwierige Voraussetzungen für eine Verfahrens-›Herrschaft‹. Sie riskieren dadurch den Verlust von Sicherheit und vor allem von Unangreifbarkeit.

Rechtsanwälte begeben sich in einen Spagat zwischen einem oft mit Nachdruck eingeforderten Mandat und einer auf Verständigung ausgerichteten Vorgehensweise. Sie sind ständig der Gefahr ausgesetzt, dass ihr Mandant zum nächsten Kollegen läuft und es ist durchaus möglich, dass ihm dort das versprochen wird, was auch immer er sich wünscht.

... und schließlich die Jugendämter: Obwohl Unterstützung zur Verständigung und Stärkung der Eigenverantwortung schon lange zum Leitbild der Jugendhilfe gehört, fordert das FamFG auch von der Jugendhilfe eine neue Haltung und stellt die Fachkräfte der Jugendämter vor neue Aufgaben.

2. *Vor der Verständigung kommt die Klärung der eigenen Rolle. Die gestärkte Rolle des aktiven Jugendamtes*

Die mit dem Konflikt im Familiengerichtsverfahren befassten Fachleute können sich als Vertreter ihrer jeweiligen Profession mit den Konfliktparteien wie auch untereinander erst dann verständigen, wenn sie eine souveräne Sicherheit in der eigenen Rolle erlangt haben, d.h. wenn sie nicht mehr durch ihre Angst geleitet sind, bei einer Verständigung ihre Rolle und ihren Auftrag zu verfehlen. Erst dann wird es möglich, gemeinsam in einer Verantwortungsgemeinschaft wirksamen Schutz für Kinder im Familienstreit zu erreichen. Im Folgenden soll das Augenmerk auf die neuen Anforderungen an das Jugendamt im Familiengerichtsverfahren gerichtet werden.

2 Die in der seit dem 12. Juli 2008 gültigen Fassung geänderten Verfahrensvorschriften des FGG entsprechen den Vorschriften des ab 01.09.2009 in Kraft tretenden FamFG. Zur Vereinfachung wird im folgenden Text in der Regel nur noch das FamFG erwähnt oder zitiert. Auf die entsprechenden Vorschriften des FGG n.F. wird nur dort hingewiesen, wo es notwendig scheint.

3 Obwohl die am Familiengerichtsverfahren Beteiligten sehr oft Frauen sind wird im weiteren Text mit Rücksicht auf die Lesbarkeit des Textes meist nur die männliche Form verwendet.

Vermittlung und Verständigung, Beteiligung und die Umdeutung schwierigster Konfliktlagen in ein positiv wirkendes Unterstützungssystem verbunden mit der Ermittlung des ›wirklichen Willens‹ des hilfebedürftigen Menschen sind eigentlich die Kardinalkompetenzen der Jugendhilfe. Das FamFG sollte demnach bei der Jugendhilfe offene Türen einrennen und der Rollenwechsel des Jugendamtes müsste von daher eigentlich wie von selbst vonstatten gehen.

Die veränderte Haltung bedeutet für die Jugendämter jedoch eine grundsätzliche Umstellung ihrer bisherigen Praxis. Das Jugendamt, vertreten durch den Allgemeinen Sozialdienst (ASD), ist künftig als Verfahrensbeteiligter sehr viel früher als bisher in das familiengerichtliche Verfahren aktiv eingebunden. Die fallzuständige Fachkraft des ASD wird nun also nicht mehr lediglich angehört. Die Anhörung selbst macht das Jugendamt noch nicht zum Beteiligten. Gerade in Kindschaftssachen ist das Jugendamt aufgerufen, als »aktiver Jugendhilfefachdienst« in einem umfassenden Sinne tätig zu sein und das Verfahren durch Sach- und Verfahrensanträge zu lenken. § 162 Abs. 2 FamFG gibt dem Jugendamt die Möglichkeit, Beteiligter zu werden und Sach- und Verfahrensanträge zu stellen. Durch diese sog. Optionsbeteiligung wird die Rolle des aktiven Jugendamtes gestärkt.

3. *Chancen und Risiken*

3.1. *Auch Hindernisse und Widerstände müssen offen benannt werden*

Viele Jugendämter verfügen über immer weniger Personal, sollen nun aber schneller arbeiten? Wer soll das leisten? So oder ähnlich klagen einige Jugendämter bisher über den schnellen ersten Anhörungstermin. Sie würden durch das FamFG in Sorge- und Umgangssachen unnötig unter Druck gesetzt. Durch lange Postwege würde die tatsächlich zur Verfügung stehende Zeit auf 10 – 14 Tage schrumpfen. Gerade in schwierigen konfliktträchtigen Verfahren ist im frühen ersten Anhörungstermin gem. § 155 FamFG ein umfassendes Bild über die Konflikte, die Situation der Kinder und der Eltern, über Risiken und Möglichkeiten, über Bedarfe und Ressourcen nicht möglich. Es sei schlichtweg unmöglich, in der kurzen Zeit einen fundierten Jugendamtsbericht zu liefern. Das ist wirklich verständlich und für jeden gut nachvollziehbar.

3.2. *Chancen nutzen – was ist zu einem frühen Zeitpunkt für das Jugendamt überhaupt möglich?*

Die fallzuständige Fachkraft des Jugendamtes kann zum frühen Termin sicherlich erst eine vordergründige Kenntnis von der Sicht der Parteien auf den Streit bekommen. Sie sieht zunächst, wie unterschiedlich die streitenden Parteien (in der Regel werden das die Eltern sein), die ihre Kinder betreffenden Fragen beurteilen. Soweit die Familie der Fachkraft des Jugendamtes nicht schon bekannt ist, dürfte bis zum frühen Anhörungstermin in der Regel lediglich Zeit für einen ersten Kontakt mit einer der beiden Parteien und vielleicht auch mit den betroffenen Kindern bleiben. Auf dieser Grundlage kann die fallzuständige Fachkraft des Jugendamtes eine erste vorläufige und teilweise Einschätzung über eine mögliche Gefährdung der betroffenen Kinder im Elternstreit vornehmen[4] und kann ggf. mit den ersten Schritten ihrer eigenen internen Arbeitsplanung beginnen. Dann ist aber in der Regel Schluss! Mehr geht wirklich nicht!

3.3. *Das Gute am ›Schlechten‹*

Die gute Nachricht: Mehr ist gar nicht nötig und mehr könnte unter Umständen sogar zuviel sein.

Der frühe erste Termin bedeutet eine Einladung zur gemeinsamen Verfahrensplanung auf Augenhöhe mit dem Ziel der Mobilisierung aller Ressourcen. Es geht also überhaupt nicht darum, mit vollständigen und abgesicherten Vorschlägen ein abgeschlossenes Bild zu vermitteln, das dann durch den Richter lediglich ›abgesegnet‹ werden kann. Die neue Haltung des FamFG hat vielmehr das Ziel, zu einem frühen Zeitpunkt Bewegung in bereits etwas festgefahrene Positionen zu bringen und für dieses Ziel alle zur Verfügung stehenden Ressourcen zu mobilisieren. Das ist pure sozialpädagogische Methodik. Im ersten Termin ist die fallzuständige Fachkraft des Jugendamtes also eingeladen, an einem umfassenden Verständigungsverfahren aktiv und flexibel mitzuwirken.

Unter diesen Voraussetzungen sollte eigentlich alles möglich sein: Es können also zum Beispiel im Zuge einer Erörterung mit dem Richter alle Möglichkeiten und Risiken eines fortgesetzten Streites durchgesprochen werden und dann eine schnelle und dennoch nachhaltige Verständigung erfolgen. Es kann aber auch – falls dies nicht gelingt – mit allen Beteiligten unter der Leitung (Verfahrensherrschaft) des Richters ein gemeinsamer Plan über das gemeinsame weitere Vorgehen und Verfahren entwickelt, verhandelt und verbindlich festlegt werden.

4 Eine solche grobe Ersteinschätzung muss das Jugendamt ja bei jedem(Erst-) Kontakt ohnehin vornehmen.

4. *In verschiedenen Rollen gemeinsam zum Ziel – Hilfe im (Zwangs-)kontext des Familiengerichtsverfahrens*

4.1. *Durch die systematische Einbindung des Jugendamtes sichert der Richter die familienrechtliche Zielerreichung im Verfahren*

Viele Richter, Eltern, Rechtsanwälte oder andere Verfahrensbeteiligte sind weder über die Möglichkeiten oder Ziele von Beratung informiert, noch kennen sie die fachlichen und methodischen Bedingungen. Sie sind häufig der Auffassung, dass Beratung »irgendwie was Vertrauliches« ist, das außerhalb des Verfahrens stattfindet. Beratung geschieht bisher meist unabhängig vom Gerichtsverfahren. So kann es durchaus möglich sein, dass Beratung zwar formal angenommen wurde, dass eine Partei aber insgeheim den Streit weiter betreibt und auf ihren Vorteil durch einen Gerichtsbeschluss gegen die andere Partei setzt. Eine Verständigung lässt sie dabei nur soweit gedeihen, dass ihr Streitziel nicht in Gefahr gerät. Das heißt, dass sowohl das Familiengerichtsverfahren, als auch der Beratungsprozess stagnieren, weil in den beiden getrennt laufenden Prozessen kein gemeinsames Bewusstsein über die Auftragslage und die daraus gewonnene Verfahrensplanung besteht.
Beratung kann jedoch eine direkte gezielte Wirkung in das Familiengerichtsverfahren hinein entfalten, wenn z.B. im frühen Anhörungstermin ganz offen über mögliche Ziele, die notwendigen Rahmenbedingungen, den Beginn, den Verlauf, über die notwendige Mitwirkung und über die Anforderungen einer Berichterstattung (und ggf. über Notwendigkeit von Verschwiegenheit) konkret gesprochen wird.

4.2. *Durch aktive Beteiligung im Familiengerichtsverfahren und die Einbindung des Familienrichters in die Planung und Leistungserbringung des Jugendamtes sichert das Jugendamt die Rahmenbedingungen für seine Arbeit*

Umgekehrt kann das Jugendamt durch seine aktive Beteiligung, z.B. durch Anträge, andere Verfahren während einer Beratungszeit ruhen zu lassen, erreichen, dass der Beratungsprozess nicht durch taktische Manöver oder Entscheidungen überlagert oder gestört wird.

5. *Die ›Verschränkung‹ zweier Verfahren – die jeweilige Verfahrensherrschaft bleibt in beiden Verfahren jedoch unangetastet*

Obwohl z.B. Beratung gem. § 17 SGB VIII oder Hilfe zum Begleiteten Umgang Regelleistungen der Jugendhilfe an Eltern im Trennungsprozess bzw. an das Kind (§ 18 Abs. 3 SGB VIII) sind, können diese Leistungen erst dann ihre Wirkung entfalten, wenn sie planvoll im Kontext des Familiengerichtsverfahrens eingesetzt werden.

Hält die Fachkraft des Jugendamtes in einem Elternstreit um das Sorgerecht die Inanspruchnahme von Trennungsberatung für angezeigt, so ist für einen Erfolg die aktive und interessierte Mitwirkung beider Eltern eine notwendige Voraussetzung. Die Fachkraft des Jugendamtes bereitet dann ein konkretes Beratungsangebot vor; sie informiert dann im ersten frühen Anhörungstermin über mögliche mit Beratung erreichbare konkrete Ziele und bringt dieses Hilfekonzept als Vorschlag – verbunden mit einem konkreten Terminvorschlag (bzw. Anmeldevorschlag) – ein.

Weiterhin sichert die Fachkraft des Jugendamtes durch konkrete Anträge zur weiteren Verfahrensplanung des Familiengerichts, dass der Konflikt keine Nebenschauplätze hat, sondern in der Beratung stattfindet. Solche Verfahrensanträge können z.B. Vorschläge zur Termin- und Entscheidungsplanung des Familiengerichts sein oder Vorschläge über Angelegenheiten, die nur mittelbar mit der Situation des Kindes zusammenhängen, also weitere in Zuge der Auseinandersetzung zu klärende Fragen wie z.B. Unterhalt oder zur Entscheidung der Frage, wer von beiden Eltern wann auszieht bzw. welcher Elternteil in der gemeinsamen Eigentumswohnung bleiben kann. Sollten trotz aller Informationen und Hilfestellungen weiterhin Zweifel an der Mitwirkung der Eltern bestehen, so kann das Gericht anordnen, dass die Eltern die Beratung annehmen (beantragen).

In einem Folgetermin wird der im ersten Anhörungstermin mit den Eltern vereinbarte und vom Gericht auf Vorschlag des Jugendamtes angeordnete Beratungsauftrag konkret überprüft. Es wird also zunächst der Fortschritt der Beratung erörtert und die Situation des Kindes betrachtet. Die Planung des Folgetermins sollte durchaus auf Initiative und Vorschlag des Jugendamtes auf der Grundlage der vom Jugendamt vertretenen Bedürfnisse des Kindes unter Berücksichtigung eines Zeitplanes für die notwendige Beratung vom Gericht festgelegt werden. Das Familiengericht bezieht also in der Anhörung das Jugendamt und die anderen Verfahrensbeteiligten in seine Verfahrensplanung und in seine Entscheidungsfindung ein, entscheidet aber in allen Phasen selbständig und unabhängig.

Die durch das Jugendamt in fachlicher Selbständigkeit und Unabhängigkeit bestimmte Hilfe an die Eltern wird damit zu einer Phase im familiengerichtlichen Verfahren. Das Jugendamt hat aber zu allen Zeitpunkten die uneingeschränkte Verfahrensherrschaft über seinen Fachprozess (z.B. Beratung) ohne dass damit die Verfahrensherrschaft des Richters über das familiengerichtliche Verfahren beeinträchtigt würde.

Damit ist sichergestellt, dass alle Beteiligten in die Planung der nächsten Arbeitsphase im Familiengerichtsverfahren einbezogen sind und alle wissen, was als geeignetes und richtiges Mittel erkannt ist, um eine Einigung der

Eltern zu unterstützen. Gleichfalls ist allen klar, welche Nebenbedingungen zu einem Gelingen dieser Arbeitsphase einzuhalten sind. Diese Bedingungen sind ggf. durch Maßnahmen des Gerichts mit Sanktionen belegt.
Beide Verfahren unterstützen sich gegenseitig – in vielen Fällen können sie sogar ohne einander nicht zum Erfolg führen.

6. *Verhandlungssicherheit und Standfestigkeit des Jugendamtes im Familiengericht als neue Anforderung – von der Ohnmachtsposition zum Verhandlungspartner auf Augenhöhe*

Die Einladung zur aktiven Mitgestaltung des Familiengerichtsverfahrens und die Einbindung des Familiengerichts in Jugendhilfeleistungen stellen die Fachkraft des Jugendamtes vor die Aufgabe, sich sicher zwischen den beiden Verfahrenswelten ›Hilfe und Unterstützung‹ auf der einen Seite und ›Kontrolle und Zwang‹ auf der anderen Seite zu bewegen. Um eine aktive und nachhaltige Wirkung ihres Handlungsauftrages entfalten zu können muss die Fachkraft des Jugendamtes neben sicheren Kenntnissen der ›eigenen‹ Leistungen (SGB VIII), der dazugehörigen (Verwaltungs)-verfahren bzw. der landesrechtlichen Regelungen und Verwaltungsvorschriften nun auch verstärkt über sichere Grundkenntnisse des materiellen Rechts (Familienrecht, des BGB) und vor allem des FamFG verfügen.
Damit verbunden ist auch die sichere und selbstbewusste schriftliche und mündliche Vertretung des in der Organisation des Jugendamtes als richtig erkannten Vorschlages. Diese Vertretung muss sowohl kritischen Nachfragen eines Richters, als auch oft als Angriffen verstandenen Plädoyers von Rechtsanwälten standhalten. Die aktive Vertretung der Kindeswohlaspekte in dem familiengerichtlichen Verfahren durch die Fachkraft des Jugendamtes erfordert daher neben der sozialpädagogischen Kompetenz auch Verhandlungssicherheit und selbstbewusstes Auftreten auch unter widrigen Umständen.

7. *Strukturelle Anforderungen an die Organisation und Anpassung der internen Verfahren*

Die Veränderungen betreffen nicht nur die einzelnen Mitarbeiterinnen und Mitarbeiter, sondern die gesamte Organisation des Jugendamtes. Das Jugendamt muss als Organisation bereits vor dem ersten frühen Termin inhaltliche und organisatorische Vorkehrungen treffen, damit die in der Sache kompetente und zuständige Fachkraft am Termin teilnehmen kann, die dann im Anhörungstermin

1. mündlich über die Situation des Kindes in seiner Familie berichtet,

2. mögliche Risiken für die Kinder oder Jugendlichen erörtert,
3. mögliche Hilfen, die zuvor im Zusammenwirken mehrerer Fachkräfte des Jugendamtes als notwendig erkannt wurden (vgl. § 36 SGB VIII), vorschlägt und
4. Vorschläge zum weiteren familiengerichtlichen Verfahren einbringt, z.B. in welcher Weise das Familiengericht in eine Verlaufskontrolle einbezogen werden kann.

Ein familiengerichtsbezogener Spezialdienst ist ungeeignet. Einzelne Stimmen fordern im Zusammenhang mit dem Beschleunigungsgebot die Einrichtung eines familiengerichtsbezogenen Spezialdienstes. Zugegeben, das sieht auf den ersten Blick für alle Beteiligten erstmal bequem aus: Der gerichtsnahe Dienst wäre sicher schnell zur Stelle, wenn er gerufen wird und man erhofft sich außerdem eine Entlastung der ASD-Mitarbeiter, die ja neben der Mitwirkung im familiengerichtlichen Verfahren noch viele andere Aufgaben haben.
Auf der dargestellten Grundlage wäre eine solche Organisation jedoch ein fataler Kurzschluss. Die Rolle des Jugendamtes im Familiengerichtsverfahren erfordert Leistungsmanagement aus der Mitte des Jugendamtes heraus mitten ins Familienverfahren hinein. Ein Spezialdienst kann das Jugendamt nicht in der notwendigen Weise vertreten. Wenn die Fachkraft des Jugendamtes als kompetenter Leistungsmanager im Familiengerichtsverfahren wirksam werden möchte, muss sie durch kurze Entscheidungswege in flachen Hierarchien handlungsfähig sein und lebensweltorientiert mitten in der Region und mitten im Jugendamt verortet sein. Der regionale ASD ist dafür der geeignete Standort.

Fazit

Für das Jugendamt bedeuten die Regelungen des FamFG eine entscheidende Stärkung und Verbesserung der eigenen Handlungsmöglichkeiten im Sinne der Leistungsadressaten. Vor diesem Hintergrund lohnt es sich, amtsinterne Strukturen und Verfahren zu prüfen, um den Nutzen dieser verbesserten Position durch geeignete Personal- und Organisationsentwicklungsmaßnahmen zur Entfaltung zu bringen.

Ansgar Röhrbein[1], *Cornelia Müller-Magdeburg*[2]

Vom Suchen und Finden des ersten Schrittes oder vom erfolgreichen Beispiel einer kleinen Region

Es war einmal vor langer Zeit ... als die Menschen noch Sozialarbeiter, Anwälte, Richter, Gutachter und Familiengerichte brauchten, um im Falle einer Trennung und Scheidung die elterliche Sorge für ihre gemeinsamen Kinder und den Umgang ihrer Kinder mit ihnen durch andere **regeln zu lassen**. Damals versammelten sich die Beteiligten zu langwierigen und teilweise hochstrittigen Auseinandersetzungen, um den Versuch zu wagen, eine vermeintlich »gerechte« – oder gar »die richtige?« – Lösung zu finden. Viel Papier wurde dabei beschrieben, jeder beharrte auf seinen Positionen, die oft weit auseinander gingen.
Es war wahrlich nicht einfach für die Beteiligten: ...
Die Eltern wurden als »Ex-Partner« von verschiedenen Anwälten vertreten und nach ihrer persönlichen Position und den Verfehlungen des anderen Elternteils befragt, damit man »schwere« Geschütze auffahren (und vielleicht?? oder vielleicht doch gar nicht?? mächtig verdienen) konnte.
Die Kinder wurden von den Eltern teilweise für ihre jeweilige Sicht gegen den anderen Elternteil genutzt, ohne dass dabei ihre Gefühle und Loyalitäten von einem neutralen Vermittler geprüft und unterstützt wurden.
Die SozialarbeiterInnen verfassten häufig umfangreiche Stellungnahmen, ohne dafür eigentlich Zeit zu haben und die Familie richtig kennen zu können. Geschweige denn, dass es alles gelesen werden konnte.
Viele Anwälte vertraten eine harte Position, um möglichst viel für ihre Mandantin bzw. ihren Mandanten herauszuholen. Frei nach dem Motto: Je extremer die Position, desto größer die Chance, wenigstens »etwas« erreichen zu können. Dazu konnte es auch schon mal notwendig sein, den anderen Elternteil zu diffamieren - dies alles oft zu einem sehr hohen Preis für Eltern und Kinder.
Die Richter versuchten meistens die Distanz zu wahren, behielten ihren Namen für sich und beharrten, zum Wohle des Kindes, auf ihrer abgehobenen

1 Der Autor arbeitet als Diplom-Pädagoge, Familientherapeut und Supervisor im Märkischen Kinderschutzzentrum und ist freiberuflich als Lehrtherapeut für unterschiedliche Institute tätig. Er ist Mitglied im bundesweiten Netzwerk »Forum Männer«.

2 Die Autorin ist Vizepräsidentin des Amtsgerichts Pankow/Weißensee in Berlin und Familienrichterin.

Stellung, um die Gefühle außen vor zu lassen. In ihrer Not auf der Suche nach der »richtigen« Entscheidung delegierten sie die Einschätzung des Kindeswohles nacheinander an Jugendamt, Verfahrenspfleger und psychologische Sachverständige.
Die Eltern dachten dabei oft: »Warum haben wir dies nur angefangen ...?« oder »Endlich bekommt sie/er, was sie/er verdient! Koste es, was es wolle.« Aber nachts schlichen sich auch bei ihnen Zweifel ein ... »Tue ich meinem Kind wirklich Gutes? Warum hilft mir keiner, meinem Kind helfen zu können?«
Die Kinder wussten häufig nicht, wie ihnen geschah – liebten sie doch meistens beide Eltern. Nur wer wollte das hören? Wer führte endlich eine Entscheidung herbei?!
Die Sozialen verzweifelten oft an der aggressiven Vorgehensweise der Eltern und ihrer Anwälte, den nervigen Berichtsersuchen der Familienrichter, den langen und formalisierten Verfahren, der ungeübten Kommunikation mit den Kindern. Und wenn sie glaubten: »Jetzt gibt's eine Entscheidung!«, wieder nichts, sondern die Beauftragung eines Verfahrenspfleger und eines psychologischen Gutachters (was wieder viel Zeit bedeutete ...).
Die Richter waren wütend auf die Jugendämter, die ewig brauchten für ihre Stellungnahmen. Immer wieder mussten sie schriftlich gemahnt werden. Und kam der Bericht dann endlich bei Gericht an, verstand der Richter die Fremdsprache (»Sozialpädagogisch«) nicht, er musste sich durch viel zu viel Beiwerk durchkämpfen, auf das es doch nicht (vermeintlich? rechtlich? aber doch für die Eltern?) ankam, die Stellungnahmen halfen ihm bei der Entscheidung überhaupt nicht weiter, weil sie von viel zu viel »sowohl als auch« geprägt waren und vieles offen ließen und am Ende gar »eine einvernehmliche Lösung« empfahlen. »Na, da hätt ich auch selbst drauf kommen können, wofür warte ich 9 Monate auf einen Jugendamtsbericht?« ärgerten sie sich über die Jugendämter.
Da der Bericht des Jugendamtes nicht weitergeholfen hatte, mussten Verfahrenspfleger und Sachverständige befragt werden. Irgendwie musste doch entschieden werden. Aber sie ignorierten die Forschung, dass Kinder Vater und Mutter brauchen. Irgendwann hatte das Verfahren so lange gedauert, dass das Kontinuitätsprinzip von sich aus die Entscheidung vorgab: Nun hatte das Kind schon so lange bei der Mutter/bei dem Vater gelebt, nun hatte das Kind den Vater/die Mutter schon so lange nicht mehr gesehen, dann sollte es auch so bleiben ... War doch ganz einfach.
Die Anwälte waren natürlich parteiisch und hatten eine klare Sicht der Dinge: »Mein Mandant/meine Mandantin hat doch Recht! Hab' ich doch ausführlich begründet unter Berufung auf BGH und BVerfG!« Sie konnten diese soziale Kompliziertheit, die Empfindlichkeit der JugendamtsmitarbeiterInnen (»Die

darf man noch nicht einmal anrufen und ein bisschen hart angehen.«) und die »Rum-Eierei« meistens nicht verstehen …
Die Familien warteten und warteten und warteten … oft monatelang auf ein abschließendes Ergebnis, während der Alltag längst damit begonnen hatte, ganz neue Fakten zu schaffen …Die Kinder saßen oft in unerträglichen Warteschleifen, weinten sich in den Schlaf, verloren den Kontakt zu dem Elternteil, bei dem sie nicht lebten (oder auch zu Großeltern, Tanten, Onkeln etc.), wurden in Loyalitätskonflikten zerrieben und wären letztlich zu vielem bereit gewesen.
Und hatte sich der Richter oder die Richterin endlich zu einer Entscheidung durchgerungen, so rannte der eine Elternteil mit dem Rechtsmittel zum Oberlandesgericht, Bundesgerichtshof oder gar zum Bundesverfassungsgericht; manche scheuten auch den Weg zum Europäischen Gerichtshof für Menschenrechte nicht, um »ihr Recht« zu bekommen. Dessen ungeachtet hatten beide Elternteile schon am nächsten Tag Abänderungsanträge vorbereitet. Denn die Entscheidung des Gerichts hatte – wenn sie dies überhaupt je hatte – so doch jedenfalls jetzt nichts mehr mit ihrem aktuellen Leben zu tun. Hatte denn keiner gemerkt, dass ihr turbulentes Leben sich täglich änderte? Wie kann man dann Entscheidungen treffen, die auf einer veralteten Tatsachenbasis beruhen? Die keine Anpassung an die täglichen Veränderungen zulassen?
Schon wieder ein neuer Antrag, schon wieder ein neues Verfahren, und alles begann von vorn ...
Klein-Fernando aus Brandenburg wurde vor das Bundesverfassungsgericht gezerrt, um seinen Vater zu einem Umgang zu zwingen, den dieser nicht wollte. Und das alles nur wegen der (mit Verlaub etwas banalen) Erkenntnis, dass ein erzwungener Umgang nicht dem Wohl des Kindes dienen könne. Warum hat niemand sich Mühe gegeben, die Situation zu verändern? So zu verändern, dass der Vater Fernando gerne sehen könnte?
Nicht selten stellte sich irgendwann im laufenden Verfahren einer der beteiligten Personen die Frage, ob dies eigentlich so sein müsste. Doch was sollte man tun?

Überall gab es diese teilweise endlosen, belastenden und schwierigen Prozesse … In der ganzen Republik war dies so. Überall.

In der ganzen Republik? Überall?

Nein! Nicht überall … In einer kleinen Region zwischen Rhein und Mosel ging es anders zu. Dort hatten sich die verschiedenen beteiligten Institutionen und Personen: Richter/innen, Jugendamtsmitarbeiter/innen, Anwält/innen, Lebensberater/innen und Gutachter/innen einfach einmal freiwillig an einen

Tisch gesetzt, ihre Vorbehalte über Bord geworfen und überlegt, wie sie diesen Zustand verändern könnten. Ihr Ziel war es »im Interesse des Kindeswohls den elterlichen Konflikt zu schlichten« und einen tragfähigen Konsens als Lösung zu erreichen. Insbesondere sollte es darum gehen, die Eltern »wieder miteinander ins Gespräch zu bringen, um damit die Grundlage zur Übernahme gemeinsamer Elternverantwortung zu schaffen«.
Die beteiligten Personen und Institutionen respektierten ihre jeweilige Autonomie und Gleichwertigkeit und unterwarfen sich einer freiwilligen Selbstverpflichtung für ein gemeinsames Arbeitsbündnis und eine gleichberechtigte Zusammenarbeit. Sie verabredeten sich zu regelmäßigen Treffen, bei denen selbstverständlich die gesetzlichen Vorgaben eingehalten wurden, lernten sich und die Arbeitsweise und Sprache der anderen Professionen besser kennen – und lernten dabei viel über die eigene Arbeitsweise und die eigenen Begrenzungen. Sie diskutierten miteinander und entwickelten neue Verfahrensschritte, die mehr Lösung und weniger Regelung enthalten sollten.
Die Rechtsanwälte verzichteten auf konfliktverschärfende Schriftsätze und beschränkten sich auf den wesentlichen Sachvortrag. Die Familienrichter verpflichteten sich, schnelle Termine innerhalb von 2-3 Wochen anzuberaumen. Die Lebensberater verpflichteten, sich innerhalb von 14 Tagen einen Gesprächstermin für die Eltern anzubieten. Die Mitarbeiter der Jugendämter verpflichteten sich zur Teilnahme bei jedem Gerichtstermin und verzichteten auf schriftliche Stellungnahmen. Die Sachverständigen verpflichteten sich zu lösungsorientierter Begutachtung. So entstand eine Kooperations-Praxis, die nicht nur aber vorallem von den Kindern gerne gesehen wurde.
Die anderen Professionellen der Republik waren irgendwie begeistert, blickten aber auch skeptisch und neidisch auf diese Region. Warum hatten die dort etwas geschafft, was sonst als unmöglich galt? Lag das an der dörflichen Idylle? Oder gar am Moselwein? Sie durften ihren Respekt und ihr Interesse aber nicht wirklich zeigen, denn dann hätten sie sich eingestehen müssen, dass es auch bei ihnen Veränderungsmöglichkeiten geben könnte. Dies wäre dann sicher mit viel Arbeit und dem Abschied von Macht verbunden gewesen …, »Es konnte doch nicht wirklich wahr sein, dass Eltern ihren guten Willen entdecken und durchhalten konnten, oder? Die stritten doch auf hohem Konfliktniveau, waren high-conflict-Paare, hätten sie eigenverantwortlich handeln können, wären sie doch nicht zum Gericht gegangen ...«
Irgendwas musste doch an der ganzen Sache faul sein. Schließlich waren die Menschen doch im Kern wirklich böse und nicht sozial. Trennungs- und Scheidungseltern dachten nur an sich und ihren Konflikt, sie hatten ihre Kinder vergessen, daran konnte man auch nichts ändern. Dafür gab es doch genug Belege … oder etwa nicht?
Und so schauten alle auf diese kleine ländliche Region und waren hin- und her gerissen zwischen Begeisterung und Unglaube. Eigentlich könnten alle ande-

ren eine Menge von dieser Region lernen, doch dazu bräuchten sie sicher eine Menge Mut.
Den sprach uns allen schließlich Jürgen Rudolph zu. Unglaube und Widerstand hatten ihn noch nie abgehalten, landauf – landab durch die Republik zu reisen, um Überzeugungsarbeit für die interdisziplinäre Zusammenarbeit im Familienkonflikt zu leisten. Heimlich, still und leise probierten einzelne Professionelle verschiedene Elemente der Cochemer Praxis aus. Und siehe da: Es konnte auch ohne Moselwein funktionieren, im Norden und im Süden der Republik, in dörflichen Strukturen wie auch in Großstädten. Wie Pilze sprossen die interdisziplinären Arbeitsgemeinschaften aus der Erde. Sie überboten sich gegenseitig. Und auf einmal ging das, was früher nur in einem »Mosel-Dorf« ging, eigentlich viel, viel besser in einer Großstadt ...
Die Eltern waren zu Veränderungen in der Lage, dankbar nahmen sie das strukturierte Unterstützungsangebot auf, mehr oder weniger gern, aber immer mit der Einsicht in die Notwendigkeit, ließen sie sich auf Beratungen, Mediationen und Therapien ein. Die Richter entdeckten die Veränderlichkeit menschlichen Zusammenlebens und der zugrunde liegenden Gefühlswelten, sie verselbständigten sich gegenüber dem Zwang zu rückwärts gewandten und endlosen Ermittlungen sowie zu Entscheidungen mit Bedeutung nur für eine juristische Sekunde, verloren die Angst, vor dem plötzlichen und schriftlich-aktenmäßig nicht vorbereiteten Sprung in das (nicht kalte, sondern) heiß-emotionale Wasser eines ersten Anhörungstermins. Sie besuchten Sprachkurse und erlernten »Sozialpädagogisch«, erwarben Respekt vor den Kompetenzen der Sozialpädagogen und »Psychos«, trauten sich, auch im Termin ein wenig loszulassen und die Sozialarbeiter in die zukunftsorientierte Gesprächsführung einzubinden, sie übten mediative Techniken ein und beschäftigten sich mit den Unterschieden zwischen Mediation, Beratung, Lebensberatung, sozialpädagogischen Elterngesprächen und Gruppen-, Paar- und Familientherapien ...
Die Mitarbeiterinnen und Mitarbeiter der regionalen sozialen Dienste verzichteten gern auf eine schriftliche Stellungnahme und brachten viel lieber ihre sozialpädagogische Kompetenz und ihre wertschätzende Gesprächsführung zu einem frühen Zeitpunkt in das Verfahren ein, sie verloren die Angst vor den Anwälten und lernten den Wert derer Einschaltung schätzen, manchmal können sie mit diesen sogar telefonieren. Sie legten ihre Unterwürfigkeit gegenüber den Richtern ab, ließen sich in Auftreten vor Gericht schulen und vertraten ihre sozialpädagogisch fundierten Einschätzungen als aktiv initiatives und selbstbewusstes Jugendamt.
Die Berater verabschiedeten sich von alten ethischen Fesseln und begannen, auch in gerichtlichen Kontexten zu beraten, die Sachverständigen übernahmen die prozesshafte Arbeitsweise und erarbeiteten mit den Eltern Lösungen,

statt diagnostischer, rückwärts gewandter Gutachten; immer öfter ließen sie sich sogar zu gemeinsamen Elterngesprächen hinreißen.
In interdisziplinären Arbeitskreisen und auf regionalen wie überregionalen Fortbildungsveranstaltungen tauschten sie sich fachlich aus und entwickelten das Verfahren weiter und weiter ...

Und wenn sie nicht gestorben sind, dann kooperieren sie auch heute noch, ganz im Sinne der Kinder.

Gutes Gelingen dem neuen Gesetz, zur Umsetzung **einer moderaten Suche nach dem guten Willen** bei allen Beteiligten, der Beschleunigung in den Abläufen und **der nachhaltigen Lösungssuche im Interesse der Kinder**. Die Unverbesserlichen können sich dann ja immer noch irgendwo weiter streiten, nur nicht zu Lasten der Kinder!

Paul Schaffner[1], *Randolph Ochsmann*[2]

Die Karawane rollt!

Warum sich die Arbeitsweise des Cochemer Modells durchsetzt, obgleich viele diese nicht wollen und kaum einer sie vermisst hat: Sozialpsychologische Gedanken zu einem Veränderungsprozess

Gesellschaftliche Veränderungen sind allgegenwärtig, wobei sie sich teils in rasantem Tempo abspielen – man denke zum Beispiel an den im Kontext der Finanzkrise eingetretenen Vertrauensverlust in Bankmanager – teils aber auch langsam – man denke an die Veränderungen unserer Gesellschaft im Kontext der Migrationsprozesse. Per se implizieren Veränderungen Anpassungsprozesse und Neuorientierungen, die von den Betroffenen oft nicht gewollt werden. Die resultierenden Änderungswiderstände können moderat oder heftig ausfallen.

Gesellschaftliche Veränderungen und wissenschaftliche Innovationen, egal, ob letztlich mit positivem oder negativem Resultat, haben einen Ursprung – zumeist sind sie in der Aktivität eines Einzelnen (und dann einiger Weniger) begründet und damit in Minderheiten. Abweichende Meinungen lösen bei anderen Personen zunächst Widerstand aus und einen Druck auf den Einzelnen, sich der Mehrheit anzupassen. Die hierbei ablaufenden Prozesse waren durch Solomon Asch schon früh Gegenstand psychologischer Analysen zur sozialen Einflussnahme, konkret dem Einfluss der Majorität einer Gruppe auf abweichende Individuen.[3] Dieser Druck zur Uniformität kann das Überleben von Gruppen sichern und ihren Erfolg im Wettbewerb um Ressourcen steigern. Er kann sich aber auch negativ auswirken, wenn sich dadurch der Bezug der Gruppenmitglieder zur Realität vermindert.

Während in der Konformitätsforschung die Minorität als Objekt der Einflussnahme betrachtet wurde und wird, entwickelte sich unter dem Eindruck der Pariser Studentenrevolte eine ganz andere Sichtweise, die mit dem Namen Serge Moscovici verbunden ist. Ihn und seine Forschungsgruppe interessierte nicht die Majorität, sondern die Frage, wie Minoritäten es schaffen können, sich durchzusetzen, auch wenn sie (zunächst) über keine Machtmittel in Form

1 Der Autor ist Akademischer Oberrat des psychologischen Instituts, Abteilung Sozialpsychologie, der Johannes-Gutenberg-Universität Mainz.

2 Der Autor ist Universitätsprofessor und Leiter der Abteilung Sozialpsychologie der Johannes-Gutenberg-Universität Mainz.

3 Asch, S. E., Studies of independence and conformity: A minority of one against a unanimous majority. Psychological Monographs, (1956), 70 (Whole no. 416).

von Geld, mit hohen Positionen verbundene Sanktionsmöglichkeiten, Informationsvorsprung, etc., verfügen.[4]
Orientiert an Alltagsbeobachtungen, wonach es Menschen gibt, die sich sehr viel besser als andere durchsetzen, liegt der Gedanke nahe, dass es sich hierbei um Führungspersönlichkeiten handeln muss. Die Suche nach den Merkmalen, die eine Führungspersönlichkeit ausmachen, führte jedoch nicht zu dem gewünschten Erfolg: Die Führungspersönlichkeit und/oder den optimalen Führungsstil gibt es nicht, da die Anforderungen je nach Aufgabenstruktur und Merkmalen der Gruppe variieren.[5] So half auch das Machiavellismus-Konzept nicht weiter, da Persönlichkeiten, die machiavellistisches Verhalten zeigen, oft gar nicht machtorientiert sind, sondern nur daran, dass ihr Handeln ihnen selbst zum Vorteil gereicht.
Zu bedenken ist schließlich, dass das Verhalten eines Individuums vom Kontext abhängig ist, besonders von den Mitmenschen, egal ob sie real anwesend sind, ihre Anwesenheit vorgestellt oder vermittelt wird. So zeigt sich, dass sich Personen, wenn sie sich beobachtet fühlen, anders verhalten, als wenn sie sich nicht beobachtet fühlen, was sich je nach Aufgabe leistungsfördernd oder -hemmend auswirken kann.[6] Wie stark die »Macht der Situation« ist, zeigt sich nicht zuletzt in der Verwandlung ganz normaler Menschen zu Bestien, wenn sie durch situative Bedingungen in einen Zustand der Deindividuation versetzt werden. Eindrucksvoll demonstrierte dies Philipp Zimbardo in einem Gefängnisexperiment, das abgebrochen werden musste, als die Aufseher damit begannen, die Gefangenen psychisch und physisch zu misshandeln.[7] Auch die Untersuchungen von Stanley Milgram zur Gehorsamkeit ließen aufhorchen, weil zwei Drittel der Versuchsteilnehmer nicht davor zurückschreckten, in der Rolle des Lehrers ihrem Schüler »im Dienste der Wissenschaft« vermeintlich tödliche Elektroschocks zu verabreichen.[8]
Doch nun zurück zu der Frage, wie es dazu kommt, dass die Minderheit etwas verändert, obgleich die Mehrheit keine Änderung will, dass es Menschen schaffen, eine Veränderung zu bewirken, ohne über Ressourcen der Machtausübung zu verfügen, die es ihnen gestatten würde, andere Individuen in ihrem Denken, Fühlen und Verhalten zu beeinflussen. Von grundsätzlicher Bedeutung ist zunächst die Qualität der Beziehung zwischen den Beteiligten:

4 Moscovici, S., Sozialer Wandel durch Minoritäten. München 1979; ders., Towards a theory of conversion behavior. In L. Berkowitz (ed.), Advances in experimental social psychology, 1980, Vol. 13 (pp. 209-239). New York: Academic Press.

5 Fiedler, F.E., The contingency model and the dynamics of the leadership process. In L. Berkowitz (Ed.), Advances in experimental social psychology 1978, (Vol. 11, pp. 59-112).

6 Zajonc, R. B., Social facilitation, Science, 1965, 149, 269-274.

7 Zimbardo. Ph., Der Luzifer-Effekt. Die Macht der Umstände und die Psychologie des Bösen, Heidelberg 2008.

8 Milgram, S., Das Milgram-Experiment. Zur Gehorsamsbereitschaft gegenüber Autorität. Reinbek 1974.

Eine Person, die freundlich auftritt und geschätzt wird, ist sehr viel einflussreicher als ein Gruppenmitglied, das unfreundlich und unbeliebt ist. Entscheidend sind im weiteren die Glaubwürdigkeit der Person (im Sinne fachlicher Kompetenz) und ihre Attraktivität (als Maß, in dem andere Personen dieser Person ähnlich sein wollen), wobei sich die Attraktivität wiederum mit zunehmender Macht einer Person erhöht, da Menschen eher Kontakt mit Personen mit großer Macht suchen, als zu Personen mit geringerer Macht.

In seiner so genannten Konversionstheorie geht Moscovici davon aus, dass der Erfolg von Minoritäten nicht in Status- oder Machtvorteilen begründet ist, sondern in einem bestimmten Verhaltensstil, den die Minorität der Majorität gegenüber zeigt. Entscheidendes Merkmal dieses Verhaltensstils ist die Konsistenz des Verhaltens, die sich darauf bezieht, dass die Minorität konsequent an ihrem alternativen Standpunkt festhält und ihn gegen den sozialen Druck verteidigt. Indem die Minorität dem Gruppendruck nicht nachgibt und damit auch Nachteile in Kauf nimmt, können ihr keine falschen Motive unterstellt werden: Sie muss von der Richtigkeit ihres Urteils überzeugt sein. Damit entsteht bei den Mitgliedern der Mehrheit ein kognitiver Konflikt (Was ist richtig?), der die Majorität veranlasst, ihre Position zu überdenken, wobei eine Angleichung des eigenen Standpunkts an den der Minorität wieder eine stabile soziale Situation schafft.[9] Durch den Majoritäteneinfluss entsteht hingegen eher ein interpersonaler (sozialer) Konflikt (Wer von uns hat Recht?), bei dem die Mitglieder der Minderheit eine offene Konfrontation eher vermeiden.[10]

Empirisch bestätigt wurden die Annahmen Moscovicis in zahlreichen Studien, wobei auch deutlich wurde, dass Minderheiten nur dann als sicher und überzeugt wahrgenommen werden, wenn sie ihre Konsistenz auch längere Zeit unter Beweis stellen können. Im Gegensatz zum Einfluss von Majoritäten auf Minoritäten ist bei dem Minoritäteneinfluss Zeit ein bedeutender Faktor. Wie nicht anders zu erwarten, zeigten die Untersuchungen auch, dass Minoritäten abgelehnt und teils sogar offen bedroht werden, besonders dann, wenn die Minorität nur aus einem einzelnen Individuum besteht. Deutlich wurde auch, dass ein als rigide empfundenes Verhalten die Einflussmöglichkeiten der Minorität reduziert: Um effizient zu sein, ist es also sinnvoll, eine gewisse Flexibilität zu zeigen, wobei zu bedenken ist, dass die Annäherung der Majorität an die Minorität sich nicht immer in öffentlichen Äußerungen niederschlägt: Die private Einstellung und die öffentlich geäußerte Einstellung können durchaus divergieren.[11]

9 Moscovici a.a.O.

10 Maass, A., West, S.G., Clark, R.D., Sozialer Einfluß von Minderheiten in Gruppen. In D. Frey & M. Irle (Hrsg.), Theorien der Sozialpsychologie. Band II (S. 65-91). Bern: 1985.

11 Moscovici, S. Lage, E. & Naffrechoux, M., Influence of a consistent minority on the responses of a majority in a color perception task, Sociometry, 1969, 32, 365-380.

Das, was sich an Laboruntersuchungen zum Minderheiteneinfluss zeigte, kann in der Praxis beispielhaft am »Cochemer Modell« beobachtet werden: Die Erfahrung, dass gerichtliche Entscheidungen bei eskalierenden Elternkonflikten in aller Regel keine Lösung des eigentlichen Problems darstellen und somit per se auch nicht als kindeswohldienlich anzusehen sind, ist nicht neu. Auch früher war bekannt, dass familiäre Beziehungs- und Kommunikationsprobleme in der Regel nicht per Gericht zu lösen sind, sondern andere Maßnahmen erfordern. Dementsprechend wurde Eltern auch früher geraten, ihren Streit zu beenden, sich in Beratung zu begeben, Mediation zu machen, Paar- und Elternebene zu trennen und daran zu denken, welche Auswirkungen die Elternkonflikte auf das Befinden der Kinder haben. Im Bemühen, die Perspektive des Kindes in die Verfahren einzubringen, wurde auch der Gesetzgeber aktiv, u.a. in Form der Einführung des Verfahrenspflegers. Auch früher war es so, dass den an Familienkonflikten beteiligten Personen bewusst war, dass es eines Zusammenwirkens der verschiedenen Professionen bedarf – die Realität war aber eine andere: Jeder spielte seine Rolle als Sachverständiger, Mitarbeiter des Jugendamtes, Rechtsanwalt oder Richter, letzterer ausgestattet mit der höchsten Positionsmacht. Alle waren in der Regel bemüht, eine gute Arbeit zu machen, wozu für den Sachverständigen gehört, ein den Vorgaben des Berufsverbandes Deutscher Psychologen entsprechendes »lege artis« erstelltes Gutachten zu erstatten und keinen Anlass für Befangenheit zu bieten, für den Mitarbeiter des Jugendamtes den gesetzlichen Vorgaben des KJHG zu entsprechen, für den Rechtsanwalt für seine Partei das Verfahren zu gewinnen und für den Richter eine Entscheidung zu treffen, die einer rechtlichen Überprüfung der Obergerichte standhält – Intentionen, die per se nichts mit Kindeswohl zu tun haben.
Der hier nötige Perspektivenwechsel erfolgte in Cochem und ist mit dem Namen Jürgen Rudolph verbunden, dessen aus der Praxis gewonnenen Erkenntnis, dass es einer neuen Form der Zusammenarbeit der am Familienkonflikt beteiligten Professionen bedarf, die weit über die in Arbeitskreisen bereits heute geleistete Zusammenarbeit hinausgeht, und seiner Entscheidung, sich nicht länger an dem klassischen Rollenverständnis des Richters zu orientieren, die conditio sine qua non für die nun eingetretene Entwicklung darstellte. Wie nicht anders zu erwarten, kam nicht nur Beifall – was sich auftat, war im Gegenteil eine steinige Gratwanderung, psychologisch ausgedrückt: Aufgebaut wurde ein massiver Konformitätsdruck, dem standzuhalten es nicht zuletzt dadurch gelang, dass – auf dem Boden großer Unzufriedenheit hinsichtlich der Effizienz der familiengerichtlichen Verfahren z.B. bei Umgangsverfahren – sich immer mehr Personen für die neue Arbeitsweise aufgeschlossen zeigten.
»Die Karawane rollt«, so bezeichnete Jürgen Rudolph zutreffend eine Bewegung, die immer mehr an Bedeutung gewinnt, obgleich der Richter Rudolph

nicht mehr aktiv ist und deshalb sehr vermisst wird. Als Person mit einem konsistenten Verhaltensstil geht er immer noch der Karawane voran und vertraut darauf ganz sozialpsychologisch, dass in der deutschen Familienrechtslandschaft immer mehr Oasen erblühen werden.

aus dcr Justiz

Rüdiger Ernst[1]

Risiken und Nebenwirkungen einer Rechtsnorm
– Thesen de lege ferenda zu § 1671 BGB –

I. *§ 1671 BGB ist eine scheinbar erfolgreiche Rechtsnorm*

Eine der von Familienrichterinnen und Familienrichtern am häufigsten anzuwendenden Vorschriften ist § 1671 BGB. Täglich gehen am Familiengericht Anträge von Müttern und Vätern ein, ihnen nach Trennung oder Scheidung die alleinige Sorge für ihr Kind zu übertragen. Häufig kommen die Antragsteller ohne vorherige anwaltliche Beratung persönlich zur Rechtsantragsstelle des Amtsgerichts. Unter den Hunderten von denkbaren Anträgen, die man beim Familiengericht anbringen kann, dürfte derjenige auf Übertragung der Alleinsorge der in der Bevölkerung auch unter juristischen Laien bekannteste, ja populärste sein. Im Sinne der Implementation in der Rechtswirklichkeit handelt es sich bei § 1671 BGB zahlenmäßig betrachtet um eine erfolgreiche Rechtsnorm.

II. *Entscheidungen nach § 1671 Abs. 2 Nr. 2 BGB sind häufig doppelt unverhältnismäßig*

Bei näherem Hinsehen erweist sich dieser Erfolg jedoch als ein zweifelhafter. Wer es als Familienrichter unternimmt, im Rahmen der persönlichen Anhörung nach § 50a Abs. 1 FGG den antragstellenden Elternteil ausführlich zu den Motiven seines Sorgerechtsantrags zu befragen, wird regelmäßig mit einer Aneinanderreihung zahlreicher Konfliktsituationen konfrontiert werden, Konfliktsituationen, die in der Familie einmal oder mehrmals vorgekommen sind oder auch immer wieder, mitunter alltäglich vorkommen: Der andere Elternteil kümmere sich überhaupt nicht um das Kind, er nehme sich keine Zeit für das Kind, er interessiere sich nicht dafür, was das Kind in der Schule macht, er komme seinen Unterhaltspflichten nicht nach, er habe diese oder jene Unterschrift nicht geleistet, er bringe nach dem Umgangswochenende

1 Der Autor ist Richter am Amtsgericht. Er war in den Jahren 2000 bis 2008 als Familienrichter am Amtsgericht Pankow/Weißensee, Berlin, tätig und ist Inhaber des Lehrstuhls für Bürgerliches Recht im Studiengang Sozialarbeit/Sozialpädagogik an der Evangelischen Fachhochschule Berlin.

das Kind nicht pünktlich zurück, das Kind komme nach den Umgangswochenenden immer völlig verstört zurück, er habe dem Kind noch nicht einmal zum letzten Geburtstag gratuliert, er fange am Telefon immer zu streiten an, er hetze das Kind (gegen den antragstellenden Elternteil) auf und rede schlecht über diesen. Diese wenigen beispielhaft herausgegriffenen Schilderungen des antragstellenden Elternteils und die Entgegnungen des anderen Elternteils belegen vielschichtige, komplexe und ernst zu nehmende Konflikte innerhalb der Familie. In der Summe stellen sie den Grund für den Sorgerechtsantrag dar.

Die entscheidende Frage ist: Was ändert sich an diesen Konfliktsituationen, sobald der antragstellende Elternteil die Ausfertigung eines ihm die elterliche Alleinsorge übertragenden gerichtlichen Beschlusses in den Händen hält? Stellt man diese Frage in der gerichtlichen Anhörung dem antragstellenden Elternteil selbst, zeigen sich unterschiedliche Reaktionen. Manche Antragsteller haben sich diese Frage selbst noch nicht gestellt, manche hegen geradezu wundergleiche Erwartungen an einen Gerichtsbeschluss, manche wiederum trachten danach, den Sorgerechtsbeschluss als Symbol der eigenen besseren Erziehungsfähigkeit von dannen zu tragen. Freilich – das soll nicht verschwiegen werden – gibt es auch Probleme, die mit einer (teilweisen) Übertragung des Sorgerechts jedenfalls oberflächlich gelöst werden können (dazu unten IV.). Wenn sich die Eltern etwa darüber streiten, an welcher Grundschule das Kind angemeldet werden soll, kann das Problem der Schulanmeldung durch Übertragung der elterlichen Sorge hinsichtlich der schulischen Angelegenheiten geregelt werden. Für viele der Familienkonflikte stellt die Sorgerechtsübertragung dagegen eine bloße Scheinlösung dar.

Die Wirkungsweise des § 1671 Abs. 2 Nr. 2 BGB ist daher folgende: Er lädt dazu ein, das gerichtliche Feld des Streitens breitestmöglich zu eröffnen, den Konflikt eskalieren zu lassen und einander wechselseitig zu verletzen. Wenn der Familienkonflikt in dem von § 1671 BGB gespannten Rahmen ausgetragen wird, geht es immer gleich um's Ganze, geht es um's Prinzip. Am Ende des (günstigstenfalls über wenige Monate, schlimmstenfalls über Jahre) vor dem Familiengericht ausgetragenen Konfliktes steht sodann eine Entscheidung, die an dem Großteil der (im Alltag der Familie eigentlichen) Probleme der Familie nichts ändert und teilweise über das Ziel hinausschießt, indem die elterliche Sorge in zeitlicher und inhaltlicher Hinsicht umfassend übertragen wird und somit Gewinner und Verlierer erzeugt, wo dies gar nicht erforderlich wäre. Hinzu kommt, dass die Entscheidungen wegen der erschwerten Abänderbarkeit (§ 1696 Abs. 1 BGB) etwas quasi Endgültiges haben. Mit § 1671 Abs. 2 Nr. 2 BGB provoziert der Gesetzgeber einerseits Rechtsstreitigkeiten, die so nicht geführt werden müssten, und andererseits Erwartungen, die er nicht einlösen kann. Das Motto der Mediation (»Weg von den Positionen, hin zu den Interessen«) wird von § 1671 Abs. 2 Nr. 2 BGB auf den Kopf gestellt.

Der Gesetzgeber formuliert als Verfahrensgegenstand eine Position, wie sie grundsätzlicher und schematischer nicht sein könnte – dass § 1671 Abs. 1 die Möglichkeit eröffnet, sich als Elternteil bei seinem Antrag auf die Übertragung nur eines Teils der elterlichen Sorge zu beschränken, ändert daran nichts.

III. *§ 1671 Abs. 2 Nr. 1 BGB – die Dereliktion des minderjährigen Kindes*

Mitunter kommt es auch vor, dass die Eltern sich einig darüber sind, dass ein Elternteil die elterliche Sorge »abgeben«, also gemäß § 1671 Abs. 2 Nr. 1 BGB auf den anderen Elternteil übertragen möchte. Fragt man hier nach den Motiven der Eltern, stellt sich häufig heraus, dass ein Elternteil den Kontakt zu und das Interesse an dem Kind verloren, es aufgegeben hat. Hakt man weiter nach, erfährt man in nicht wenigen Fällen, dass der (angeblich) das Kind aufgebende Elternteil sich durchaus für das Kind interessieren würde, dem jedoch das von Streit in Resignation umgeschlagene Verhältnis der Eltern zueinander im Wege steht. Der Gesetzgeber findet sich damit ab und bietet die Möglichkeit, die Dereliktion des minderjährigen Kindes im Beschlusswege durch das Familiengericht vollziehen zu lassen.

IV. *Das (hinreichende) Alternativ-Instrumentarium*

Die in ihrer Ergiebigkeit durch nichts zu ersetzende ausführliche persönliche richterliche Anhörung der Beteiligten, insbesondere der Eltern, fördert in aller Regel Facetten eines gravierenden Familienkonflikts zu tage, die einer rechtlichen Lösung individuellen Zuschnitts bedürfen. Um den Familien(rechts)frieden wieder herzustellen, ist es weder erforderlich noch hilfreich, zur Paketlösung des § 1671 BGB zu greifen.

1. *§ 1687 BGB*

In einem ersten Schritt kann dem Elternteil, bei dem das Kind lebt, mit einer detaillierten Aufklärung über seine Rechte bei Entscheidungen in Angelegenheiten des täglichen Lebens nach § 1687 BGB geholfen werden. Häufig erfolgt diese Aufklärung erstmalig im Gerichtssaal. Die Information über § 1687 BGB leistet etwas im Familienkonflikt sehr Wichtiges, nämlich Rechtssicherheit. Umgekehrt formuliert: Die Rechtsunsicherheit verringert sich deutlich, wenn die Entscheidungen, zu denen der Elternteil, bei dem das Kind sich gewöhnlich aufhält, die Zustimmung des anderen Elternteils braucht, eingegrenzt werden. Die Vermittlung dieses Wissens im Anhörungstermin bringt häufig Erleichterung auf beiden Seiten mit sich – der potentielle Streitstoff ist weniger geworden.

2. *§ 1684 BGB*

Von den danach noch verbleibenden vermeintlichen Sorgerechtsstreitigkeiten entpuppen sich viele als Umgangsrechtsstreitigkeiten. § 1684 BGB gibt dem Familiengericht die Möglichkeit an die Hand, sachlich und zeitlich differenzierende Lösungen zu erarbeiten.

3. *§ 1628 BGB*

Stehen zwischen den Eltern umstrittene Entscheidungen in Angelegenheiten an, deren Regelung für das Kind von erheblicher Bedeutung sind, etwa darüber, in welcher Schule das Kind eingeschult werden soll oder ob das Kind bei Mutter oder Vater seinen Lebensmittelpunkt haben soll, bietet § 1628 BGB tragfähige Lösungen.

4. *Vollmachten*

Die Situationen, in denen herkömmlicherweise Anträge nach § 1671 Abs. 2 Nr. 1 BGB gestellt werden (siehe oben III.), lassen sich zum Wohl des Kindes (§ 1697a BGB) regeln, indem der »abwesende« Elternteil den anderen Elternteil zu bestimmten Geschäften bevollmächtigt.

5. *§ 1666 BGB*

Verhält sich ein Elternteil kindeswohlgefährdend, hat das Gericht eine Maßnahme nach § 1666 Abs. 3 BGB zu treffen.

V. *(Schrittweiser) Abschied vom Mythos Alleinsorge*

Viele beim Familiengericht anhängige Familienkonflikte lassen sich ohne abschließende gerichtliche Entscheidung beilegen, wenn die Gerichte – zumal durch die Neuregelungen des FamFG – ihr Potential beim Hinwirken auf einvernehmliche Lösungen erschöpfen. Und wenn das Familiengericht gleichwohl eine abschließende Entscheidung (de lege ferenda nicht mehr nach § 1671 BGB, aber) nach § 1628 BGB oder nach § 1684 BGB treffen muss, werden die Eltern nicht als pauschale Gewinner und Verlierer den Gerichtssaal verlassen, sie werden ihn schon nicht mit der Erwartung eines Allheilmittels betreten. Die Nachteile, die durch eine ersatzlose Streichung des § 1671

BGB wegfallen, wiegen so schwer, dass es auf die – einer empirischen Beantwortung nach wie vor harrenden – Frage, wie viele Vorteile die nach Trennung oder Scheidung beibehaltene elterliche Sorge mit sich bringt, gar nicht ankommt. Mit der gesetzlichen Einführung des Antragsprinzips in § 1671 BGB im Jahre 1998 hat der Mythos Alleinsorge einen ersten Knacks erhalten. Dass dieser Schritt teilweise als revolutionär empfunden wurde, mag heute verwundern. Wann wird man den Kopf darüber schütteln, dass es überhaupt einmal so etwas wie das vermeintliche Allheilmittel der Paketlösung »§ 1671 BGB« gab?

Norbert Kreten[1]

Der Richter im Netzwerk

Jedes familiengerichtliche Verfahren unter Beteiligung von Kindern beinhaltet die Aussage, dass es eines staatlichen Eingriffes bedarf, um einer Kindeswohlgefährdung im weitesten Sinn zu begegnen.
Für Verfahren nach § 1666 BGB leuchtet dies jedem unmittelbar ein, jedoch gilt dies ebenso für Verfahren auf Regelung der elterlichen Sorge oder des Umgangsrechtes. Denn dass solche Verfahren angestrebt werden, zeigt, dass es den Eltern nicht mehr wie bisher gelingt, gemeinsam und eigenverantwortlich Entscheidungen für ihre Kinder zu treffen und dass sie glauben, ein Richter müsse diese Entscheidung für sie treffen.
Zentraler Begriff ist hierbei der des Kindeswohls. Dieser setzt sowohl den formellen als auch den inhaltlichen Rahmen für das Verfahren.
Verfahrensrechtlich folgt dies aus der anzuwendenden Verfahrensordnung. Danach ist das Gericht an Anträge und Anregungen der Beteiligen nicht gebunden, vielmehr hat es von Amts wegen den relevanten Sachverhalt ermitteln und die seiner Meinung nach erforderlichen Maßnahmen zu ergreifen.
Inhaltlich folgt dies aus den betreffenden materiell-rechtlichen Bestimmungen insbesondere aus § 1679 a BGB, welcher fordert, dass alle zu treffenden Entscheidungen unter Berücksichtigung der tatsächlichen Möglichkeiten sowie der berechtigten Interessen der Beteiligen dem Wohl des Kindes am besten entsprechen müssen.
Der Begriff des Kindeswohls ist ein unbestimmter Rechtsbegriff. Dies bedeutet, dass er ein Begriff des Rechtes und nicht etwa der Psychologie, der Soziologie oder etwa der Agrarwissenschaft ist. Er hat einen durch das Recht zu bestimmenden Inhalt. Unbestimmt bedeutet, dass es keine gesetzgeberische Legaldefinition gibt, der Gesetzgeber hat es vielmehr der Rechtsprechung überlassen, den Begriff zu definieren. Dies ist somit die Aufgabe des Richters. Auch wenn es bisweilen den Anschein hat, oder sogar tatsächlich so sein mag, dass Dritte diesen Begriff inhaltlich ausfüllen, so folgt doch aus der Tatsache, dass der Begriff des Kindeswohls ein unbestimmter Rechtsbegriff ist, die Deutungshoheit des Gerichtes. Ich bin berechtigt und verpflichtet, die Kriterien des Kindeswohls zu bestimmen.

1 Der Autor ist der Direktor des Amtsgerichts Daun und Familienrichter.

Die Rechtsprechung hat bislang mit dem Herausarbeiten einzelner Aspekte des Kindeswohls versucht, diesen Begriff inhaltlich zu füllen. In Verfahren die elterliche Sorge betreffend sind dies der Kontinuitätsgedanke, das Förderungsprinzip, worunter zwischenzeitlich insbesondere auch die Bindungstoleranz subsumiert wird, die Bindungen des Kindes zu den Eltern sowie den Geschwistern und zuletzt der Kindeswille.
Die Anwendung dieser Kriterien hat mir stets ein gewisses Unbehagen verursacht, zwischenzeitlich weiß ich auch warum.
Die von der Rechtsprechung heraus gearbeiteten Kriterien beleuchten nämlich jeweils nur einen Aspekt des komplexen Begriffes und stehen für den Fall einer wie auch immer gearteten Entscheidung nach der Rechtsprechung selbständig neben einander. Letzten Endes war es somit meiner persönlichen Einschätzung überlassen, welchem Kriterium im Einzelfall ich das ausschlaggebende Gewicht beimesse. Hieraus folgte eine gewisse Beliebigkeit, die angesichts der Bedeutung der Sache nicht hinnehmbar ist.
Basis meiner Arbeit ist nunmehr ein Modell des Kindeswohls, welches die oben genannten Maßstäbe in Beziehung setzt zu dem aktuellen wissenschaftlichen Erkenntnisstand kindlicher Entwicklung und allgemein zum Erkenntnisstand über die Persönlichkeitsentwicklung eines Menschen.
Unter Kindeswohl verstehe ich zunächst die Gesamtheit der Lebensbedingungen, unter denen sich ein Kind zu einer eigenverantwortlichen und gemeinschaftsfähigen Persönlichkeit entwickelt. Daran anknüpfend ist es für die Entwicklung des Kindes von existentieller Bedeutung, dass sowohl seine materiellen und emotionalen Bedürfnisse als auch sein Bedürfnis nach Förderung sichergestellt werden. Dies wird als die Versorgungs- oder Fürsorgebeziehung bezeichnet.
Hinzu kommt sein Bedürfnis nach der Bildung seiner Identität, welche in unserer Gesellschaft ausschließlich und beziehungsunabhängig über die leiblichen Eltern erfolgt. Dies wird als Identitätsbeziehung bezeichnet.
Die Unterscheidung zwischen den beiden Beziehungen ist deshalb so wichtig, da für die Identitätsbeziehung die Eltern unverzichtbar sind, während die Versorgungsbeziehung auch und bisweilen sogar besser als von den Eltern durch Dritte erfüllt werden kann.
Ich bin mir bewusst, dass es sich bei diesem Modell nicht um – in der Rechtsprechung würde man sagen – die herrschende Meinung handelt, ein plausibleres, einleuchtenderes Modell ist mir jedoch noch nicht geboten worden, sodass ich bis zur Belehrung eines Besseren dieses Modell in meiner Arbeit verwende.
Lege ich diesen Begriff meiner Arbeit zu Grunde, bedeutet dies eine systemische Sichtweise und ein lösungsorientiertes Vorgehen.
Es wird zu meiner Aufgabe, sämtliche Beteiligten, sei es Jugendamt, Sachverständiger, Beratungsstelle, Verfahrenspfleger oder wen auch immer, auf die-

sen Begriff einzuschwören. Wir müssen eine gemeinsame Vorstellung und Sprache haben, wenn gemeinsames Arbeiten möglich sein soll. Konkret bin ich aufgefordert abzufragen, mit welchem Begriff des Kindeswohl die jeweilige Profession arbeitet.

Bin ich vernetzt, so wurde diese Arbeit bereits im Vorfeld erledigt, das Netzwerk definiert sich meiner Meinung nach durch die Übereinstimmung über den Inhalt des Kindeswohlbegriffes. Ist im Verfahren jemand beteiligt, der bislang nicht vernetzt war, gilt es, dies nunmehr nachzuholen. Denn nur auf der Basis eines einheitlichen Verständnisses ist es möglich, diejenigen Interventionen auszusuchen und durchzuführen, die es erlauben, die Eltern soweit wie möglich wieder in ihre Verantwortung zu führen.

Vor dem Hintergrund des dargelegten Kindeswohlbegriffs verpflichtet mich der für diese Verfahren geltende Amtsermittlungsgrundsatz zu einer umfassenden Tatsachenermittlung. Es gilt festzustellen ob und welche Bedürfnisse des Kindes zurzeit erfüllt sind bzw. welche nicht erfüllt sind und wer gegebenenfalls mit welcher Unterstützung in der Lage ist, diese Bedürfnisse zu befriedigen. Diese Feststellungen können nur im Dialog innerhalb des Verfahrens erfolgen. Nicht lange Schriftsätze, sondern die Diskussionen in der mündlichen Verhandlung sind das geeignete Mittel, die hinter einzelnen Vorfällen sich verbergenden Muster und Verhaltensweisen der Eltern zu erkennen. Nur dann ist es den Professionen möglich, die Hilfen zu erarbeiten und anzubieten, die notwendig sind, Eltern in ihre Verantwortung wieder zurück- oder gar erst hin zu führen. Daher muss ich den Eltern und den übrigen Professionen Raum und Zeit für diese Diskussionen geben. Mein Arbeitsplatz ist nicht der Schreibtisch sondern der Gerichtssaal.

Da jedes Verfahren mehr oder weniger eine Kindeswohlgefährdung impliziert, ist zudem rasches Handeln angesagt. Jede unnötige zeitliche Verzögerung führt zu einer sich verstärkenden Schädigung des Kindes. Ich muss daher schnell reagieren, was für das Verfahren eine schnelle Terminierung bedingt. Letzten Endes bestimmt dieser Kindeswohlbegriff auch den Inhalt meiner Entscheidungen. Gelingt es mit Hilfe der beteiligten Professionen, wobei das Jugendamt eine überragende Rolle spielt, festzustellen, welche Bedürfnisse des Kindes nicht bzw. unzureichend erfüllt sind und wer diese erfüllen kann, so ergeben sich hieraus zwingend und schlüssig die zu ergreifenden Maßnahmen.

In sämtlichen Fällen wird es zumindest auch auf eine Arbeit mit den Eltern hinauslaufen, da deren Handlungsweisen für das Wohl des Kindes entscheidend sind. Umgekehrt ausgedrückt, die Handlungsweisen der Eltern können anhand der oben genannten eindeutig definierten Kriterien gemessen werden, es wird eindeutig unterscheidbar, welche Handlungsweisen der Eltern zum Wohle des Kindes sind und welche Schäden daran herbeiführen.

So vielfältig die Beeinträchtigungen, so vielfältig sind auch die zu ergreifenden Maßnahmen. Meine Aufgabe ist es, diese Maßnahmen verbindlich festzulegen, da ich als Richter innerhalb des Netzwerkes die einzige Institution mit staatlicher Autorität bin.

Für Lösungsansätze, zu denen ich die Mitarbeit der Eltern benötige, sei dies die Aufnahme einer wie auch immer gearteten Beratung oder gar Therapie, der Beantragung von Hilfen zur Erziehung pp. geschieht dies in Form einer staatlich sanktionierten Vereinbarung, in den Fällen, in denen die Eltern nicht oder noch nicht zur Mitarbeit bereit sind, in Form von Zwischen- oder gar Endentscheidungen. Wobei eine Endentscheidung letztendlich die Kapitulation vor den faktischen Verhältnissen darstellt und nur die zweitbeste Lösung sein kann.

Zusammenfassend verstehe ich meine Rolle innerhalb eines gerichtlichen Verfahrens dahin, den Rahmen zu geben, innerhalb dessen auf der Basis eines einheitlichen Kindeswohlbegriffs Lösungsmöglichkeiten erarbeitet werden und diese staatlich zu sanktionieren, sprich für die Eltern verbindlich zu machen.

Ich hoffe dass es mir gelungen ist, Ihnen mein Anliegen klar zu machen, nicht dass Sie den Eindruck gewonnen haben, ich hätte über kanabinoide Synapsen oder was auch immer gesprochen.

Cornelia Müller-Magdeburg[1]

Das familiengerichtliche Verfahren als Einladung zu einer Flussfahrt

1. *Einleitung*

»Alles ist im Fluss«[2] erkannte Heraklit[3] aus seiner Beobachtung des Lebens. Nicht zufällig hat der antike Philosoph, der sich intensiv mit dem natürlichen Prozess beständigen Werdens und Wandels auseinandersetzte, ein Bild aus der Welt des Reisens gewählt. Eindrücklicher kann die Vergänglichkeit unserer Welt und unseres Alltages im Sinne einer Veränderlichkeit nicht zusammengefasst werden. Die Veränderlichkeit menschlichen Lebens in Form menschlicher Beziehungen tritt im Familienleben besonders zu Tage, und zwar je dynamischer die Beziehung desto explosiver die Veränderlichkeit. So wundert es wenig, dass die Veränderlichkeit der Lebensverhältnisse direkt proportional steigt zu dem Konfliktniveau einer Trennungsbeziehung.

2. *Einführung der Prozesshaftigkeit in das familiengerichtlichen Verfahren*

»Binsenweisheiten!« werden Sie sagen, und ich gebe Ihnen sofort Recht. Allerdings trifft die Veränderlichkeit der familiären Lebensbeziehungen in einem Stadium, da sie besonderer staatlicher Hilfe in Form eines gerichtlichen Verfahrens bedarf, auf Richter und ein justizielles System, das auf eine statische Betrachtungs- und Arbeitsweise ausgerichtet und trainiert ist. Richter arbeiten diagnostisch: Sie tragen Sachverhalte zusammen, analysieren diese – primär rückwärts gewandt – und treffen *zu* einem ganz bestimmten Zeitpunkt eine Entscheidung auf der Grundlage ihrer Einschätzung *in* einem ganz bestimmten Zeitpunkt. In dem streitigen Zivilprozess wird dieser Zeitpunkt mit dem Schluss der mündlichen Verhandlung definiert und findet in den Verfahren der freiwilligen Gerichtsbarkeit mit dem Abschluss der Ermittlungen und der vollständigen Gewährung rechtlichen Gehörs seine Entsprechung. Die Einführung einer staatlichen *Entscheidung* setzt zwingend die Garantie

1 Die Autorin ist Vizepräsidentin des Amtsgerichts Pankow/Weißensee (Berlin) und Familienrichterin.
2 Panta rhei.
3 Griechischer, vorsokratischer Philosoph aus dem ionischen Ephesus, geboren zwischen 540-535 v. Chr., gestorben zwischen 483-475 v. Chr.

einer Rechtskraft und einer nur eingeschränkten Abänderbarkeit staatlicher Entscheidungen voraus in dem Sinne, dass irgendwann einmal »Schluss sein müsse«.

Selbstverständlich hat schon das Gesetz über die Angelegenheiten der freiwilligen Gerichtsbarkeit (FGG) in seiner bisher geltenden Fassung die Veränderlichkeit der zu regelnden Sachverhalte erkannt und von der Einführung materieller Rechtskraft abgesehen, vielmehr die Abänderung von Entscheidungen in Grenzen zugelassen. Darauf dass dies für einen mit der Zivilprozessordnung ausgebildeten Richter bereits eine Herausforderung bedeutet, will ich an dieser Stelle nicht eingehen. Diese Möglichkeit der Abänderung von Entscheidungen nämlich stellt nur eine passive Reaktion auf die Veränderlichkeit von Lebensverhältnissen dar, ohne in diese aktiv einzugreifen.

Es ist jedoch das besondere Verdienst der »Cochemer Praxis«, für die der Jubilar Jürgen Rudolph in besonderer Weise steht, in das familiengerichtliche Verfahren die Veränderbarkeit von familiären Lebensverhältnisse in der Weise eingeführt zu haben, dass die staatlichen Institutionen in einen strukturierten Prozess mit den Eltern einsteigen, ihnen eine positive Entwicklung ihres aus dem Ruder gelaufenen Lebens aufzeigen, ermöglichen und sie auf dieser Reise unterstützen. So ist es für mich als Familienrichterin nicht allein die Interdisziplinarität und Kooperation im familiengerichtlichen Verfahren gewesen, welche den von Jürgen Rudolph ausgelösten Paradigmenwechsel ausmachen. Viel stärker als die Interdisziplinarität hat auf mich die Einsicht gewirkt, dass ich die im Augenblick des Verfahrensbeginns meist desolat wirkenden Lebensverhältnisse der Familie – sei dies wegen eines massiven Umgangs- oder Sorgerechtsstreits oder wegen einer Kindeswohlgefährdung nach § 1666 BGB – nicht diagnostizierend hinnehmen muss, sondern die Eltern zu einer Reise auf dem Fluss in die Veränderung zum Besseren hin einladen kann. Schließlich aber ist es die interdisziplinäre Kooperation im Familienverfahren (einzelfallbezogen wie auch fallübergreifend), welche dem Gericht die Prozesshaftigkeit überhaupt erst ermöglicht.

Das Gesetz über das Verfahren in Familiensachen und in den Angelegenheiten der freiwilligen Gerichtsbarkeit (FamFG)[4] greift diese Idee auf und führt eine Prozesshaftigkeit in das familiengerichtliche Verfahren ein, wie sie bisher noch nicht existent war. Anzeichen für die Einführung der Prozesshaftigkeit des familiengerichtlichen Verfahrens finden sich an mehreren Stellen des Gesetzes, die ich in diesem Beitrag aufzeigen möchte.

Nun könnte man einwenden, ein gerichtliches Verfahren – eben als »Verfahren« – sei schon begrifflich ein Prozess, handelt es sich ja sprachlich um Synonyme. Die Idee besteht jedoch in dem Verfahrensziel: Bisher war das familiengerichtliche Verfahren auf eine Entscheidung als Ziel ausgerichtet.

4 Das Gesetz vom 17. Dezember 2008 (BGBl. I 2008, S. 2586) tritt am 1. September 2009 in Kraft.

Durch das FamFG wird das Ziel von einer »Nur-Entscheidung« auf einen inhaltlichen und inneren psychologischen Entwicklungsprozess der Familie abgelenkt, um ihren Mitgliedern eine dem Kindeswohl entsprechende Gestaltung ihrer Lebensverhältnisse zu ermöglichen.

3. *prozesshaftes Arbeiten des Gerichts*

An verschiedenen Stellen formuliert das FamFG die klare Forderung an das Familiengericht, statt statisch-diagnostisch nunmehr prozesshaft zu arbeiten. Den ersten Einstieg nimmt das Gericht mit der vorrangigen und beschleunigten Bearbeitung von Kindschaftssachen (Vorrang- und Beschleunigungsgebot in § 155 Abs. 1 FamFG). Hier ruft das Gesetz das Gericht zu einer schnellen staatlichen Intervention in den Konflikt auf. Selbstverständlich bestehen weder Vorrang- noch Beschleunigungsgebot um ihrer selbst willen. Entgegen weit verbreiteter Kritik auch während des Gesetzgebungsverfahrens geht es auch keineswegs darum, »auf Teufel komm raus!« schnell eine nur vordergründige Lösung oder gar Einigkeit der Eltern zu erzwingen. Gerade das Beschleunigungsgebot, dessen effektiver Durchsetzung das Vorranggebot nur dient, ist die erste Einladung in den Prozess der Veränderung, die Einladung zu der Fahrt auf dem Fluss des familiengerichtlichen Verfahrens.
Von gleicher Bedeutung ist der Erörterungstermin nach § 155 Abs. 2 FamFG, welcher spätestens einen Monat nach Beginn des Verfahrens stattfinden soll. In dieser verhältnismäßig kurzen Frist materialisiert sich das Beschleunigungsgebot des § 155 Abs. 1 FamFG. Der Erörterungstermin ist schon deshalb ein Schritt auf einem Weg, ohne das Ende eines Weges zu beschreiben, weil in einem Termin, der nur einen Monat nach Verfahrensbeginn stattfindet, seriöser Weise keine abschließende Entscheidung getroffen werden kann. Er dient nach seinem klaren Wortlaut der Erörterung mit den Beteiligten, keiner Entscheidungsfindung, die nicht die elterliche Eigenverantwortung respektiert.
Weiterhin schwingt sich in § 155 Abs. 2 und Abs. 3 FamFG das in den Angelegenheiten der freiwilligen Gerichtsbarkeit ein wenig aus der Mode gekommene Prinzip der Mündlichkeit zu neuer Bedeutung auf. Die mündliche Erörterung nämlich ermöglicht – ganz im Gegensatz zu dem Austausch von Schriftsätzen – den Blick in die Zukunft, in die Situations- und Haltungsveränderung zum Wohle des Kindes. Aus diesem Grunde verzichtet die Cochemer Praxis seit jeher und mit ihr die nach ihren Grundsätzen verfahrenden Richter anderer Regionen gänzlich auf die schriftliche Vorbereitung des Termins.[5]

5 Vgl. auch Autorin in ZKJ 2009, 184, 185.

Die Überzeugung, dass ein interdisziplinäres Zusammenwirken auf die Haltung der Eltern einwirken könne und eine positive Veränderung zum Wohle des Kindes herbeiführen werde, wird deutlich in den gerichtlichen Möglichkeiten des § 156 Abs. 1 FamFG: So kann das Gericht die Beratung anordnen (Abs. 1 Satz 1) und auf die Möglichkeit der Mediation oder sonstigen außergerichtlichen Streitbeilegung hinweisen (Abs. 1 Satz 3). Endlich ist die gesetzliche Ermächtigungsgrundlage ausdrücklich formuliert! Ausdrücklich wird ein Ziel genannt, dem die Beratung dienen soll, nämlich die Entwicklung eines einvernehmlichen Konzeptes für die Wahrnehmung der elterlichen Sorge und der elterlichen Verantwortung (§ 156 Abs. 1 Satz 2 FamFG). Schon die Formulierung eines Zieles verändert den Charakter des familiengerichtlichen Verfahrens von der Entscheidungsfindung zu einem Prozess hin.
Auch die einstweilige Anordnung des Umgangs unter den Voraussetzungen des § 156 Abs. 3 FamFG dient dazu, den Weg für den Prozess erst freizugeben, keinesfalls eine bestimmte Entscheidung vorzubereiten.
Noch viel deutlicher wird die Fokussierung auf die Zukunft und der Einstieg in den Prozess in den Verfahren wegen Kindeswohlgefährdung (§ 1666 BGB) für den Erörterungstermin nach § 157 Abs. 1 FamFG: Hier erörtert das Gericht mit den Eltern und dem Kind, wie einer möglichen Kindeswohlgefährdung begegnet werden kann. Die Bannung der Gefahr und die Erarbeitung eines gemeinsamen und abgestimmten Maßnahmenplanes (»Fahrplanes«) sowie die Möglichkeiten seiner Überprüfung und die Sanktionierung seiner Verletzung stehen viel stärker im Vordergrund als die Diagnose der Vergangenheit.
Aber mit einer Maßnahme oder dem Absehen hiervon ist der Prozess nicht beendet. Zu seiner ordnungsgemäßen Durchführung gehören auch seine Überwachung und die Ergebniskontrolle. Aus diesem Grunde ist das Familiengericht nach § 1696 Abs. 3 BGB[6] zu einer Überprüfung aufgefordert: Reichen die freiwillige Planung aus oder sind doch Maßnahmen anzuordnen?

4. *prozesshaftes Arbeiten des Jugendamtes*

Den Sozialarbeitern und Sozialpädagogen des Jugendamtes ist prozesshaftes Arbeiten selbstverständlich. Möglicherweise erscheint ihnen die Aufregung um deren Einführung daher übertrieben. Es wird jedoch die Aufgabe der interdisziplinären Zusammenarbeit sein, ihnen den Paradigmenwechsel auf Seiten

6 Eingeführt durch das Gesetz zur Erleichterung familiengerichtlicher Maßnahmen bei Gefährdung des Kindeswohls vom 4. Juli 2008 (BGBl. I 2008, S. 1188), trat am 12. Juli 2008 in Kraft.

des Gerichts, der Richterinnen und Richter zu verdeutlichen, damit sie deren Schwierigkeiten erkennen und diese in der Erfüllung der gemeinsamen Aufgabe unterstützen können. Nur wenn ich nämlich auch um die Defizite des anderen Partners weiß, kann ich meine Fähigkeiten und Ressourcen zu dessen Stärkung im Interesse des Kindeswohles einsetzen.

Die Rolle des Jugendamtes in dem familiengerichtlichen Verfahren ist durch das FamFG jedoch geschärft worden. Seine Beteiligtenrolle ist in § 162 FamFG klar definiert; gleichzeitig räumt das Gesetz ihm die Chance zu einer noch stärker partizipatorischen Rolle, der Optionsbeteiligung auf Antrag, § 162 Abs. 2 i.V.m. § 7 Abs. 2 Nr. 2 FamFG ein.[7]

Das Gesetz betont die persönliche und mündliche Anhörung des Mitarbeiters des Jugendamtes im Interesse eines Perspektivwechsels in die Zukunft. Aus demselben Grunde verzichten die Vertreter der Cochemer Praxis oder ähnlicher Verfahrensweisen in Sorge- und Umgangsstreitigkeiten auf einen schriftlichen Bericht des Jugendamtes und favorisieren die mündliche Stellungnahme.[8] Nur sie bringt die sozialpädagogische Kompetenz in den Termin ein, ermöglicht die wertschätzende Ansprache der Eltern und lenkt den Blick auf deren Ressourcen sowie die Möglichkeiten oder Notwendigkeiten deren Stärkung.

Noch vor dem Termin aber liegt die Vorbereitung durch das Jugendamt. Ohne eine solche wäre der Anhörungs- oder Erörterungstermin wertlos. Das bedeutet, dass es in dem Vorgespräch der Eltern bei dem Jugendamt bereits gelingen muss, deren Blick auf die Flussreise des familiengerichtlichen Verfahrens zu lenken. Gleichzeitig bedeutet der vorbereitende Anhörungstermin bei dem Jugendamt die noch vor dem Gericht liegende allererste staatliche Intervention.

Selbstverständlich kann das Jugendamt in dem ersten Sondierungsgespräch vor jenem so frühzeitig anberaumten gerichtlichen Anhörungs- oder Erörterungstermin kein bis ins Letzte fundiert ermitteltes und abgesichertes Endergebnis präsentieren. Das wäre unmöglich und ist daher weder vom Gesetz noch von dem Gericht auch nur annähernd gefordert. Wie auch das Gericht in seinem ersten Termin so kann und soll auch das Jugendamt »nur« zur Reise in die Veränderung einladen. Alles andere wäre wieder die Zementierung einer – nunmehr sogar auf unsichersten Füßen stehenden – sich stetig verändernden provisorischen Situation.

Wie auch dem Gericht obliegt dem Jugendamt die Verlaufskontrolle, allerdings in sehr viel konkreterem Maße als dem Gericht.

7 Die Autorin wirbt für die Wahrnehmung der aktiven Rolle in der Funktion des Optionsbeteiligten. Zur aktiven Rolle des Jugendamtes vertiefend Flemming in dieser Festschrift, S. 55 ff.

8 Autorin in ZKJ 2009, 184, 185.

5. *das prozesshafte Sachverständigengutachten*

Die Rolle des Sachverständigen im familiengerichtlichen Verfahren ist – wenn auch von der Ausbildung und dem Fachgebiet grundsätzlich wesensverschieden – derjenigen des Richters seit jeher sehr ähnlich: Beide sind gewohnt, zu ermitteln, Material zusammen zu tragen und Entscheidungen zu treffen. Wenn der Sachverständige auch nicht die verfahrensrechtliche Endentscheidung fällt, so bereitet er diese dennoch maßgeblich vor; nicht selten wird er von den Beteiligten daher als der eigentliche Entscheider betrachtet oder gar bezeichnet (»Der will mir das Kind wegnehmen.«). Und so kann es nicht verwundern, dass die Veränderungen, wie sie für die richterliche Arbeit vorgesehen sind, sich parallel für die Arbeit des Sachverständigen abbilden:

In technischer Sicht ist zu beobachten, dass auch der Sachverständige seine Arbeit an zeitlichen Vorgaben zu orientieren hat (Beschleunigungsgebot!). Nach § 163 Abs. 1 FamFG kann das Gericht ihm eine Frist setzen. Dadurch kann auch das Sachverständigengutachten den Charakter einer Intervention erhalten.

Nach § 163 Abs. 2 FamFG kann das Gericht insbesondere anordnen, dass der Sachverständige auf ein Einvernehmen der Eltern hinwirken solle. In diesem Falle tritt auch der Sachverständige (jedenfalls vorübergehend) aus der statischen Diagnostik aus und begibt sich in den Prozess. Gleichzeitig fungiert er als weitere Person, die neben den Institutionen des Gerichts und des Jugendamtes die Eltern in den Prozess einladen, ihnen die Hand bei dem Einstieg in das Boot halten.

Dieses Hinwirken auf ein Einvernehmen wird häufig schlagwortartig als lösungsorientiertes Gutachten beauftragt, wobei die Lösung in einem Einvernehmen der Eltern bestehen sollte. Aber das Wort »Lösung« beinhaltet für sich eine Statik, die dem neuen Charakter des familiengerichtlichen Verfahrens nicht gerecht wird. Diese Begrifflichkeit wird zudem überlagert mit der Frage, was ist, wenn die Einigung der Eltern aus welchen Gründen auch immer unter den gegebenen Umständen nicht gelingt. Es fehlt der Aspekt der Veränderbarkeit der Situation. Sehr viel präziser wird die neue Aufgabe des Sachverständigen mit dem »prozesshaften Gutachten« bezeichnet. Sein Ziel ist es, natürlich auch auf ein Einvernehmen der Eltern hinzuwirken, daneben aber auch im Sinne der Beweisaufnahme zu ermitteln, welche Schritte die Eltern im Interesse ihres Kindes zu gehen bereit sind und welche Unterstützung sie benötigen, um die erforderlichen Schritte zu gehen. Nur auf diese Weise kann das Gericht das Gutachten sinnvoller Weise verwenden, um mit den Eltern eine Veränderung der Situation zu erarbeiten.

Selbstverständlich erfordert die neue Arbeitsweise bei vielen Sachverständigen – wie auch bei den Richterinnen und Richtern – neue Kompetenzen wie

Mediationstechniken und Gesprächsführung, die in der rein diagnostischen Arbeit bisher so nicht gefragt waren.

Haben wir oben erkannt, dass die Mündlichkeit ein besonderes Instrument ist, um die Prozesshaftigkeit zu fördern, stellt sich die Frage, ob es immer und in jedem Falle einer schriftlichen Fixierung des Gutachtens bedarf oder ob die Schriftform nicht eine sich stetig im Fluss befindliche Situation in einem zufällig gewählten Stadium (ähnlich dem Schluss der mündlichen Verhandlung) in Beton gießt. Die gerichtliche Erfahrung zeigt, wie viel Energie, Zeit und Kraft Eltern verschwenden, um ein einmal geschriebenes Gutachten insbesondere in seinem Anamnese-Teil zu zerpflücken, statt sich seinen Ausblikken und Vorschlägen für die Veränderung der Wirklichkeit zuwenden zu können. Vor diesem Hintergrund sind Zwischenberichte des Sachverständigen über den Stand seines Prozesses sehr viel hilfreicher. Gerät sein Prozess ins Stocken, kann er eine gerichtliche Anhörung anregen, um in dem Wechselspiel der Professionen »das Boot wieder flott zu kriegen«.

Damit soll keineswegs dem schriftlichen Sachverständigengutachten auf ewig eine Absage erteilt werden. Wie auch das Gericht bisweilen das Ziel eines elterlichen Einvernehmens verfehlen wird und in eine Etappe des Prozesses durch eine gerichtliche (End-) Entscheidung wird eintreten müssen, so muss (parallel) auch der Sachverständige spätestens für diese neue Etappe gewappnet und auf die schriftliche Begründung seiner Empfehlung vorbereitet sein. Nur sollte dies eher der Ausnahme- denn der automatisch gewählte Regelfall sein.

6. *das Kind und sein Verfahrenspfleger*

Eines der besonderen Verdienste des FamFG ist die Stärkung der Rolle des Kindes als *Subjekt*. Auch wenn das Gesetz weit hinter den Notwendigkeiten zurückbleibt, die ein Respekt vor der Würde des Kindes und seinen Menschenrechten gebieten, so geht es doch kleine Schritte in die richtige Richtung. Das Kind, welches in besonderem Maße von den jeweiligen Verfahrensgegenständen betroffen ist, ja, während genau genommen sein Wohl diese Verfahrensgegenstände eigentlich bilden soll, wird stärker in den mühsamen Prozess, den Weg aus der desolaten Situation zu finden, eingebunden. Ist aber das Kind Subjekt des familiengerichtlichen Verfahrens oder soll es doch mindestens in dieser Subjekthaftigkeit wahrgenommen werden, so strahlt auch die neue Prozesshaftigkeit auf seine Einbindung und Rolle aus.

Bisher konzentrierte sich die Diskussion in Wissenschaft und Praxis auf die Frage, ob es nun auf den vom Kind selbst definierten Willen, dessen »wah-

ren«, »wohlverstandenen« oder »vernünftigen« Willen ankomme.[9] Meines Erachtens dürfen wir bei dieser Diskussion nicht stehen bleiben, sondern versuchen, sie aufzulösen. Denn der Versuch der Einbeziehung des »wahren«, »wohlverstandenen« oder »vernünftigen Willens« entspringt der tief empfundenen Verantwortung für das Kind. Sie wurzelt in der Erkenntnis, dass der (selbst definierte) Wille des Kindes in einem untrennbaren Zusammenhang und einer Wechselseitigkeit mit der als untragbar empfundenen Situation steht. Die Auflösung kann gelingen, weil wir die Möglichkeit haben, auch mit dem Kind in einen prozesshaften Dialog einzutreten. Wir können das Kind nach seinem (selbst definierten) Willen befragen. Wir können es darüber hinaus aber auch fragen, was seiner Ansicht nach geschehen müsste, damit andere Bilder vorstellbar werden. Welche Ziele müssten die Eltern erreichen? Welche Schritte müssten sie gehen? Kinder sind in der Imagination sehr viel kompetenter als wir Erwachsenen und können auf diese Art Fragen sehr präzise antworten. Jedenfalls hat das Kind auch diese Chance seiner Einbeziehung verdient.
Der Verfahrenspfleger als der verfahrensrechtliche Vertreter des Kindes sollte diese Chance ergreifen und Veränderungsmöglichkeiten erarbeiten. Ähnlich dem Sachverständigen kann das Gericht ihm über § 158 Abs. 4 Satz 3 FamFG ebenfalls die Aufgabe übertragen, auf ein Einvernehmen zwischen den Eltern hinzuwirken.

7. *Zusammenfassung*

Das FamFG gestaltet das familiengerichtliche Verfahren prozesshaft aus. Um in dem Bild der Flussfahrt zu bleiben, laden die verschiedenen professionell Beteiligten Eltern und Kind in verschiedenen Stadien oder Etappen ein, sich auf die Reise der Veränderung zu begeben. Dass wir Professionellen dann schließlich alle »in einem Boot« sitzen und daher dringend auf die interdisziplinäre Zusammenarbeit angewiesen sind, ist für heute vielleicht zu viel des Bildes.

9 Zu dem Stand der Diskussion vgl. auch Balloff in dieser Festschrift, S. 147 ff.

Judith Neis-Schieber[1]

Über den Tellerrand

Also sprach die Frau Mama,
zuweilen sprach auch der Papa:
»Sieh, das ist des Tellers Rand.
Dahinter liegt verbot'nes Land.«
All so wird man groß gezogen,
sittsam brav und auch verbogen,
schleicht langsam nur zum Rand sich vor,
der Warnung Worte stets im Ohr.

Zuweilen spürt man, dass es engt,
Geist und Seele arg bedrängt,
dass da eine Grenze ist,
und man denkt sich: »So ein Mist«.
Wo liegt denn nur der Grenze Sinn,
wenn ich nicht sein kann, was ich bin?
Warum nicht zum Rand sich wagen?
Wer gibt Antwort auf die Fragen?

Fragt man Fragen oft genug,
ahnt man langsam den Betrug.
Und der Blick wird stetig weiter,
Tun und Denken werden heiter.
Und des Tellers Rand gewinnt
großen Reiz für's brave Kind.

Mit den Jahren weiß es dann,
dass man nur entdecken kann,
wenn man sich am Rand erfreut,
weil er dem Teller Form verleiht.
Der Rand macht eben existent,
was man so Nicht-Teller nennt.

1 Die Autorin ist Richterin am Amtsgericht Mayen.

Somit ist die Angst gebannt
vor dem Trauma-Teller-Rand.
Und es gehen erste Schritte
von des Tellers sich'rer Mitte
bis zum Rand und drüber weg.
Für die, die's sehen ein schlechter Gag?

Geht da wer zur and'ren Seit'?
Entsteht da fast so was wie Neid?
Oder ist es mehr Verdruss,
weil einer selbst verharren muss?

Und mit Staunen wird empfangen,
der ins andre Land gegangen.
Und der Grenzegänger spürt,
hier und dort wird er verführt.

Denn im neuen Land – wie wahr –
ist die Grenze wieder da.
Diesmal aus der and'ren Sicht;
aber besser ist die nicht.

Doch der Grenze Überwinder
trifft noch andre Grenzesünder,
denen sie gar gut gefällt,
ihre Grenzenpendlerwelt.
Und deren Tun zieht and're an.
Jeder hilft – so gut er kann –
altes starres Grenzendenken
als Vergangnes zu versenken.

So entsteht ne neue Tugend
und vererbt sich auf die Jugend.
Und die Mär vom Tellerrand
ist irgendwann ganz unbekannt.

Und die Moral von der Geschicht:
Glaub Tellerrandverboten nicht.
Die Grenze kann nur davon leben,
was wir ihr an Bedeutung geben.

Hans-Christian Prestien[1]

Von der (Un)Möglichkeit der Sicherung des Kindeswohls durch Gesetzgebung, Familiengericht, Jugendhilfe und Institutionen oder: vom Mechaniker zum Uhrmacher – Änderung eines Berufsbildes

1. *Fallbeispiele aus der familiengerichtlichen Praxis*

Erstes Fallbeispiel:

Der 15-jährige Herbert war 12 ½ Jahre, als die Mutter die Familie verließ. Für ein halbes Jahr blieb er noch beim Vater, dann wechselte er zur Mutter, die Kontakte zum Vater rissen ab. Erst durch das Scheidungsverfahren wird der kontaktlose Zustand aufgrund des Sorgeantrages der Mutter offenbar. Die erste Anhörung des Jungen ergibt, dass er bei seiner Weigerung bleibt, Kontakt zum Vater aufzunehmen. Eine für mich überzeugende oder besser mich beeindruckende Erklärung wird von ihm nicht gegeben. Die Sachverständige vermutet als Hintergrund der Weigerung des Jungen eine entsprechende ablehnende Haltung der Mutter. Ihr gelingt es jedoch ebenso wie der Verfahrenspflegerin nicht, Herbert zu einem Einlenken zu bewegen. Als der Vater nach Absprache mit den Eltern ihn einmal abholen möchte, läuft er vorher weg.

Zweites Fallbeispiel:

Der 14-jährige Albert steht unter elterlicher Sorge der Kindesmutter. Die Eltern leben nicht mehr zusammen, seit Albert 3 Jahre alt war. Mit dem Vorwurf angeblicher sexueller Übergriffe des Vaters hatte die Kindesmutter erreicht, dass der Vater sich zurückgezogen und auf jegliche Kontakte zu Albert verzichtet hat. Schulverweigerung, Haschischgenuss, eine Anzeige gegen Albert wegen Diebstahls und zunehmende Probleme im Umgang miteinander hatten die Mutter veranlasst, Antrag auf Genehmigung der geschlossenen Unterbringung zu stellen. Die Mutter scheint nach ihrem Vor-

1 Der Autor war Rechtsanwalt, Familienrichter und Jugendrichter. Er begründete den Verband Anwalt des Kindes und erhielt 2003 die Auszeichnung »Botschafter der Wärme«.

bringen kaum noch in der Lage, auf dem Hintergrund des offenbar gestörten Beziehungsverhältnisses die erzieherischen Maßnahmen zu ergreifen und durchzusetzen, die der Gefährdung des geistigen und körperlichen Wohls des Jungen i. S. d. § 1666 BGB unter Beachtung von § 1631 Abs. 2 BGB entgegenwirken könnten. Als der vom Gericht einbezogene Vater nach vielen Jahren bei Gericht mit seinem Sohn wieder zusammentrifft, ergeben sich keinerlei Hinweise auf wechselseitige Vorbehalte oder Spannungen. Beide scheinen einander offen und ohne Vorbehalte zu begegnen.

In beiden Fällen geht es offensichtlich um das Wohl des Kindes bzw. um dessen Gefährdung. Sie sind demzufolge sowohl nach § 1666 BGB wie auch nach dem GG (Art. 6 Abs. 2) ein Grund, richterlich einzuschreiten.

2. *Der gesetzliche Rahmen für die Kindeswohlgewährleistung*

Seit dem *Gesetz zur Erleichterung familiengerichtlicher Maßnahmen* vom 4.7.2008 ist bereits die objektive Gefährdung des »körperlichen, geistigen oder seelischen Wohls«, unabhängig vom konkreten Elternverhalten, Anlass zur Intervention und sind in § 1666 BGB erstmals konkrete Maßnahmen in Abs. 3 der Vorschrift aufgeführt[2]:

> *»Gebote, ... Leistungen der Kinder- und Jugendhilfe und der Gesundheitsfürsorge in Anspruch zu nehmen; ...für die Einhaltung der Schulpflicht zu sorgen«;* über *»Verbote«* der Kontaktaufnahme mit dem Kind oder zum Aufenthalt in Wohnungen oder an Orten, wo sich das Kind regelmäßig aufhält bis hin zur *»teilweisen oder vollständigen Entziehung der elterlichen Sorge«.*

Dem Kollegen *Rudolph* gebührt Dank für die von ihm mit dem *Cochemer Modell* über viele Jahre praktizierte beschleunigte und kooperative Behandlung der »Kinderprobleme« durch das Familiengericht. Der Gesetzgeber hat dies aufgenommen und im Gesetz vom 4.7.2008 die Wichtigkeit umgehenden Kinderschutzes besonders betont. So hat er u.a. in dem Gesetz vom 4.7.08 das Gericht verpflichtet, die Situation spätestens nach einem Monat nach Eingang der entsprechenden Hinweise zu erörtern und in Fällen des § 1666 BGB konkret mit Eltern und ggf. dem Kind zu entschlüsseln, welche Hilfen in Frage kommen, der Gefährdung zu begegnen und welche Folgen die Nichtannahme notwendiger Hilfen haben kann (§§ 50e, 50f FGG). In Umgangsfällen soll der Umgang bereits im ersten Termin durch einstweilige Anordnung vorläufig geregelt oder ausgeschlossen werden, wobei das Kind nach § 50b FGG als Grundrechtsträger selbst zuvor »anzuhören« ist.

2 Sie sollten um die Möglichkeit von Weisungen entsprechend dem JGG ergänzt werden.

Auf den ersten Blick scheinen diese Vorschriften durchaus sinnvolle und notwendige Hilfen zu sein. Sie beinhalten jedoch bei – in der Regel zu befürchtender – unsachgemäßer Anwendung zusätzliches Gefährdungspotenzial für das Kind. Als eine Gefahrenquelle sei hier nur die Anhörung von Kindern erwähnt.[3] Auch dem Jugendamt gegenüber scheint der Gesetzgeber durch § 8a SGBVIII dessen Rolle im Falle der Gefährdung des Kindeswohls präzisiert zu haben: Gewichtige Anhaltspunkte für eine Gefährdung verpflichten das Jugendamt, mit mehreren Fachkräften unter Beteiligung der Eltern und ggf. des Kindes das Gefährdungsrisiko abzuschätzen. Für ein kooperatives Zusammenspiel zwischen Jugendamt und Gericht scheint mit §§ 8a Abs.3, 50 SGB VIII gesorgt zu sein: Das Jugendamt hat das Gericht zu informieren, wenn die Eltern nicht bereit oder in der Lage sind, bei der Abschätzung des Gefährdungsrisikos mitzuwirken, oder das Tätigwerden des Familiengerichts für erforderlich gehalten wird. Bei den Verfahren des Familiengerichts hat das Jugendamt durchgängig mitzuwirken und das Gericht zu unterstützen.

Dabei hat es insbesondere *»erzieherische und soziale Gesichtspunkte zur Entwicklung des Kindes oder Jugendlichen«* einzubringen und auf *»weitere Möglichkeiten der Hilfe«* hinzuweisen. Mit dem Einsatz eines Verfahrenspflegers schließlich, der nach dem Gesetzeswortlaut die »Interessen« des Kindes wahrzunehmen hat, scheint dafür Vorsorge getroffen zu sein, dass das Kind in keinem Stadium des Verfahrens ohne eigene Einflussmöglichkeiten zum bloßen Objekt staatlichen Handelns werden kann. Soweit die Theorie.

Was ergibt sich nun aus diesen gesetzlichen Vorschriften für die Lösung der angeführten Fallbeispiele? Unzureichend geklärt erscheinen zum Beispiel folgende Fragen:

- Wie sehr ist das seelische Wohl Herberts wirklich gefährdet?
- Macht die Eröffnung eines formellen Verfahrens zum Umgang von Herbert mit seinem Vater mit dem Ziel einer Anordnung eines geregelten Umgangs überhaupt einen Sinn gegen den Willen des 15-jährigen? Wie wäre es um die Durchsetzbarkeit einer solchen Anordnung bestellt?
- Kommt, falls die Mutter hinter Herberts Weigerung steckt, in Betracht, das Aufenthaltsbestimmungsrecht einem Pfleger zu übertragen, der auch die Herausnahme des Jungen aus dem Haushalt der Mutter veranlassen könnte?
- Oder ist es tatsächlich die einzig realistische Möglichkeit, die elterliche Sorge voll auf die Mutter zu übertragen, wie es beantragt war und die im Übrigen bestehende Gefährdungslage als nicht regelbar hinzunehmen?

3 Vgl. Jopt: »Im Namen des Kindes« 1992, S. 107: »Der faktische kindliche Objektstatus korrespondiert mit der Stellung eines *Rechtssubjektes für 15 Minuten* (Nur 18 % aller Anhörungen dauern länger als 10 bis 20 Minuten...)...« Vgl. dazu auch a.a.O. S. 86 zu »Kindeswille«.

- Ist ein »Wegsperren« auf Zeit, wie es im Fall Albert von der Mutter beantragt wird, eine geeignete Maßnahme oder wäre dies nach § 1631 Abs. 2 BGB eine verbotene Gewaltausübung gegenüber Albert, um ein angepasstes Verhalten zu erzwingen?
- Welcher Zusammenhang besteht zwischen dem familiären Erleben Alberts und dem Drogenmissbrauch sowie dem Vorwurf weiterer strafbarer Handlungen?
- Wie steht es bei konkreten Hilfen mit der Fähigkeit der Mutter zur erzieherischen Einwirkung auf den Sohn?
- Und in beiden Fällen: Inwieweit muss/kann der Vater durch weitere von Amts wegen einzuleitende Verfahren auf Abänderung der Sorgerechtslage und Umgangsgestaltung förmlich einbezogen und in die Pflicht genommen werden?
- Welche Maßnahmen/Strategien helfen hier wirklich, die Familien in ihrer Aufgabe zu unterstützen, um ein dauerhaftes Kindeswohl zu erreichen?

Das glatt und logisch erscheinende System von gesetzlichen Voraussetzungen und Anweisungen für konkrete Interventionen zum Schutze von Kindern ist bei näherem Hinsehen nicht ohne weiteres hilfreich. Es erscheint vielmehr lediglich als eine *Gleichung mit mehreren Unbekannten*:

3. *Begrifflichkeiten/Unbekannte Größen einer Gleichung*

Das Kindeswohl: Das Wohl eines Kindes wird wesentlich auf dem Hintergrund seiner konkreten alters-, gesundheitlich und Umfeld abhängigen Situation, seiner physischen und psychischen Belastbarkeit und seinen Entwicklungsmöglichkeiten und -chancen bestimmt. Es kann, wenn überhaupt, dann besser vom Psychologen als vom Juristen definiert werden. Was dem Wohl des einzelnen Kindes entspricht, muss von der konkreten Situation des Kindes in jedem Einzelfall ermittelt werden. Erst danach ist eine Entscheidung möglich, welche Ziel führenden Maßnahmen zur Abwendung einer festgestellten Gefährdungslage unter Beachtung des Verhältnismäßigkeitsgrundsatzes erforderlich aber auch ausreichend erscheinen.
Die zweite »unbekannte Größe« in der Gleichung ist der Begriff Gefährdung des Kindeswohls: Im gängigsten Kommentar zum BGB, dem Palandt, ist als Gefährdung des Kindeswohls unter Hinweis auf den Bundesgerichtshof und somit als Voraussetzung eines Eingriffs in das Personensorgerecht immer noch *»eine gegenwärtige, in einem solchen Maße vorhandene Gefahr, dass sich voraussagen lässt, dass bei unveränderter Weiterentwicklung der Verhältnisse bei dem Kind mit ziemlicher Sicherheit eine erhebliche Schädigung*

eintritt«, gekennzeichnet[4]. Aber welche konkreten Situationen sind damit gemeint?

In engem Zusammenhang mit dem Gefährdungsbegriff zeigt sich eine dritte Unbekannte in der Gleichung. Das Ob und Wie einer staatlichen Maßnahme, die das Wohl des Kindes sicherstellen soll, hat sich an dem verfassungsrechtlichen Grundsatz der Verhältnismäßigkeit der Mittel auszurichten. Das Bundesverfassungsgericht hat dazu bereits 1968 ausgeführt:

»...*Das bedeutet nicht, dass jedes Versagen oder jede Nachlässigkeit den Staat berechtigt, die Eltern von der Pflege und Erziehung auszuschalten oder gar selbst diese Aufgabe zu übernehmen; vielmehr muss er stets dem grundsätzlichen Vorrang der Eltern Rechnung tragen.*
Zudem gilt auch hier der Grundsatz der Verhältnismäßigkeit.
Art und Ausmaß des Eingriffs bestimmen sich nach dem Ausmaß des Versagens der Eltern und danach, was für das Interesse des Kindes geboten ist. Der Staat muss daher nach Möglichkeit zunächst versuchen, durch helfende, unterstützende, auf Herstellung oder Wiederherstellung eines verantwortungsbewussten Verhaltens der natürlichen Eltern gerichtete Maßnahmen sein Ziel zu erreichen .....«[5]

Welches aber ist in der konkreten Situation das Mittel des geringst möglichen aber auch notwendigen Eingriffs in die elterliche Autonomie? Offenbar besteht immer aufs Neue große Unsicherheit bei den Fachleuten in Behörden und Gerichten, wann im Einzelfall die Schwelle zum Handeln erreicht ist. Ob Hilfeleistung oder Eingriff; gleichgültig, welches Mittel letzten Endes anzuwenden ist: Zur Bestimmung von Art und Ausmaß der staatlichen Intervention in die rechtliche Kompetenz der Eltern sind konkrete Feststellungen zu den persönlichen Fähigkeiten, der derzeitigen psychische Situation, zu Einstellungen und Absichten der einzelnen Familienmitglieder unverzichtbar. So formuliert das Bundesverfassungsgericht in einem Verfahren, bei dem es um das Umgangsrecht des Kindes geht:

»... *haben die Gerichte eine Entscheidung zu treffen, die sowohl die beiderseitigen Grundrechtspositionen der Eltern als auch das Wohl des Kindes und dessen Individualität als Grundrechtsträger berücksichtigt (....). Die Gerichte müssen sich daher um eine Konkordanz der verschiedenen Grundrechte bemühen.*
Dabei ist Grundrechtsschutz auch durch die Gestaltung des Verfahrens sicherzustellen (....); das gerichtliche Verfahren muss in seiner Ausgestaltung geeignet und angemessen sein, um der Durchsetzung der materiellen Grundrechtspositionen zu dienen (...). Diesen Anforderungen werden die Gerichte nur gerecht, wenn sie sich mit den Besonderheiten des Einzelfalles auseinander setzen, die Interessen der Eltern sowie deren Einstellung und Persönlichkeit würdigen und auf die Belange des Kindes eingehen (...). Der Wille des Kindes ist zu berücksichtigen, soweit dies mit

4 Palandt, Bürgerliches Gesetzbuch, 68 Aufl. § 1666 Rn. 10.
5 BVerfG. 24, 144, BVerfG NJW 1982, 1379 ff.

seinem Wohl vereinbar ist. Voraussetzung hierfür ist, dass das Kind in dem gerichtlichen Verfahren die Möglichkeit erhalten hat, seine persönlichen Beziehungen zu seinen Eltern erkennbar werden zu lassen. Die Gerichte müssen ihr Verfahren deshalb so gestalten, dass sie möglichst zuverlässig die Grundlage einer am Kindeswohl orientierten Entscheidung erkennen können...«[6]

Ob die konkrete Vorgehensweise der zum Kinderschutz Berufenen tatsächlich dazu führt, diesen Ansprüchen gerecht zu werden, oder anders formuliert, dem Kind im tatsächlichen Notfall einer leiblichen, seelischen und/oder geistigen Überlastung den notwendigen Schutz zu gewähren, ist von einer weiteren und wohl bedeutendsten Unbekannten der Gleichung abhängig, nämlich der Bewertungen bzgl. der Kindsituation durch die zum Einsatz kommenden professionellen Akteure. Ermittlungen und Bewertungen zur bzw. der Kindessituation geschehen auf dem Hintergrund ihres jeweiligen subjektiven Vorverständnisses und sind zwangsläufig auch projektiv. Ob sie den bereits bekannten wissenschaftlichen Erkenntnissen zu den altersabhängigen Bedürfnissen von Kindern gerecht werden[7], ist wesentlich von dem Einfühlungsvermögen und der fachlichen Kompetenz des einzelnen Akteurs abhängig. Um den Kindern der Eingangsfälle die notwendige und mögliche Hilfe geben zu können, müsste er

- das materielle Kindschaftsrecht beherrschen,
- die Klaviatur des Verfahrensrechtes spielen können,
- psychische Befindlichkeiten bei Erwachsenen und Kindern nach Art und Abweichung von der »Normalität« erkennen und einschätzen können,
- Kenntnis von den darauf bezogenen psychologischen, pädagogischen und medizinischen Hilfsmöglichkeiten haben,
- über zur Befriedung zielführende Gesprächsführungstechniken im Umgang mit Kindern wie erwachsenen Konfliktparteien und deren Anwälten verfügen,
- mit den allgemeinen Entwicklungsverläufen von Kindern in den unterschiedlichen Altersstufen vertraut sein,
- die Sprache des Kindes verstehen,
- die Kriterien wissenschaftlich haltbarer Begutachtungen kennen und
- frei von jeglichen bewussten oder unbewussten Vor-Urteilen und daraus fließenden Projektionen sein.

Selbst mit viel Engagement und gutem Willen wird kein Richter diesen Anforderungen entsprechen können. Ins Blickfeld kommen damit die Kompetenzen des Rechtsanwaltes, des Mitarbeiters der öffentlichen oder freien Jugendhilfe, des Verfahrenspflegers, so wie des Sachverständigen. Sicher

6 BVerfG FamR, 1993,663.
7 Vgl. dazu z.B. Fthenakis FPR 1995, 94 ff.

können diese, abgesehen von den gleichen genannten Einschränkungen, denen die Person des Richters unterliegt, ihre Kompetenzen im gerichtlichen Verfahren beitragen. Vorausgesetzt: Sie werden dazu vom Richter bestellt oder dazu angehalten! Die Annäherung an das erforderliche Kompetenzprofil ist jedenfalls nur möglich durch ein aufeinander abgestimmtes Zusammenspiel der Professionen. Die Aufgabe, dies in jedem Einzelfall verantwortlich herzustellen, liegt bei der Recht sprechenden Gewalt, dem einzelnen Gericht und damit bei der oder den vom Gesetzgeber dazu berufenen Richterpersönlichkeiten.

4. *Auswirkungen der jetzigen Praxis von Justiz und Jugendhilfe*

Die bisherige gesetzliche Konstruktion des Familiengerichts begnügt sich mit einem Juristen als Einzelrichter. Was seine Kompetenzen und Möglichkeiten betrifft, hatte der Landeskinderbericht Nordrhein-Westfalen bereits 1980 u. a. ausgeführt:

> *»Richter sind im Allgemeinen für den Umgang mit Eltern und Kindern zu wenig vorbereitet. Sie verfügen in der Regel nicht über das Alltagswissen hinausgehende Kenntnisse in Pädagogik und Psychologie, die zur Beurteilung der komplexen familiären Beziehungsverhältnisse, sowie der Persönlichkeit von Kind und Eltern erforderlich sind. In der Ausbildung der Studenten an rechtswissenschaftlichen Fachbereichen nimmt das Einüben der juristischen Methoden zur Lösung von Rechtsfällen den breitesten Raum ein.«*[8]
> *»Diese Ausbildung wird im Vorbereitungsdienst anhand von Praxisfällen mehr oder weniger fortgesetzt. Die Beschäftigung mit Psychologie und Pädagogik ist weder im Studium noch in der praktischen Ausbildung vorgesehen. Für die meisten Richter ist es Privatsache, ob sie in diesen Wissenschaftsbereichen Kenntnisse erwerben........Die Gefahr ist groß, dass der Richter aufgrund seines persönlichen Werthintergrundes Entscheidungen trifft, die einer wissenschaftlichen Überprüfung durch Psychologie, Pädagogik und andere Wissenschaften vom Menschen nicht standhalten.«*[9]

Eine durch gezielte Aus-und Fortbildung erworbene psychologische und pädagogische Kompetenz der FamilienrichterInnen gibt es auch heute nicht. Die Situation ist insoweit, verglichen mit den Feststellungen von 1980, unverändert. Der Zufall des Anfangsbuchstabens des Familiennamens entscheidet heute oft noch darüber,

8 Das bedeutet: Einen in der Vergangenheit abgeschlossenen unveränderbaren Sachverhalt (Retrospektive) mit den Mitteln des förmlichen Rechtes auf das rechtlich Bedeutsame zurückzuführen (Reduktion) und den Konflikt durch eine endgültige und ebenfalls unveränderbare Entscheidung des Gerichts (Statik) zu beenden.

9 Bericht über die Situation des Kindes in Nordrhein-Westfalen, Landeskinderbericht, MAGS Dez.1980 S. 81.

- ob das jeweilige Familiengericht sich auf die konkrete Situation eines Kindes einstellt,
- ob es dieses als ein den Erwachsenen gleichwertiges Rechtssubjekt behandelt,
- ob es Hinweise auf Gefährdungslagen in jeder denkbaren Form auch von Amts wegen aufgreift und zum Anlass aktiven Handelns nimmt,
- ob das familiengerichtliche Handeln an dem Ziel ausgerichtet ist, die konkrete Kindessituation unterstützend zu verbessern, bevor eingegriffen wird oder
- ob das Heil von vornherein in einer möglichst raschen, statisch wirkenden Entscheidung gesucht wird.[10]

Es kann nicht verwundern, wie das bisherige gerichtliche Verfahren von den betroffenen Eltern selbst erlebt wurde. In der im Auftrag der Bundesregierung von Proksch durchgeführten Begleitforschung zur Umsetzung der Neuregelungen zur Reform des Kindschaftsrechts wird dazu festgestellt:

> *»67,5 % der Eltern erlebten das Gerichtsverfahren als förmlich. Streitpunkte mit dem (Ex-)Partner konnten danach nur zu 24,5 % geklärt werden. In 23, 5 % der Fälle hatte sich der Ärger mit dem Partner durch das Verfahren noch erhöht.«*[11]

Richter, die keine hinreichende Kompetenz erworben haben, Kindsituationen mit den Augen des Kindes zu erfassen, zutreffend zu bewerten und effektiven Kinderschutz zu betreiben, laufen somit Gefahr, ohne es zu wollen, Gefährdungen des Kindes selbst zu verursachen bzw. zu verstärken.
In der gleichen Gefahr befinden sich die für die Einleitung und Begleitung der Verfahren verantwortlichen Rechtsanwälte. Dies macht schon ein Beispiel aus einem Anwaltsschriftsatz vom 15.12.2008 deutlich:

> *»Ich beantrage namens des Antragstellers, den Umgang mit seiner Tochter Ch. (geb. am 24.7.2001) wie folgt festzulegen:*
> 1. *jedes zweite Wochenende Freitag von ca. 17.00 Uhr bis Sonntag ca. 17 Uhr Abholung und Abgabe bei Kindesmutter, im Falle Umgangs verhindernder Krankheit wird der Umgang am dem Krankheitsende folgenden Wochenende nachgeholt.*
> 2. *Urlaub: Zwei Wochen in den Sommerferien nach ca. halbjährlicher vorheriger Ankündigung zur Abstimmung der Urlaubsplanung,....*
> 3. *Am Geburtstag des Kindesvaters ganztägig von 9.00 Uhr bis 18 Uhr, soweit nicht Schule vorgeht*
> 4. *an den hohen Feiertagen...*

10 Verfasser in ZKJ 2008, 61.
11 1. Zwischenbericht Mai 2000 Teil 2, S.125 bzw.123.

Für den Fall, dass die Kindesmutter den vorgenannten Umgang nicht gewährt, wird ihr ein Zwangsgeld von bis zu 1.500 € angedroht.«

Die Begründung ist kurz und bündig. Eine Beratung durch die Jugendhilfe ist nicht erbeten worden.
Käme es zu einer entsprechenden Anordnung, wäre zu Lasten des betroffenen Kindes der dauerhafte Verlust des antragstellenden Elternteils zu befürchten. Wallerstein und Lewis haben in ihrer Untersuchung zu den »Langzeitwirkungen der elterlichen Ehescheidung auf Kinder«[12] festgestellt:

»*...Es ist sicherlich eine wichtige Botschaft an uns alle, dass die jungen Menschen dieser Studie, die durch Gerichtsmaßnahmen dazu gezwungen wurden, ihre Eltern nach einem rigide festgelegten Zeitplan zu besuchen, jeden Kontakt mit ihnen zurückwiesen, sobald sie erwachsen wurden.*
Das Versäumnis der Gerichte, die sich verändernden Ansprüche des Kindes im Laufe seiner Entwicklung zu berücksichtigen und das Kind im Zuge seiner Reifung an der Planung seines Lebens zu beteiligen, ist schwer zu rechtfertigen. Es ist, als würde man ein Kind von 12 Jahren dazu zwingen, Schuhe eines 6-jährigen zu tragen, um dann, wenn es sich beklagt., dass die Schuhe drücken, oder weint, weil es anfängt zu humpeln und schließlich gar nicht mehr laufen kann, all seine Einwände beiseite schieben und fanatisch auf dem Recht der Eltern zu bestehen, die Schuhe ihrer Kinder auszusuchen....«

Wir Juristen sind offenbar allein auf Grund unserer Ausbildung nicht damit vertraut, die Liebe des Kindes hinreichend wahrzunehmen. Wir Juristen befinden uns damit in der großen Gefahr, seine Fähigkeiten zur Liebe, die frei ist von an Äußerlichkeiten festgemachten Be- und Verurteilungen, zu zerstören. Wir Juristen laufen Gefahr, vor seinen Augen seine von ihm gleichermaßen geliebten Eltern ob ihrer angeblichen oder wirklichen Unterschiedlichkeit – die im Übrigen allzu oft gerade den Reichtum des Kindes ausmachen – in Sieger und Verlierer, Mächtige und Ohnmächtige, Wichtige und Unwichtige aufzuspalten und sie dem Kind für die Zukunft als Elterntrümmer zu präsentieren; das Kind damit zu zwingen, zwischen unversöhnlich erscheinenden Lagern, an die es gleichermaßen gebunden ist, hin- und her zu pendeln. Damit aber wird von uns zum Kinderschutz berufenen Juristen dem Kind zugleich ein Modell für sein eigenes Erwachsenenleben mitgegeben, das dazu neigt, sich, wie die Erfahrung zeigt, negativ immer wieder zu reproduzieren, was sich unmittelbar zu Lasten der Gemeinschaft auswirkt.

EXKURS: Die Änderung der Auftragslage beim Familiengericht

Die Ursache einer so offensichtlichen Diskrepanz zwischen dem heutigen Verständnis von Kindeswohlsicherung durch die Familiengerichte einerseits

12 FamRZ 2001, 65 ff.,72.

und der dafür notwendigen Kompetenz der FamilienrichterInnen andererseits wird deutlich, wenn man sich ihre Aufgabenstellung vor der Kindschaftsrechtsreform 1998 anschaut. Das Familiengericht hatte sich mit der Frage des Kindeswohls nur im Rahmen einer in Auflösung begriffenen Ehebeziehung zu beschäftigen. Abgesehen von dem Ausnahmefall der Notwendigkeit der Bestellung eines Vormunds nach § 1671 Abs. 5 BGB a. F. war das *Kindeswohl* Auswahlkriterium für eine in jedem Fall der Scheidung zu erfolgende Sorgerechtsregelung und obendrein wesentlich eingegrenzt durch die besonders zu berücksichtigenden *Bindungen des Kindes* an *Elternteile und Geschwister*.
Mit der Kindschaftsrechtsreform hat sich die Auftragslage grundlegend geändert: Aus dem »Ehebestattungsunternehmen« Familiengericht, bei dem Kindeswohl eher eine formale Rolle bei der Entscheidungsfindung spielte, wird ab 1998 der Garant des Kindeswohls in allen Not- und Gefährdungslagen der Kinder unabhängig vom Status der Eltern. Seit 1998 hat es aktiv auf eine Aufhebung jeglicher Gefährdungslagen zu Lasten der betroffenen Kinder hin zu wirken. Dabei hat das Gericht die Inanspruchnahme geeigneter Hilfen bei den für das Kind verantwortlichen Personen einzufordern, den Konflikt zielgerichtet auf eine Befriedung hin mit den Beteiligten zu moderieren und alles ihm Mögliche zu unternehmen, um sich selbst als in die elterliche Sorge eingreifende Instanz überflüssig werden zu lassen. Bei erzieherischen Schwierigkeiten zwischen Eltern und Kindern hat das Familiengericht darüber hinaus aktiv und konkret *die Eltern bei der Ausübung der Personensorge zu unterstützen* (§ 1631 Abs.3 BGB).
Damit liegt auf der Hand, dass diese neuen Aufgaben pädagogisch und psychologisch begründeter Prozessgestaltung sowie Verhandlungs- und Gesprächsführung mit den bis 1998 ausreichenden gesetzlichen Rahmenbedingungen bezüglich Zuständigkeit sowie personelle und fachliche Ausstattung der Familiengerichte nicht zu bewältigen ist.

5. *Fazit: Mögliche Veränderungen und Hilfen durch die Gesetzgebung*

Die handelnden RichterInnen bedürfen dringend der Hilfe. Es ist erforderlich,

- dass die auf pädagogischem und psychologischem Sektor im Familiengericht bisher noch fehlenden Kompetenzen durch Schaffung des großen Familiengerichts – vergleichbar mit der Beteiligung von professionellen Laienrichtern in Wirtschaftsangelegenheiten (Kammer für Handelssachen) – implementiert werden oder
- dass die erforderliche psychologische wie pädagogische Qualifikation der RichterInnen, die mit Kindern und Jugendlichen zu tun haben, gesetzlich vorgeschrieben wird,

- dass das Gericht, das das Erziehungsrecht nach dem Jugendgerichtsgesetz (JGG) anzuwenden hat, auch das gleiche ist, das über die familienrechtlich bedeutsame Erziehungs- und Beziehungssituation des Kindes zu befinden hat (so der noch leer laufende § 34 Abs. 3 JGG). Denn die zu behandelnden Symptome des älteren Kindes im Rahmen der Jugendgerichtsbarkeit sind oft die Kehrseite gestörter Familienbeziehungen, unter denen das Kind gelitten hat oder noch leidet. Nur bei der Aufgabenwahrnehmung in Personalunion ist ein aufeinander abgestimmtes Interventionskonzept aus beiden Bereichen möglich;
- dass Gerichte, die sich mit dem Schutz der Kindesinteressen beschäftigen, von der Befassung mit Konflikten der Erwachsenen untereinander freigestellt werden, um sich den mit Aufgaben der Familienunterstützung und Kindeswohlsicherung verbundenen völlig andersartigen Schwierigkeiten und Herausforderungen einschließlich der ständigen berufsbegleitenden Fortbildung zuwenden zu können (Erziehungsgericht als besondere Abteilung).

Die MitarbeiterInnen des Jugendamtes haben offenbar ebenfalls erhebliche Schwierigkeiten, der gesetzlichen Verpflichtung zum Kinderschutz in befriedigendem Ausmaß nachzukommen. An einigen Beispielfeldern wird deutlich, dass die entsprechende Beachtung der Rechte von Kindern wie ihrer Eltern in der Praxis nicht sichergestellt ist:
Schulverweigerungen z.B. sind, wenn sie mehr als wenige Tage anhalten, nicht nur eine Gefährdung, sondern eine bereits eingetretene Schädigung geistiger Entwicklung, die ohne Intervention ungebrochen fortschreitet und sich verstärkt. Um i. S. des § 1666 BGB notwendige Maßnahmen nicht allein durch Zeitablauf zu erschweren, wenn nicht gar zu verhindern, wäre eine umgehende Information des Familiengerichts erforderlich, und zwar auch dann, wenn zugleich die Jugendhilfe bemüht wird. Das Gericht erzeugt oft erst den für die Beteiligten erforderlichen Druck, sich auf wirklich Zielführende Jugendhilfemaßnahmen einzulassen, bzw. kann im Verweigerungsfall nach entsprechender Aufklärung noch frühzeitig die rechtlich notwendigen Eingriffe vornehmen.
Als Familienrichter erfahre ich von solchen Situationen – wenn überhaupt, dann nicht vom Jugendamt – in der Regel so spät, dass eine positive Intervention kaum noch möglich ist. Nach der Häufigkeit der bei mir seit 1998 vom Jugendamt eingereichten Anregungen, Ermittlungen gemäß §1666 BGB aufzunehmen, zu urteilen, gibt es in Potsdam und Umgebung dieses Problem überhaupt nicht. Die Existenz von aufwendigen und offenbar nur einen Bruchteil der betroffenen Kinder erreichenden Bemühungen, diese von der Straße zu holen und sie in besonderen Projekten zu beschulen, beweist das Gegenteil.

Kinder- und Jugenddelinquenz:
Familiengerichtliche Interventionen und sachverständige Begutachtungen in diesem Rahmen ließen in einer Reihe von Fällen die geeigneten Maßnahmen zur Aufhebung einer hinter der Delinquenz stehenden Gefährdungslage bis hin zur Notwendigkeit von Eingriffen in elterliche Sorgerechte erkennbar werden.[13] Unter Beteiligung des Jugendamtes werden jährlich eine Fülle von Jugendgerichtsverfahren durchgeführt. Weder dies noch von dahinter stehenden familiären Problemlagen hat das Familiengericht in Potsdam seit 1998 von den zuständigen Jugendämtern erfahren.
Die gesetzlich bereits bestehenden *Beteiligungsrechte der* betroffenen *Kinder* werden nach den Untersuchungen von Kotthaus[14] nicht hinreichend gewahrt. Der gesetzlichen Verpflichtung (§ 53 SGB VIII), Einzelpersonen und Vereine zu benennen, die vom Familiengericht bei vorübergehendem oder dauerhaftem Eingriff in die elterliche Sorge als *private Ergänzungspfleger oder Vormünder* an Stelle einer Amtsvormundschaft des Jugendamtes bestellt werden können, wird nicht entsprochen.[15] Im Rahmen von familiengerichtlichen Verfahren haben die betroffenen Eltern nach den Erhebungen von Proksch[16] *in 25 % der Fälle keine Informationen zur Unterstützung der Eltern-Kind-Situation erhalten. Bei 10 % der Fälle wurden die erhaltenen Informationen als überhaupt nicht und in weiteren 15 % nur wenig hilfreich empfunden.*[17]
Ein Ansatz dafür, dass die Eltern oder das Kind eine vergleichsweise ähnlich leichte Möglichkeit wie im Familiengerichtsverfahren haben, Entscheidungen der Behörde fachlich durch eine unabhängige Instanz überprüfen zu lassen, ist nicht erkennbar. Wenn überhaupt, müssten die Eltern oder sonstige Anspruchsberechtigte sich an das Verwaltungsgericht wenden. Jedoch kommt dies faktisch nicht vor, worauf Urban nach Auswertung von 147 Einzelfällen in ihrer Abhandlung *Wo kein Kläger, da kein Rechtsbruch?*[18] eindrucksvoll hinweist. Dort heißt es u.a.:
»Dennoch wurden seit 2002 zunehmend Fälle bekannt, in denen individuelle Rechtsansprüche offensichtlich nicht erfüllt wurden. Theoretisch hätte den Betroffenen nun der Klageweg offen gestanden- de facto wurde dieser Weg jedoch nicht beschritten. Die wenigsten Betroffenen verfügten über das hierzu notwendige fachliche und rechtliche Wissen. Auch die für ein Klageverfahren notwendige emotionale Stabilität und finanzielle Mittel für die

13 Vgl. Ostendorf/Hinghaus/Kasten:» Kriminalprävention durch das Familiengericht«, FamRZ 2005,1514 ff.
14 In ZKJ 07,174 ff.
15 So schon eine Forderung von Richtern und Staatsanwälten auf einer Tagung in Wustrau im Okt. 2000 – vgl. »Wustrauer Forderungen« bei www.v-a-k.de.
16 A.a.O.
17 Proksch a. a. O. S.123.
18 ZKJ 07,126 ff

rechtliche Vertretung brachten Anspruchsberechtigte selten mit. Für diese spezielle und in ihrem Ausmaß neue Problematik gab es keine Anlaufstelle in Berlin, (und woanders sicher auch nicht) an die sich die Betroffenen hätten wenden können, und die sie darin unterstützt hätten, ihren Rechtsanspruch auf Hilfe einzuklagen und durchzusetzen. Einige freie Träger erwogen, diese Rolle zu übernehmen, fürchteten aber Sanktionen des Auftraggebers Jugendamt.«[19]

Die handelnden Mitarbeiter der Jugendhilfe bedürfen dringend der Hilfe!

- Es ist dafür Sorge zu tragen, dass Anwaltschaft für das Kind entsprechend Art. 12 UN-Konvention nicht auf den gerichtlichen Bereich beschränkt bleibt, sondern auf behördliches Handeln allgemein ausgedehnt wird; insbesondere, wenn Eingriffe durch behördliche Entscheidungen drohen oder nur deshalb formell verhindert werden, weil Eltern sich im Jugendhilfeplanverfahren veranlasst sehen, einer Fremdunterbringung des Kindes »freiwillig« zuzustimmen[20]. Die Beteiligungsrechte des Kindes gemäß §§ 8, 36 SGBVIII sind nur so mit sinnvollem Inhalt zu füllen. Auch dürfte nur bei einer Erweiterung der Verfahrenspflegschaft auf behördliches Handeln den Art. 8 EMRK, 12 UN- Konvention entsprochen werden.
- Die Beachtung des Gewaltenteilungsprinzips muss im familienrechtlichen Bereich wieder hergestellt und weiteren Auflösungstendenzen gesetzlich vorgebeugt werden. Der Familienrichter ist weder in der Lage, noch nach bisheriger Gesetzesfassung befugt, fehlerhafte Verwaltungsakte oder Hilfeplanverfahren aufzudecken, geschweige denn zu kassieren. Er darf ja nicht einmal dem Jugendamt die Durchführung einer konkreten Jugendhilfemaßnahme vorschreiben und sei sie noch so dringlich von Sachverständigen zur Abwendung weiterer Gefährdung vorgeschlagen worden.[21] Trennungen von Kindern und Eltern durch Inobhutnahme, gegen die sich Eltern nicht zur Wehr setzen, sind der gerichtlichen Überprüfung entzogen. Nach dem Entwurf eines Bundesgesetzes zur Verbesserung des Kinderschutzes vom 2.12.2008[22] droht das Jugendamt gar wie schon in § 8a SGB VIII unter Ausgrenzung des Familiengerichtes zur (scheinbar) verbindlichen Vorprüfungsstelle bei Kindeswohlgefährdungen zu werden.
- Neben der Verpflichtung zur Kostentragung für die im Rahmen von § 1666 BGB vom Familiengericht angeordneten Maßnahmen muss eine Pflicht des Jugendamtes in §§ 8a und 42 SGB VIII normiert werden, das

19 Zum Berliner Rechtshilfefonds Jugendhilfe e.V. (BRJ), der Eltern und Kinder bei der Durchsetzung von Ansprüchen gegenüber der Jugendhilfe unterstützt vgl. www.brj-berlin.de.

20 Vgl. unten zur Situation der Jugendhilfe.

21 Vgl. dazu auch Ostendorf/Hinghaus/Kasten, FamRZ 2005,1514,1517.

22 Referentenentwurf eines »Bundesgesetzes zur Verbesserung des Kinderschutzes – BkiSchG v. 2.12.2008.

Familiengericht über alle Anzeigen und Maßnahmen nach diesen Vorschriften zu informieren.

Zum Sachverständigen ist anzumerken, dass mit § 163 Abs.2 FamFG nur ein erster Schritt getan ist, seinen Sachverstand im gerichtlichen Verfahren für die friedliche Lösung von Konflikten statt lediglich zur Vorbereitung von Entscheidungen einzusetzen. Weitere gesetzliche Vorgaben zur Qualifizierung müssen sicherstellen, dass in Familienrechtsverfahren nur solche Sachverständige bestellt werden, die auch in der Lage sind, Befriedungsarbeit zu leisten. Darüber hinaus ist für seine persönliche Unabhängigkeit Sorge zu tragen. Es muss gewährleistet sein, dass vertragliche Beziehungen zu wirtschaftlich ausgerichteten Vermittlungsinstituten seine persönliche und fachliche Unabhängigkeit nicht einschränken und den Datenschutz sicherstellen.
Was die Anwälte des Kindes in Familien- und Jugendverfahren betrifft, ist unverzichtbar,

- dass Unabhängigkeit, Qualifikation, Auftrag und Vergütung der einzelnen Anwälte des Kindes in § 158 FamFG sachgerecht sichergestellt werden und für eine gleichwertige Interessensvertretung von Kindern und Jugendlichen in Jugendgerichts- und Jugendschutzverfahren in Korrektur des § 69 JGG gesorgt wird,[23];
- dass die Anwälte des Kindes in jedem Fall, in dem um die Rechte des Kindes bei Behörden oder Gerichten verhandelt wird, gesetzlich berufen sind und von einer eigenständigen von den im Übrigen beteiligten Behörden und Gerichten unabhängigen Institution benannt werden[24]. Da das Kind sich aufgrund seiner Minderjährigkeit und ggf. auch Abhängigkeit sowie rechtlichen und psychologischen Unkenntnis selbst in keinem Fall gegen drohende Eingriffe wehren, geschweige denn aktiv an der Gestaltung des Prozesses mitwirken kann, liegt immer ein Fall der »notwendigen Verteidigung«, »Beistandschaft« oder »Interessenvertretung« vor.

Mein letzter Blick richtet sich auf den Personenkreis der LehrerInnen und ErzieherInnen. In Änderung des Referentenentwurfs eines Bundesgesetzes zur Verbesserung des Kinderschutzes vom 2.12.2008 müssen sie gesetzlich angehalten werden, Hinweise auf Gefährdungslagen in erster Linie an *das Familiengericht* zu richten. Dies ist nicht nur aus Gründen der Klarheit zur Frage der Gewaltenteilung erforderlich. Es ist im Interesse der Kinder auch deshalb notwendig, um schädigende Zeitverluste zu vermeiden, falls Jugend-

23 Vgl. Ausführungen v. 16.1.2008 vor der Kinderkommission des Deutschen Bundestages (www.v-a-k.de).

24 Es kann nicht angehen, dass der Richter, der vom Interessenvertreter des Kindes zu einer kindgerechten Vorgehensweise notfalls mit Rechtsmitteln veranlasst werden soll, diesen zuvor selbst aussuchen und bestellen kann.

hilfe nicht sachgerecht handelt, Jugendhilfemaßnahmen nicht angenommen werden oder bereits als gescheitert anzusehen sind.

6. *Zusammenfassung*

Bei dem Verfahren zur Behebung eines Kinder schädigenden Konfliktes geht es um mehr als nur die richtige Lösung eines Falles. Abgesehen von den Fällen seelischer und/oder körperlicher Misshandlung geht es in den weitaus meisten Fällen um Konflikte zwischen Erwachsenen, deren Beziehung zum Kind für die weitere Zeit der Kindheit von unschätzbarer Bedeutung ist. Sie dem Kind in ihrer jeweiligen und vom Kind aus zu erkennenden Einzigartigkeit zu erhalten, kann nur gelingen, wenn es durch die staatlich organisierte Intervention im Einzelfall zum inhaltlichen Frieden – nicht lediglich Rechtsfrieden – kommt.

Geht es also um Befriedung eines Systems, kann dies – wie in der großen Politik auch – nur durch eine allseits akzeptierte Lösung und nicht durch einen Diktatfrieden erreicht werden. Befriedung oder Dauerkonflikt betreffen nicht nur die einzelne Familie. Das in dem Prozessverlauf gezeigte Verhalten der professionellen Akteure hat für Kinder wie Erwachsene Vorbildfunktion mit Ausstrahlung auf unsere Gesellschaft insgesamt, Konflikte auch zukünftig mit friedlichen Mitteln zu lösen oder autoritär allein durch den Einsatz von Macht »unter den Teppich zu kehren«.

So wie in § 1626 BGB seit 1980 autoritärem Handeln der Eltern ihren Kindern gegenüber als negativ wirkendes Vorbild für die nachwachsende Generation eine Absage erteilt ist, bedarf es der gesetzlichen Vorkehrungen, dass auch die staatlichen Institutionen Jugendamt und Familiengericht vergleichbar mit guten Eltern menschlich einfühlend führend und leitend mit erwachsenen Verantwortungsträgern wie Kindern und Jugendlichen respektvoll und liebevoll umgehen und Androhungen, Anordnungen und dauerhafte Eingriffe auf das zum Kinderschutz unumgängliche aber auch erforderliche Maß zurück führen.

War bis 1998 – um in einem Bild zu sprechen – der Mechaniker ausreichend, um die Beziehungslandschaft um ein Kind herum möglichst dauerhaft durch Veränderung der Machtverhältnisse neu zu ordnen, geht es nunmehr darum, eine Uhr wieder in Gang zu setzen, ohne auch nur auf die wesentliche Funktion eines Teilchens verzichten zu können. Ich denke, dass beim besten Willen niemand erwarten kann, dass aus uns Mechanikern allein durch Zeitablauf gute Uhrmacher werden.

Thomas Schulte-Kellinghaus[1]

Ist das Kindeswohl eine Gefahr für den Rechtsstaat?

Anmerkungen zur strafrechtlichen Verfolgung von Richtern des Oberlandesgerichts Naumburg (Fall Görgülü)

I. *Einleitung*

Das Kindeswohl steht auf der gesellschaftlichen Werteskala in Deutschland sehr weit oben. Die *Vorstellungen* verschiedener Beobachter, was im Einzelfall dem Wohl eines Kindes am besten entspricht, können jedoch sehr unterschiedlich sein. Und dann kann es vorkommen, dass nicht nur die Betroffenen (Eltern und Kinder), sondern auch die professionellen Beobachter (Juristen einerseits und Journalisten andererseits) emotional und nicht mehr vernünftig reagieren. Das kann fatale Konsequenzen haben. Von einem besonderen Fall dieser Art soll dieser Beitrag handeln.

II. *Die Geschichte des Falles Görgülü in Kurzform*

Die Generalstaatsanwaltschaft Naumburg hat am 14.11.2006 Anklage gegen drei Richter des dritten Familiensenats beim Oberlandesgericht Naumburg erhoben, und zwar mit dem Vorwurf, die Richter hätten sich der Rechtsbeugung schuldig gemacht. Mit Beschluss vom 20.07.2007 hat das Landgericht Halle die Eröffnung des Hauptverfahrens abgelehnt[2]. Die sofortige Beschwerde der Generalstaatsanwaltschaft hat der 1. Strafsenat beim Oberlandesgericht Naumburg mit Beschluss vom 06.10.2008[3] zurückgewiesen. Die Begründung: Der objektive Tatbestand der Rechtsbeugung könne dahinstehen. Jedenfalls könne nicht festgestellt werden, welche Richter an einer Rechtsbeugung vorsätzlich mitgewirkt hätten. Denn bei den fraglichen Beschlüssen der Familienrichter[4] sei unklar, wer von den drei Familienrichtern für oder gegen die Entscheidung gestimmt habe.

1 Der Autor ist Richter am Oberlandesgericht Karlsruhe. Außerdem ist er Mitglied im Bundesvorstand der Neuen Richtervereinigung e.V.
2 LG Halle – 23 KLs 64/2006 –, n. v..
3 OLG Naumburg, NJW 2008, 3585.
4 OLG Naumburg, Beschluss vom 08.12.2004 – 14 WF 236/04 –, n. v. und Beschluss vom 20.12.2004 – 14 WF 234/04 –, n. v..

Diese Entscheidung hat in Deutschland in den Medien einen Sturm der Entrüstung hervorgerufen, und zwar gegen die Familienrichter. Die meisten Journalisten waren der Meinung, die Familienrichter hätte man wegen Rechtsbeugung verurteilen müssen[5]. Es ging um den Fall Görgülü, in welchem verschiedene Entscheidungen der Familienrichter des Oberlandesgerichts Naumburg schon vorher heftige Kritik in den Medien erfahren hatten.
Kazim Görgülü ist ein Vater, der von 1999 bis 2008 um den Umgang und das Sorgerecht für seinen Sohn Christofer kämpfte. »Gegner« in diesem Kampf waren die Pflegeeltern, zu denen das Kind nach der Geburt zunächst gekommen war, und verschiedene Behörden in Sachsen-Anhalt. Die Gerichte waren mit einer Vielzahl von Entscheidungen an diesem Kampf beteiligt, auch das Bundesverfassungsgericht (mehrfach) und der Europäische Gerichtshof für Menschenrechte (EGMR)[6]. Die Richter des Familiensenats beim Oberlandesgericht Naumburg, denen Rechtsbeugung vorgeworfen wurde, hatten mehrfach zu Ungunsten des Vaters entschieden, unter anderem in den Beschlüssen vom 08.12.2004 und vom 20.12.2004[7], in denen es um das Umgangsrecht des Vaters ging. Inzwischen ist der Aufenthalt von Christofer endgültig durch die Gerichte geklärt. Seit 2008 lebt Christofer bei seinem Vater Kazim Görgülü.
Wie ist es möglich, dass aus einem Kampf um ein Kind eine Anklage gegen die Richter wegen Rechtsbeugung wird? Und wenn die Anklage möglicherweise nicht berechtigt war, dann führt dies zur nächsten Frage: Wie konnte es trotzdem zu einer Anklage der Generalstaatsanwaltschaft Naumburg gegen die Familienrichter wegen angeblicher Rechtsbeugung kommen? Genau dies ist eine ernste Frage, die in einem Rechtsstaat Besorgnis auslösen muss.

III. *Das Kindeswohl*

Die Geschichte hat zunächst eine menschliche Dimension, die sich aus den gerichtlichen Entscheidungen nur begrenzt erschließt. Es geht um eine Leidensgeschichte. Eine neunjährige Leidensgeschichte des Vaters, dem sein Kind lange vorenthalten wurde, und wahrscheinlich auch eine Leidensgeschichte des Kindes Christofer. Und vermutlich eine Leidensgeschichte der Pflegeeltern, deren Träume und deren Hoffnungen auf eine Adoption von Christofer nach langem Kampf ein Ende hatten.

5 Vgl. z. B. Ursula Knapp, Frankfurter Rundschau vom 10.01.2009, »Nicht zu fassen«; Lamprecht, »Freispruch in eigener Sache«, Myops 5/2009, S. 4 ff.
6 Beschluss vom 26.02.2004, NJW 2004, 3397.
7 S. o. Anm. 4.

Als Richter wissen wir, dass wir durch unsere Entscheidungen nicht selten einen ursächlichen Anteil an solchen Leidensgeschichten haben. Es mag sein, dass uns aus verschiedenen Gründen die Möglichkeiten fehlen, einen Konflikt zwischen Vater und Pflegeeltern positiv zu beeinflussen. Es kann aber auch sein, dass wir Richter durch eigene Fehler erheblich zu den Leiden der Betroffenen beitragen.
Entspricht das Aufwachsen von Christofer beim Vater dem Kindeswohl? Damit ist zum einen die Frage verbunden, welche Kriterien das Kindeswohl ausmachen. Das ist oft nicht einfach zu beantworten. Zum anderen ist die Frage nach dem Kindeswohl immer mit einer Prognose verbunden. Und Prognosen sind generell unsicher. Auch wenn es dem Vernehmen nach dem Kind bei seinem Vater gut geht, kann daher kein Beobachter die Frage nach dem Kindeswohl endgültig beantworten. Niemand kann in die Zukunft des Kindes blicken. Und niemand kann mit Sicherheit sagen, wie sich das Leben von Christofer entwickelt hätte, wenn er bei den Pflegeeltern geblieben wäre. Man kann dem Vater, dem Kind Christofer und den Pflegeeltern für die Zukunft nur wünschen, dass sie ihre Leiden und Beschädigungen überwinden können.

IV. *Die Familienrichter des Oberlandesgerichts Naumburg*

Selten sind Richter in Deutschland derart heftig kritisiert worden. Was haben die Richter gemacht? Haben sie die Grundsätze unseres Berufes verraten? Waren sie zu Lasten des Vaters voreingenommen? Haben sie sich für das Wohl des Kindes nicht interessiert?
Vor der Erörterung des Rechtsbeugungsvorwurfes sollen einige Bemerkungen zur juristisch-handwerklichen Qualität der Entscheidungen der Familienrichter beim OLG Naumburg erfolgen. Ich halte eine solche juristisch-handwerkliche Betrachtung für wichtig, um eine normale juristische oder kollegiale Kritik eindeutig abzugrenzen von der Frage der Rechtsbeugung[8].
Zunächst einmal fällt mir bei den Entscheidungen der Familienrichter des OLG Naumburg ein nicht geringes theoretisches Niveau bei den abstrakten Rechtsausführungen auf. Das gilt beispielsweise – unabhängig davon, ob man die Entscheidung für richtig hält oder nicht – für die Rechtsausführungen zur Bindungswirkung von Entscheidungen des EGMR im Beschluss vom 09.07.2004[9]. Außerdem fällt mir auf, dass sich die Familienrichter in ihren Entscheidungen eingehend mit den an sie herangetragenen Fragen auseinan-

8 Die folgenden Ausführungen beruhen insbesondere auf einer Analyse der Beschlüsse vom 08.12.2004 und vom 20.12.2004 (s. o. Anm. 4) und der früheren Beschlüsse desselben Senats vom 30.06.2004, FamRZ 2004, 1510 und vom 09.07.2004, FamRZ 2004, 1507.
9 FamRZ 2004, 1507.

dergesetzt haben. Meine Einschätzung: Es gibt gelegentlich (andere) Kollegen – auch in Familiensachen –, die sich mit den relevanten Fragen eines Falles eher weniger beschäftigen und auseinandersetzen[10].
Die Entscheidungen der Familienrichter sind in einem sehr eigenen Stil formuliert, der für mich als Leser ein bestimmtes Selbstbewusstsein der Richter zum Ausdruck bringt. Ich denke, man kann dieses Selbstbewusstsein auch als Ausdruck einer gewissen Überheblichkeit empfinden. Mir fällt vor allem auf, dass die Familienrichter bei der Frage, was entspricht dem Kindeswohl und was nicht, anscheinend keinerlei Selbstzweifel gehabt haben. Wenn es um die schwierige Frage des Kindeswohls geht, sind mir Entscheidungen sympathischer, die vorsichtiger formulieren, und die – anders als die Beschlüsse des OLG Naumburg – erkennen lassen, dass wir Richter kaum jemals eine letzte Gewissheit haben, wenn es darum geht, welche Entscheidung dem Wohl eines Kindes am ehesten entspricht.
Die Richter des OLG Naumburg kritisieren den EGMR[11], weil dieser den entscheidenden Punkt, nämlich den Vorrang des nichtehelichen Vaters gegenüber den Pflegeeltern im konkreten Fall, »apodiktisch« formuliert habe[12]. Diese Kritik mag man für sachlich akzeptabel halten. Wenn die Familienrichter aber dem EGMR eine »hochgradig ideologisch besetzte Interpretation« von Art. 8 EMRK vorwerfen[13], dann schießen sie über das Ziel hinaus. Es drängt sich unwillkürlich die Frage auf, ob nicht umgekehrt bei den Richtern des OLG Naumburg – ggfs. auch unbewusste – ideologische Motive im Spiel waren, wenn sie die Pflegeeltern so eindeutig gegenüber dem leiblichen Vater bevorzugen wollten. Ich denke, dass die Familienrichter durch den Stil ihrer Entscheidungen in einem gewissen Umfang zu der außerordentlichen Emotionalisierung in den Medien beigetragen haben.

V. *Rechtsbeugung?*

Die Anklage der Generalstaatsanwaltschaft Naumburg wegen angeblicher Rechtsbeugung stützte sich auf zwei Vorwürfe. Zum einen hätten die Familienrichter bei den Entscheidungen vom 08.12.2004 und vom 20.12.2004 eine zu Gunsten des Vaters bestehende Bindungswirkung aus der Entscheidung des EGMR vom 26.02.2004[14] missachtet. Zum anderen seien sie aus verfahrensrechtlichen Gründen nicht berechtigt gewesen, die vorausgegan-

10 Auf die juristisch-handwerkliche Sorgfalt und den entsprechenden Begründungsaufwand der Familienrichter weist auch das LG Halle, a.a.O., S. 23 hin.
11 A.a.O., s. o. Anm. 6.
12 OLG Naumburg, FamRZ 2004, 1507, 1508.
13 OLG Naumburg, FamRZ 2004, 1507, 1509.
14 A.a.O., s. Anm. 6.

gene Entscheidung des Amtsgerichts Wittenberg zu Lasten des Vaters zu ändern.
Die Vorwürfe waren von Anfang an unhaltbar. Die Familienrichter des OLG Naumburg *wollten* Recht sprechen und nicht das Recht beugen. Für den Vorwurf der Rechtsbeugung gab es keine sachliche Grundlage. Die Rechtslage ist vollständig dargestellt in der außerordentlich gründlichen und sorgfältig formulierten Entscheidung des Landgerichts Halle vom 20.07.2007[15]. Jeder, der sich für die Frage der Rechtsbeugung im Fall Görgülü interessiert, sollte diese Entscheidung lesen[16]. Die mir bekannten Kommentare in den Medien zum Fall Görgülü lassen nicht ohne weiteres erkennen, ob die Autoren die – nicht veröffentlichte – Entscheidung des Landgerichts Halle gelesen haben[17].
Das Landgericht Halle hat zunächst klargestellt, dass die Entscheidung des Bundesverfassungsgerichts vom 10.06.2005[18], in welcher die Familienrichter deutlich kritisiert wurden, nichts für die Frage der Rechtsbeugung hergibt. Denn das Bundesverfassungsgericht hat sich nur mit verfassungsrechtlichen und nicht mit strafrechtlichen Wertungen befasst[19]. Die für die Frage der Rechtsbeugung entscheidenden Gesichtspunkte lassen sich wie folgt zusammenfassen:

1. *Die Frage der Bindungswirkung*

Die Bindungswirkung einer Entscheidung des EGMR ist begrenzt. Es spielen die sachlichen, zeitlichen und personellen Grenzen des Streitgegenstands eine Rolle[20]. Selbst bei einem eindeutigen Votum des EGMR ist ein deutsches Gericht nicht zu einer kritiklosen Umsetzung der Entscheidung gezwungen, sondern ist *verpflichtet,* vielfältige Umstände abzuwägen, und zwar auch *gegen* ein Votum des EGMR. Die Vielfalt der Abwägungsgesichtspunkte hat das Bundesverfassungsgericht in seinem grundlegenden Beschluss vom 14.10.2004[21] erläutert.
Es kommt noch etwas hinzu: Im Urteil vom 26.02.2004[22] hat der EGMR im Fall Görgülü wie folgt formuliert: »Das bedeutet im vorliegenden Fall, dass

15 A.a.O., s. Anm. 2.
16 Die Rechtsmittelentscheidung des OLG Naumburg (NJW 2005, 3585) beschäftigt sich nur mit der Frage eines eventuellen *Vorsatzes*. Die Frage, ob *objektiv* Rechtsbeugung in Betracht kommt, wird vom OLG Naumburg jedoch – anders als in der erstinstanzlichen Entscheidung des LG Halle – nicht untersucht.
17 Das gilt z. B. für die oben, Anm. 5, zitierten Stellungnahmen; entsprechendes gilt für den Beitag von Mandla in Zeitschrift für Internationale Strafrechtsdogmatik 2009, 143 ff.
18 BVerfG, NJW 2005, 2685; mit dieser Entscheidung hat das Bundesverfassungsgericht den Beschluss der Familienrichter des OLG Naumburg vom 20.12.2004 aufgehoben.
19 LG Halle, a.a.O., S. 15 f.
20 Vgl. LG Halle a.a.O., S. 25 ff.
21 BVerfG, NJW 2004, 3407.
22 A.a.O., s. Anm. 6.

dem Beschwerdeführer (dem Vater) *mindestens* der Umgang mit seinem Kind ermöglicht werden muss.«[23] Dieser Satz ist später immer wieder in den Medien zitiert und den Familienrichtern vorgehalten worden. Dabei haben die meisten Kommentatoren jedoch übersehen, dass das Urteil des EGMR in diesem Punkt in sich nicht widerspruchsfrei ist. An anderer Stelle[24] stellt der EGMR nämlich fest: »Aus diesen Gründen ist der Gerichtshof unter Berücksichtigung des engen Beurteilungsspielraums bei Einschränkungen des elterlichen Umgangsrechts . . . der Auffassung, dass die Gründe, auf die das OLG Naumburg seine Entscheidung gestützt hat, . . . nicht ausreichend waren, . . .« Also: Der EGMR hat festgestellt, dass die *Begründung* der vorausgegangenen Entscheidung des OLG Naumburg vom 20.06.2001 nicht ausreichend war, nicht mehr und nicht weniger[25]. Die andere Formulierung des EGMR (»Dass... mindestens der Umgang . . ermöglicht werden muss . .«[26]) ist ungenau und konnte das OLG Naumburg mithin nicht hindern, mit einer *anderen* – nach Meinung der Familienrichter ausreichenden – Begründung den Umgang erneut zu versagen. Zu Recht hat das Landgericht Halle[27] daher festgestellt: »... haben die Angeschuldigten gegen eine solche Bindungswirkung nicht verstoßen.«

2. *Die Entscheidungskompetenz der Familienrichter des Oberlandesgerichts*

Es geht um die Frage, ob die Richter des Familiensenats beim Oberlandesgericht Naumburg *befugt* waren, die Einstweilige Anordnung des Amtsgerichts Wittenberg vom 02.12.2004 (eine vorläufige Umgangsregelung zu Gunsten des Vaters) zu ändern, oder ob die Richter sich manipulativ eine Kompetenz angemaßt haben, die ihnen nach dem Gesetz nicht zustand. Auch in diesem Punkt war der Vorwurf der Rechtsbeugung von Anfang an unhaltbar. Die Rechtsauffassungen der Familienrichter zur Auslegung bestimmter Zuständigkeits- und Verfahrensvorschriften waren zwar nach Meinung vieler Juristen nicht überzeugend; eine bewusste Manipulation einer Zuständigkeitsnorm ist jedoch nicht erkennbar. Da die Zuständigkeits- und Rechtsmittelvorschriften, die hier eine Rolle spielen, nicht ganz einfach zu verstehen und darzustellen sind, soll wegen der weiteren Einzelheiten im wesentlichen auf die umfassende Analyse dieser Fragen in der Entscheidung des Landgerichts Halle[28] verwiesen werden.

23 Hervorhebung durch den Verfasser.
24 A.a.O., Ziff. 50 der Entscheidung.
25 Diese Interpretation entspricht auch dem Kontext der weiteren Formulierungen in der Entscheidung des EGMR.
26 A.a.O., Ziff. 64 der Entscheidung.
27 A.a.O., S. 24.
28 A.a.O., S.14 ff.

Wie weit sich die Generalstaatsanwaltschaft Naumburg bei ihrer Rechtsbeugungsanklage von einer normalen Gesetzesanwendung entfernt hat, soll allerdings ein Detail aus dem Bereich der Zuständigkeitsfragen verdeutlichen: Dem Beschluss der Familienrichter vom 08.12.2004 liegt eine bestimmte Rechtsauffassung zur Anwendung von § 621 g ZPO zu Grunde, welche die Richter bereits in einer *früheren* Entscheidung vom 30.06.2004 vertreten – und ausführlich begründet – hatten. Die *frühere* Entscheidung wurde in mehreren Fachzeitschriften[29] veröffentlicht, und zwar gerade *wegen* der Auseinandersetzung der Familienrichter mit § 621 g ZPO. Das bedeutet: Die Generalstaatsanwaltschaft Naumburg hat eine bestimmte Gesetzesauslegung zu § 621 g ZPO als Rechtsbeugung bezeichnet, während andere, im Familienrecht erfahrene Juristen (die Redakteure der juristischen Fachzeitschriften) *die selbe Rechtsauffassung* in der *früheren* Entscheidung als einen ernsthaften und veröffentlichungswürdigen Beitrag im juristischen Diskurs angesehen haben. Die Einschätzung der Generalstaatsanwaltschaft (Rechtsbeugung statt vertretbare richterliche Entscheidung) kann unter diesen Umständen nicht mehr als seriös bezeichnet werden.

VI. *Die Gründe für die Verfolgung der Familienrichter*

Wieso werden Richter in Deutschland mit einer Rechtsbeugungsanklage verfolgt, wenn es bei nüchterner juristischer Betrachtung keinen sachlichen Anlass für eine solche Verfolgung gibt? Hier kommt m. E. das Kindeswohl ins Spiel. Die unterschiedlichen Vorstellungen vom Kindeswohl im Fall Görgülü haben zu einer außerordentlichen Emotionalisierung geführt, nicht nur in den Medien, sondern auch bei Juristen, die sich professionell mit dem Fall beschäftigen mussten. Emotionen haben offenbar eine sachliche und korrekte Wahrnehmung dessen, was die Familienrichter beim Oberlandesgericht Naumburg gemacht haben, verstellt. Anders ist die verfehlte Rechtsbeugungsanklage der Generalstaatsanwaltschaft Naumburg kaum erklärbar.
Wenn ein Fall eine besondere Aufmerksamkeit in den Medien erlangt, entsteht vielfach auch ein Interesse in der Politik. Geht die Stimmung – wie im Fall Görgülü – einseitig in eine bestimmte Richtung, entstehen nicht selten Wünsche der Politik, die in die gleiche Richtung zielen. Eine Anklage gegen Richter wegen Rechtsbeugung ist in Deutschland nicht möglich, ohne vorherigen Informationsaustausch zwischen der weisungsgebundenen Staatsanwaltschaft und dem Justizministerium. Denn es gibt in allen Bundesländern – mit geringen Unterschieden – für solche Fälle Regelungen, die Berichtspflichten der Staatsanwälte gegenüber dem Justizministerium vorsehen. Man wird

29 Z. B. in FamRZ 2004, 1510.

daher zumindest die Frage stellen müssen, welche Rolle bei der Anklage das Justizministerium gespielt hat. Informationen sind insoweit nicht an die Öffentlichkeit gedrungen, so dass nur Spekulationen möglich sind.
Ich denke, dass auch die Komplexität der Rechtslage eine erhebliche Rolle gespielt hat. Je komplizierter und schwieriger eine rechtliche Analyse wird, desto größer wird die Gefahr, dass wir – Richter und Staatsanwälte –, die Grenzen der Rechtsanwendung verlassen und uns gelegentlich (unbewusst) allein von unseren Gefühlen leiten lassen. Sicher erliegt nicht jeder Richter oder Staatsanwalt dieser Gefahr, aber eine gewisse Tendenz – Vermischung von Gefühlen und Rechtsanwendung bei schwierigen Fällen – kann man m. E. in der Praxis nicht selten beobachten.
Komplex und schwierig ist die Frage, was die »Bindungswirkung« von Entscheidungen des EGMR bedeutet. »Bindung« bedeutet jedenfalls nicht, dass deutsche Gerichte, wenn der EGMR gesprochen hat, nur noch Ausführungsorgan eines fremden Willens (des EGMR) wären. Vielmehr sind deutsche Gerichte – trotz einer Entscheidung des EGMR – keineswegs von eigenen Erwägungen und eigener Verantwortung befreit. Das Bundesverfassungsgericht hat in seiner Grundsatzentscheidung[30] die »Bindung« an Entscheidungen des EGMR mit so vielen schwierigen Differenzierungen und Abwägungen versehen, dass ich nicht sicher bin, ob die gerichtliche Praxis in der Zukunft in ähnlichen Fällen in der Lage ist, diese Vorstellungen des Bundesverfassungsgerichts angemessen umzusetzen.
Komplex und schwierig sind auch die Zuständigkeits- und Rechtsmittelnormen, die im Fall Görgülü eine Rolle spielten. (Welche Entscheidungen des Amtsgerichts durften die Familienrichter in einer speziellen prozessualen Situation ändern und welche nicht?) Es bedarf einiger Erfahrung in diesem Bereich, oder zumindest einer längeren Einarbeitung, wenn man darüber urteilen möchte, ob eine bestimmte Rechtsauffassung der Familienrichter »vertretbar« ist, oder aus dem rechtlichen Kontext der Zuständigkeitsnormen völlig herausfällt. Ich vermute, dass der Generalstaatsanwaltschaft Naumburg, die sich normalerweise nicht mit Familienrecht beschäftigen muss, in diesem Bereich Kenntnisse und Erfahrung gefehlt haben. Hier sehe ich auch einen gewissen Unterschied zwischen der Entscheidung des Landgerichts Halle[31] und dem Beschluss des Bundesverfassungsgerichts vom 10.06. 2005[32]. Das Bundesverfassungsgericht hat zwar versucht, sich eingehend mit dem Sachverhalt und den sehr speziellen Verfahrensvorschriften des Familienrechts zu beschäftigen. Die rechtliche Bewertung und Einordnung bestimmter Verfahrensfehler – oder angreifbarer Rechtsauffassungen – der

30 A.a.O., s. Anm. 21.
31 A.a.O.,. s. Anm. 2.
32 BVerfG, NJW 2005, 2685.

Familienrichter ist dem Landgericht Halle m. E. jedoch eher besser gelungen[33].

VII. *Der Strafsenat beim Oberlandesgericht Naumburg*

Eine negative Rolle hat in der Öffentlichkeit die Entscheidung des Strafsenats beim OLG Naumburg gespielt[34]. Der Strafsenat hat die sofortige Beschwerde der Generalstaatsanwaltschaft zurückgewiesen. Die Familienrichter könnten zwar nicht wegen Rechtsbeugung belangt werden. Aber diese Entscheidung hat der Strafsenat *nur* auf das Beratungsgeheimnis gestützt. Wegen des Beratungsgeheimnisses könne man nicht feststellen, welche der drei Familienrichter für die Entscheidungen vom 08.12.2004 und vom 20.12.2004 verantwortlich waren. Auf eine Prüfung der objektiven Rechtslage (Rechtsbeugung ja oder nein) hat der Strafsenat hingegen verzichtet.
Die Medien haben diesen Beschluss überwiegend wie folgt interpretiert: »Es war Rechtsbeugung, aber wegen des Beratungsgeheimnisses wissen wir nicht, welcher Richter wofür gestimmt hat. Daher können wir keinen der Familienrichter bestrafen.«[35] Die Wirkung dieser indirekten Suggestion war verheerend. Die Kollegen im Familiensenat des Oberlandesgerichts Naumburg sind dauerhaft in der Öffentlichkeit stigmatisiert. Der Strafsenat hat damit das – notwendige – Vertrauen der Bürger in die Rechtsprechung des Familiensenats beschädigt. Der Strafsenat ist – entgegen dem weit verbreiteten Missverständnis in den Medien[36] – nicht deshalb zu kritisieren, weil er die Kollegen des Familiensenats geschützt hätte, sondern weil er dem Ansehen der Rechtsprechung des Oberlandesgerichts Naumburg erheblich geschadet hat.
Warum ist der Strafsenat der *objektiven* Frage der Rechtsbeugung ausgewichen? Haben die Strafrichter den Aufwand gescheut, der für sie mit einer Klärung der objektiven Rechtslage verbunden gewesen wäre?[37] Meinten sie vielleicht, die Frage des Beratungsgeheimnisses sei einfacher zu beantworten? Oder haben die Strafrichter sich angesichts des medialen Gegenwinds nicht getraut, die vorangegangene Entscheidung des Landsgerichts Halle (keine Rechtsbeugung) mit einem eindeutigen Votum zu bestätigen? Die Bedeutung des Rechtsbeugungsvorwurfs war enorm und die Reaktionen in den Medien waren vorhersehbar. Ich meine, dass die Richter des Strafsenats beim OLG

33 A.a.O., S. 14 ff.
34 A.a.O., s. Anm. 3.
35 Vgl. insbesondere die oben Anm. 5 zitierten Berichte.
36 Vgl. Knapp a.a.O., und Lamprecht a.a.O., s. o. Anm. 5; demselben Missverständnis unterliegt auch Strecker, Betrifft Justiz 2008, S. 377 ff.
37 Wer eine gewisse Erfahrung im Familienrecht hat, der weiß, welcher Arbeitsaufwand für die Richter beim Landgericht Halle mit dem Beschluss vom 20.07.2007, a.a.O., verbunden gewesen sein muss.

Naumburg in diesem Fall ihrer besonderen Verantwortung nicht gerecht geworden sind. Sie hätten unter keinen Umständen der *objektiven* Frage der Rechtsbeugung ausweichen dürfen, zumal die *objektive* Rechtslage im Ergebnis eindeutig war (s. o.).

VIII. *Schlussfolgerungen*

Das Kindeswohl ist keine Gefahr für den Rechtsstaat. Aber das hohe Gut des Kindeswohls kann zu starken Emotionen führen, bei Eltern und Anwälten, aber auch in den Medien und bei Richtern und Staatsanwälten.
Eine solche Gefahr hat sich im Fall Görgülü offenbar realisiert. Es kann sein, dass die Familienrichter beim OLG Naumburg das Wohl des Kindes Christofer bei ihren Entscheidungen nicht ausreichend berücksichtigt haben. Mit *Rechtsbeugung* haben die fraglichen Entscheidungen jedoch nie etwas zu tun gehabt. Für die Anklage der Generalstaatsanwaltschaft gab es keine Grundlage.
Für die Bewertung des strafrechtlichen Vorgangs kann und darf es keine Rolle spielen, ob die Familienrichter des Oberlandesgerichts Naumburg Fehler gemacht haben. Denn solche Fehler machen wir Richter alle irgendwann in mehr oder weniger großem Umfang. Die Verfolgung von Richtern wegen angeblicher Rechtsbeugung ist im Rechtsstaat keine akzeptable Maßnahme zur Fehlerkorrektur. Wer eine unberechtigte Rechtsbeugungsanklage bei (bloßen) richterlichen Fehlern für nicht so schlimm hält, hat Grundprinzipien des Rechtsstaats nicht verstanden.
Eine grundlose Rechtsbeugungsanklage ist eine Gefahr für den Rechtsstaat. Das Problem sind nicht nur die Auswirkungen für die betroffenen Richter, sondern vor allem die Wirkungen auf die Richterinnen und Richter, die ein solches Verfahren beobachten. Denn die Lehre aus dem Fall Görgülü kann nur sein, dass Richterinnen und Richter in Deutschland unter Umständen auch dann mit einer Rechtsbeugungsanklage rechnen müssen, wenn dafür kein sachlicher Anlass besteht. Eine massive Empörung in den Medien – wie im Fall Görgülü – reicht offenbar aus, um eine solche Anklage auszulösen. Und eine derartige Anklage ist existenzgefährdend. Wer garantiert bei einer unberechtigten Anklage, dass die Richter, die über die Anklage entscheiden sollen, nicht den selben Emotionen erliegen, wie die juristisch nicht weniger qualifizierten Kollegen bei der Staatsanwaltschaft?
Eine unberechtigte Anklage wegen Rechtsbeugung sorgt für Verunsicherung in der Richterschaft. Und eine solche Verunsicherung wirkt sich *nicht* zu Gunsten der Bürger aus. Unsichere Richter orientieren sich eher danach, wie sie *selbst* keine Probleme oder Schwierigkeiten bekommen können. Unsichere Richter weichen eher zurück, wenn sie in den Medien angegriffen werden.

Unsichere Richter haben Schwierigkeiten, Partei für den Schwachen zu ergreifen, wenn der Starke Druck ausübt. Unsichere Richter sind eher empfänglich für die Macht und für die Interessen der Politik, beispielsweise, wenn Politiker meinen, dass Familienrichter zu oft Prozesskostenhilfe für bedürftige Parteien bewilligen.[38] Unsichere Richter bieten dem Bürger eine geringere Gewähr, dass sie sich in allen Fällen *nur* an das Gesetz halten und sich nicht von anderen Umständen beeinflussen lassen.

IX. *Ein Resümee von Jürgen Rudolph*

Die Anklage gegen die Richter des Familiensenats beim Oberlandesgericht Naumburg muss in einem Kontext gesehen werden. Unberechtigte Verfolgungen von Richtern haben in Deutschland in den letzten Jahren zugenommen.[39] Wir müssen uns heute ernsthaft mit der Frage beschäftigen, was können wir unternehmen, um solche grundlosen Verfolgungen zu verhindern. Die Frage ist wichtig, um eine Rechtsprechung zu sichern, die sich nur an das Gesetz hält. Persönliche Ängste oder Unsicherheiten wegen möglicher Verfolgung eines Richters sind schädlich für die Kultur der Rechtsprechung in Deutschland.

Jürgen Rudolph hat das Problem schon länger erkannt. Er hat sich vor ein paar Jahren mit einem teilweise ähnlichen Fall in Baden-Württemberg befasst. Jürgen Rudolph hat sich bei der Verfolgung von Richtern in Deutschland an einen Bericht über Kolumbien erinnert. Er hat wie folgt formuliert:[40]

> *»Völlig neu ist die Tendenz, Richter und Staatsanwälte wegen unliebsamer Entscheidungen mit Strafverfahren zu überziehen« (DRiZ 2004, 202). Der Satz bezieht sich allerdings nicht auf die deutsche, sondern auf die kolumbianische Justiz, und im Folgesatz heißt es weiter: »So wurde ein Richter, der die Freilassung einer Gruppe von Kleinbauern angeordnet hatte, die unter dem Verdacht der Unterstützung einer terroristischen Vereinigung festgenommen wurden, nun selbst wegen Rechtsbeugung angeklagt.« War die Anklage gegen einen Richter aus Baden-Württemberg – anders als in Kolumbien – vielleicht nur ein einmaliger exotischer Ausrutscher, wie er der nach wie vor in Deutschland anzustrebenden Gewaltenteilung fremd sein sollte? Möglicherweise nicht. Es war offensichtlich ähnlich wie in Kolumbien: ...*

38 Wie z. B. der baden-württembergische Justizminister Ulrich Goll; vgl. u. a. die Presseerklärung vom 23.08.2005 auf der Internetseite des Justizministeriums.

39 Vgl. den Hinweis von Christoph Strecker in Betrifft Justiz 2008, 377; siehe im Übrigen insbesondere Albrecht, Die Kriminalisierung der Dritten Gewalt – Ein verfehlter Beitrag der Exekutive zur Steigerung der Funktionstüchtigkeit des Kriminaljustizsystems, ZRP 2004, 259.

40 Rudolph, Leserbrief in DRiZ 2005, 131.

Das klingt hart. Aber die Worte von Jürgen Rudolph sollten eine Mahnung sein. Wenn Richter in Deutschland – objektiv willkürlich – mit einer Rechtsbeugungsanklage überzogen werden, dann müssen wir – wie Jürgen Rudolph – sehr genau die Frage stellen, welche qualitativen Unterschiede in diesem Fall zu einer Richterverfolgung in Kolumbien bestehen. Gerade dann, wenn wir den Wert des Rechtsstaats in Deutschland schätzen, sollten wir umso genauer hinschauen, wenn Dinge passieren, die in einem Rechtsstaat normalerweise undenkbar sein sollten.

aus der Rechtsanwaltschaft

Martina Ammon, Susan Schäder, Birgit Hartman-Hilter[1]

Vom Cochemer Modell zur Cooperativen Praxis

Das logische Fortschreiben eines Erfolgsmodelles

Das Bild der deutschen Familiengerichte um die Jahrtausendwende: Alle Juristen geben sich nach langem kontradiktorischem Kampf um Befriedung geschlagen und legen entmutigt ihre Waffen Justitia zu Füßen. War ganz Gallien, will sagen Deutschland, besiegt? Nein! Ein kleines von einem unbeugsamen Richter Rudolph angeführtes Gericht an der Mosel leistet unerschütterlichen Widerstand gegen das herkömmliche unreflektierte Gegeneinander und die damit verbundene Eskalation.

I. *Das Cochemer Modell*

Um im Bilde zu bleiben: Nehmen wir eine Lupe und betrachten uns das Cochemer Gericht und sein Modell aus der Nähe: angeführt vom Richter am Amtsgericht Rudolph, der einem Asterix gleich, unermüdlich seine Idee in ganz Gallien, will sagen Deutschland verbreitet, entwickelt sie sich zum Leitstern für viele andere Familiengerichte. Er ist mit seiner Mission nicht allein, sondern wird von einer Schar Gleichgesinnter begleitet. Als erstes die Juristenschaft, die sich mutig einem neuen Selbstverständnis verschreibt. Gefolgt von einem Jugendamt, das seine Rolle als Wächter der Kinder und Jugendlichen im Örtchen so ernst nimmt, dass es in allen Kindschaftsfällen bei Gericht präsent sein möchte, nicht nur bei Kindeswohlgefährdung. Schließlich Beratungsstellen, die schnelle Termine bieten, um möglichst frühzeitig ihre volles Engagement zum Nutzen der Bürger und ihrer Kindern einbringen zu können. Zuletzt, aber mindestens ebenso wichtig: die betroffenen Familien des Ortes selbst, die bereit sind, sich auf Hilfe von außen einzulassen und die bis dato so gebräuchlichen Waffen, wie gegenseitige Schuldzuweisungen, ruhen zu lassen, zugunsten der gemeinsamen Kinder. Eltern, die trotz ihrer Verletzungen an einem Modell gemeinsamer Elternschaft nach Trennung und Scheidung aktiv mitarbeiten.
Was eint diese Betroffenen und die involvierten Professionen? Was macht das Modell des Richters Rudolph so erfolgreich? Was ist die zündende Idee, die

1 Die Autorinnen sind Rechtsanwältinnen und Fachanwältinnen für Familienrecht in München.

so viele andere Gerichte inspiriert hat, es seinem Cochemer Modell gleich zu tun, lange vor der Einführung der Verfahrensbeschleunigung durch den Gesetzgeber?
Reduziert man das Cochemer Modell auf seinen revolutionären Kern, dann kristallisieren sich neben der äußerst wichtigen Neuerung in Form der Verfahrensbeschleunigung zwei überraschend einfache Leitideen heraus: Kooperation und Interdisziplinarität. Diese beiden Kerninhalte sind es, die ermöglicht haben, bei der Konfliktbearbeitung neue Wege zu gehen und damit schnellere, bessere und nachhaltigere Ergebnisse zu erzielen, wie die bisher geführten Evaluationen und gerichtsinternen Untersuchungen sowohl am AG München als auch am AG Cochem bestätigen. Warum nun aber haben ausgerechnet Kooperation und Interdisziplinarität diese revolutionäre Wirkung?
Wegen des Wesens des Konfliktes! Die Dynamik jedweden sozialen Konfliktes ist nämlich dual. Sie bewegt sich einerseits auf der Ebene des Unbewussten, Emotionalen, der sog. »Energy Release Components«, und andererseits auf der bewussten, rationalen Ebene, der Ebene der Ergebnisorientiertheit. Die erste Ebene ist impulsiv, energiegeladen und nach außen gerichtet, die zweite Ebene integrativ, nach innen und damit auf Lösung orientiert. Jede Konfliktebene für sich hat eine unterschiedliche Eigendynamik. Sie benötigt deshalb auch eine eigene Herangehensweise.
Hat der Konflikt selbst immer zwei Ebenen, so muss sich auch eine nachhaltige Konfliktlösung notwendigerweise immer auf beide Ebenen beziehen, und hier genau greift sowohl die Idee der Kooperation, als auch die Idee der Interdisziplinarität ein und führt damit zu überraschend positiven Ergebnissen, wie das Cochemer Modell gezeigt hat:
Die Dualität des Konflikts findet sich in der jeweiligen Rolle und dem Selbstverständnis der an der Konfliktlösung im Familienrecht beteiligten Professionen wieder: Sind die Juristen die rationalen und ergebnisorientierten Konfliktlöser, gelingt mit den Beratern und Jugendamtsmitarbeitern die Bearbeitung der irrationalen und energetischen Komponente. Gerade der emotionale Teil des Konfliktes ist in den entscheidenden Phasen der Konflikttransformation so dominant, dass es den Betroffenen nicht mehr möglich ist, sich der rationalen, lösungsorientierten Seite zuzuwenden. Beide Ebenen des Konfliktes werden im Cochemer Modell von professionellen Helfern parallel bearbeitet. Dies ist das Geheimnis und der Schlüssel des Erfolgs des Cochemer Modelles. Erst die Parallelität der Bearbeitung der unterschiedlichen Konfliktebenen ermöglicht die Transformation vom Konflikt zur Lösung. Und wie immer, wenn Transformation gelingt, ist dann das Ergebnis größer als die Summe seiner Einzelteile.
Ausgangspunkt für die Zusammenführung beider Konfliktebenen ist ein für die Betroffenen erlebbares interdisziplinäres Team, in dem die unterschiedlichen Konfliktebenen repräsentiert sind und sich die unterschiedlichen Kon-

fliktenergien ungehindert entfalten können. Ein solches Team wächst erst in stetigem Austausch, wie ihn der interdisziplinäre Arbeitskreis im Cochemer Modell ermöglicht. Sind alle beteiligten Professionen in einem funktionierenden Netzwerk miteinander verbunden, wachsen Teams, die sich kennen. Erst durch gegenseitiges Vertrauen entsteht ein Klima, in dem ganzheitliche Konfliktbearbeitung möglich ist. Den betroffenen Familien steht der durch langjährige Kooperation gewachsene Raum von Beginn des Verfahrens an zur Verfügung. Dies darf aber nicht darüber hinweg täuschen, dass er erst durch langfristige Zusammenarbeit entstanden ist.

Insoweit können Interdisziplinärität und Kooperation nicht getrennt betrachtet werden. Nur in ihrer Kombination entfalten diese beiden Aspekte ihre ganzheitliche transformative Kraft in Form einer »Strukturierungsspirale«, in der der Konflikt emotional so abgeschwächt werden kann, dass eine für die Betroffenen befriedigende Neuordnung des familiären Systems möglich wird. Hierfür wird das emotionale Spannungsfeld aktiv genutzt, um in strukturierten Bearbeitungsschritten das seit Jahren dysfunktionale Familiensystem vom schuldgebenden Gegeneinander in eigenverantwortetes Miteinander zu verwandeln.

II. *Die Cooperative Praxis*

Was liegt näher, als diese beiden friedenbringenden Neuerungen auf alle anderen Bereiche des (Familien)Rechtes auszudehnen? Das Naheliegende wird bereits praktiziert: in Form der sog. Cooperativen Praxis (im Englischen bezeichnet als Collaborative Practice), die sich von Amerika aus gerade im Bundesgebiet und in Europa ausbreitet und deren Wesen und Notwendigkeiten nachfolgend in einem Abriss verdeutlicht werden.

1. *Definition*

Die Cooperative Praxis ist ein Verfahren, in dem die Konfliktpartner bewusst auf die Anrufung des Gerichts verzichten, zugunsten einer autonomen eigenen Lösung. Der gemeinsame Verzicht auf gerichtliche Hilfe beruht auf dem Wunsch nach einer von Dritten unabhängigen Lösung und auf einem Ernstnehmen der eigenen Sicht, der Sicht des anderen und der tatsächlichen Situation, so, wie sie eben ist. Die Parteien werden bei der Konfliktbearbeitung von einem Netzwerk aus Anwälten, Coaches und Experten in rechtlicher, persönlicher, emotionaler und in wirtschaftlicher Hinsicht unterstützt. Wer und in welcher Phase am Verfahren mitwirkt, richtet sich nach den Bedürfnissen und Wünschen der Konfliktpartner.

2. *Ziel*

Das Verfahren gibt den Konfliktpartnern einen sicheren Halt und geschützten Raum,

- damit sie ihre Interessen, Bedürfnisse, Wünsche und Gefühle wahrnehmen und ausdrücken können und sich hierin von der anderen Seite gewürdigt fühlen können,
- damit sie ihre Fähigkeiten zu kreativen Lösungen frei entfalten können,
- damit sich ein Klima entwickeln kann, das Verhandlungen auf dem Boden von Integrität, gegenseitigem Respekt, Kooperationswillen und Vertrauen ermöglicht

um in Kenntnis der tatsächlichen Rechtslage und im Rahmen der gegebenen Situation ein für beide Seiten ausgewogenes und faires Ergebnis zu erzielen.

3. *Voraussetzungen*

Das Verfahren beruht auf folgenden Voraussetzungen:

(1) freiwillige, unaufgeforderte Offenlegung aller entscheidungserheblichen Informationen.

(2) Kooperations- und Konsensbereitschaft zur Erzielung einvernehmlicher Lösungen. Jede Partei soll, ggfls. mit Unterstützung ihrer professionellen Begleiter, mit wachsendem Verständnis für ihre eigenen Interessen für sich selbst einstehen und zugleich die Interessen der anderen Partei nachvollziehen können.

(3) Die am Verfahren Beteiligten sind zur Verschwiegenheit verpflichtet. Sie dürfen in einem etwaig nachfolgenden gerichtlichen Verfahren nicht als Zeugen benannt werden. Die beauftragten Anwälte haben ein ausschließlich außergerichtliches Mandat. Dieses endet, wenn eine einvernehmliche Lösung scheitert. Sie stehen für ein anschließendes gerichtliches Verfahren nicht zur Verfügung. Ebenso wenig dürfen Informationen aus dem CP-Verfahren vor Gericht verwandt werden. Dies gilt insbesondere für alle persönlichen Belange und die Belange der Kinder.

(4) Während des laufenden CP-Prozesses werden keine gerichtlichen Verfahren eingeleitet. Es werden keine Veränderung des wirtschaftlichen Status Quo ohne Zustimmung des Anderen vorgenommen.

(5) Das Verfahren ist freiwillig. Es kann von jedem Konfliktpartner jederzeit einseitig beendet werden. Ebenso können die beauftragten Professionellen ihr Mandat jederzeit beenden, wenn sie der Auffassung sind, dass wesentliche Prinzipien des Verfahrens missachtet werden oder wenn deutlich wird, dass eine einvernehmliche Lösung nicht erzielbar ist.

4. *Historie*

Das Modell hat sich zu Beginn der 1990er Jahre in den USA auf Initiative des Familienanwaltes und Mediators Stue Webb entwickelt und zunächst in den USA und dann in Kanada verbreitet. Unabhängig hierzu gab es parallele Bewegungen einiger Psychologen und Sozialarbeiter in Californien hin zu einem Modell innerdisziplinärer Zusammenarbeit mit einem »divorce coach«. Ein Quantensprung fand in der Verbreitung des Kooperationsmodells statt, als sich einige, nicht kontradiktorisch mandatierte Anwälten zu einer Kooperation zusammen schlossen. Aus Collaborative Law (Netzwerk aus Anwälten) entstand Collaborative Practice (Netzwerk aus Anwälten und Psychosozialen). Inzwischen gibt es gerade in den USA eine Vielzahl unterschiedlicher Formen der Kooperation. Je nach länderspezifischen Gepflogenheiten arbeiten jeweils nur Anwälte oder auch Anwälte und Coaches und sonstige Experten zusammen.

Über die angelsächsischen Länder verbreitet sich die neue Arbeitsweise zwischenzeitlich weltweit, seit Anfang 2008 auch in Deutschland. Hier wurden die ersten Ausbildungen in Cooperativer Praxis von den Rechtsanwälten und Mediatoren Drs. Mähler in München (Eidos-Projekt) organisiert, wobei eine Mediationsausbildung vorausgesetzt wurde, wegen des für die Collaborative Practice notwendigen Paradigmenwechsel vom kontradiktorischen zum lösungsorientierten Verhandeln. Inzwischen gibt es rund 90 ausgebildete Professionelle, davon im Münchner Raum allein 60, was sicherlich Folge der langjährigen interdisziplinären Konfliktkultur Münchens ist. Wegen dieser langen Tradition interdisziplinärer Zusammenarbeit bei Trennung und Scheidung hat sich das Münchner Netzwerk für Cooperative Praxis (MNVCP) auch entschlossen, den 3. Europäischen Kongress für Cooperative Praxis im Juni 2010 in München abzuhalten, nach den Vorgängerkongressen in Wien/Österreich und Cork/Irland.

Ursprünglich auf die Bedürfnisse des innerfamiliären Konfliktes abgestimmt, wird die Cooperative Praxis inzwischen auch mit großem Erfolg im Wirtschaftsrecht angewandt. Auch hier gilt es langjährige, für die eigene Existenz wesentliche Beziehungen, durch lösungsorientierte Transformation vorhandener Konflikte zu erhalten.

5. *Modelle*

In der Praxis haben sich drei verschiedene Kooperationsmodelle entwickelt sowie diverse Hybridverfahren. Alle Formen orientieren sich an den Bedürfnissen der Konfliktparteien.

(1) *Collaborative Law*

Hier arbeiten zwei Anwälte in kooperativer Form zusammen und bedienen sich interdisziplinärer Zusammenarbeit nur in der Form, dass sie die Parteien einzeln und ohne Koordination an andere Professionen wie z.B. Therapeuten, Kinderpsychologen, Steuerberater verweisen. Es gibt keine echte vernetzte interdisziplinäre Kooperation. Das Modell verzichtet damit auf die Vorteile eines interdisziplinären Teamprozesses.
Die Verbreitung dieser Kooperationsform stagniert derzeit, so dass die kritische Masse, die notwendig ist, um erfolgreich regelmäßig zusammen arbeiten zu können, bisher nicht erreicht worden ist. Grund dafür ist vermutlich auch, dass sich der notwendige Paradigmenwechsel in dieser Konfliktbearbeitungsform nur teilweise – beschränkt auf die rationale Seite des Konfliktes – vollzogen hat. Scheidung wird in dieser Kooperationsform immer noch als rein juristisches Problem gesehen. Die Konfliktbearbeitung bleibt eindimensional. Dennoch darf auch hier die befriedende Wirkung nicht unterschätzt werden, die schon allein dadurch eintritt, dass Anwälte nicht kontradiktorisch, sondern kooperativ zusammen arbeiten und den Fokus auf eine außergerichtliche, interessenbasierte Einigung legen.

(2) *Collaborative Practice: Das Team-Modell*

Hier wird die interdisziplinäre Kooperation in Reinform betrieben. Jede Konfliktpartei hat eine eigene parteiliche anwaltliche Vertretung und einen Coach an seiner Seite. Ebenso wird ein neutraler Kinderexperte herangezogen, sobald kinderbezogene Probleme auftauchen. Das Team arbeitet langfristig zusammen, um dem bei einer Trennung dysfunktional gewordenen Familiensystemen ein funktionierendes »gesundes« Team gegenüber stellen zu können. Alle Konfliktparteien schließen untereinander einen Vertrag, in dem sie sich verpflichten, gemeinsam eine Lösung zu erarbeiten, die den Konflikt der Parteien unter Einbeziehung der Interessen aller beilegt. Gerade für die anwaltlichen Vertretungen ist dies eine nicht zu unterschätzende Neuerung: ein echter Arbeitskontrakt mit der Gegenseite! Für die Coaches liegt die wesentliche Neuerung darin, dass sie einerseits prozesshaft die Kommunikationsfähigkeiten der Parteien verbessern, gleichzeitig tragfähige Zukunftsmodelle mit der eigenen Partei entwickeln und in Kombination dieser beiden Maßnahmen eine Transformation des familiären Systems ermöglichen.

(3) *Collaborative Practice: Das Lego-Modell (nach Nancy Cameron)*

Bei diesem Modell wird ausgehend von den Bedürfnissen der Mandanten ein Team zusammen gestellt, dass sich mindestens aus zwei parteilichen Anwälten und einem neutralen Coach zusammensetzt, aber genauso gut auch aus zwei parteilichen Anwälten, zwei Coaches und weiteren neutralen Experten für die Kinder oder die Finanzen bestehen kann. Wirklich evolutionär ist dabei die Grundidee, dass ein parteilicher Anwalt, der immer und zuerst den Interessen seines Mandanten dient, zugleich auch Teil eines interprofessionellen Teams ist und aus dieser Mitgliedschaft im Konfliktlösungsteam neue Anforderungen entstehen, die eine Sicht auf das Streitsystem als Ganzes verlangt und damit auch eine Wahrnehmung für die Interessen und Wünsche der anderen beteiligten Konfliktpartner, wie z.B. der Kinder oder des anderen Ehegatten. Der parteiliche Anwalt ist also gehalten, bei jederzeitiger und 100 prozentiger Interessenvertretung des eigenen Mandanten, immer auch das Gesamtsystem im Auge zu behalten. Nur so ist eine umfassende, ganzheitliche Befriedung möglich. Dass die Anforderungen damit weit über die parteiliche Konfliktberatung hinaus geht, ergibt sich von selbst.
Dabei bildet sich das Team aus Mitgliedern eines langfristig zusammenarbeitenden Netzwerks, das sich regelmäßig zu Übungsgruppen und weiterbildenden Fachtreffen sieht und in der Zusammenarbeit bereits erprobt ist. Dies ist unabdingbar für eine reibungslose Choreographie des ganzheitlichen Konfliktbearbeitungsprozesses. Dieses Modell entspricht in seiner Mandantenzentrierung und der Ausrichtung am Bedürfnis der Mandanten am ehesten dem Selbstverständnis unserer deutschen Rechtskultur.
Der zum Teil geäußerten Kritik an der Komplexität des Systems darf erwidert werden, dass auch im gerichtlichen Verfahren die Familien einer Vielzahl von Professionen gegenüber stehen und dies in kontradiktorischem Umfeld: Anwälte, Richter, Sachverständige, Jugendamt, Beratungsstellen, Verfahrenspfleger, Umgangspfleger; zum Teil auch noch in verschiedenen gerichtlichen und außergerichtlichen Bereichen und über zwei Instanzen hinweg. Im Gegensatz zur Cooperativen Praxis verstehen sich all diese Professionen und Professionellen im Gerichtsverfahren nicht als Teil eines untereinander der Konfliktlösung verpflichteten Teams. Jeder agiert – legitimer Weise – nur in seinem Aufgabenbereich und mit seiner auf ihn selbst gerichteten Zielsetzung. Das Ziel einer gemeinsamen Lösung gibt es nicht. Darüber hinaus ist der gerichtliche Prozess von gegenseitiger Rivalität und großem Misstrauen der jeweiligen Professionen unter einander geprägt. Dies gilt für die Juristen untereinander ebenso, wie im Verhältnis der Juristen zu den Psychosozialen.

(4) *Hybridverfahren*

Aus der Praxis heraus haben sich diverse Hybridverfahren entwickelt. So kann in einer Mediation aus dem beratenden Anwalt ein Cooperativer Anwalt werden. Der Mediator seinerseits wird zum »Facilitator« des Verfahrens, bei dem alle Fäden zusammen laufen und der das Verfahren insgesamt koordiniert, aber auch einzelne Teammeetings leitet.
Ebenso kann in der Mediation ein Coach zur Klärung der persönlichen psychologischen Themen der Klienten einbezogen werden. Gleiches gilt für Kinderexperten. Anders als bisher, verstehen sich die Beteiligen aber als festes Team und arbeiten koordiniert und transparent zusammen. Ein Austausch erfolgt nicht mehr nur ausschließlich über den Klienten, sondern auch über den Prozessverlauf an sich.
Was in einem gewissen Maße schon bisher auf Seiten gut kooperierender Anwälte untereinander erfolgt ist, – meistens heimlich – wird zu einem sichtbaren und bewusst und gezielt eingesetzten einigungsfördernden Instrumentarium.

III. *Ausblick und Zusammenfassung*

Die Cooperative Praxis ist die logische Weiterentwicklung des Cochemer Modells auf außergerichtlicher Ebene. Die Art und Weise der Zusammenarbeit, die sich in Cochem bereits im streitigen Gerichtsverfahren bewährt hat, wird für den außergerichtlichen Bereich auch auf andere Konfliktfelder als die elterliche Sorge und den Umgang ausgedehnt. Sämtliche zu regelnden Folgesachen können auf diesem Wege ressourcenorientiert geklärt werden.
Sobald sich ausreichend große Netzwerke gebildet haben, wird sich die Cooperative Praxis in Deutschland und Europa rasch weiter verbreiten. Gerade durch den parteilichen Anwalt als Vertretung im Konfliktlösungsverfahren eignet sich die Methode auch für all diejenigen, die von einer Mediation Abstand genommen haben, weil sie einen ständigen Fürsprecher an ihrer Seite wünschten und nicht nur einen gelegentlichen beratenden Außenanwalt. Gerade die Einbindung von Coaches ermöglicht die Transformation der emotionalen Seite des Konfliktes, zu der die Anwälte nicht ausgebildet sind und die so oft zu streitigen Gerichtsverfahren führt, mit den bekannten Folgen, dass dort der Konflikt nicht gelöst, sondern weiter angeheizt und verlängert wird.
Identisch ist im Cochemer Modell und in der Cooperativen Praxis die Herangehensweise, mit den unterschiedlichen Ebenen des Konfliktes zu arbeiten, also die rechtliche und die emotionale Seite sichtbar werden zu lassen und durch die Vereinigung beider Aspekte eine ganzheitliche und nachhaltige

Lösung zu erarbeiten, die auch den inneren Konflikt befriedet. Durch die interdisziplinäre Zusammenarbeit in festen Arbeitskreisen wächst bei den einzelnen Berufsgruppen ein fächerübergreifender Erfahrungsschatz, der sich friedensstiftend auf das lösungssuchende System der Familie auswirkt. Schließlich zeichnen sich beide Verfahrensweisen dadurch aus, dass sie an die Selbstheilungskräfte der Familie glauben und ihre Aufgabe nicht darin sehen, wohlgemeinte vorgefertigte Lösungen zu diktieren. Die Aufgabe der professionell beteiligten Berufe beschränkt sich vielmehr sowohl im Cochemer Modell, als auch in der Cooperativen Praxis darauf, die Familie professionell im Konflikt zu begleiten und Hilfe zur Selbsthilfe zu geben. Beiden Modellen liegt die Erkenntnis zugrunde, dass der Konflikt nur dort gelöst werden kann, wo er entstanden ist: in der Familie selbst.

Bernhard Theisen[1]

Neue Anforderungen an die Behandlung von Sorge- und Umgangsverfahren

Von Trennung und Scheidung ihrer Eltern waren in der Bundesrepublik Deutschland in der Zeit von 2000 bis einschließlich 2005 insgesamt 957.308 Kinder betroffen.[2] Das sind im Jahresdurchschnitt knapp 160.000 Kinder, von denen ein großer Prozentsatz – meines Wissens statistisch nicht erfasst – jeglichen Kontakt zu dem nicht betreuenden Elternteil verloren hat. Dieser Verlust ist nicht versehentlich eingetreten, sondern beruht – wie jeder Praktiker weiß – in der ganz überwiegenden Vielzahl der Fälle auf der bewussten Entscheidung des betreuenden Elternteils, den Umgang des/der Kinder mit dem anderen Elternteil zu verhindern/boykottieren. Diese Haltung, unabhängig davon, ob sie auf individuellem Verschulden oder individueller Unfähigkeit zur Ausübung der elterlichen Sorge beruht, könnte den Kontaktabbruch zwischen Kindern und nicht betreuendem Elternteil nicht in die Tat umsetzen, wenn die am Trennungs- und Scheidungsprozess beteiligten Professionen derartige Boykottmaßnahmen nicht nur duldeten, sondern geradezu unterstützen und überhaupt erst ermöglichen. Das sind in erster Linie die zur Entscheidung berufenen Familienrichter und deren Unterstützung dienenden Mitarbeiter der sozialen Dienste der Jugendämter. Seinen entscheidenden Grund hat dies in der Tatsache, dass weder die einen, noch die anderen eine wirklich fundierte Vorstellung davon haben, was unter dem Begriff des »Kindeswohls« zu verstehen ist und auf welche Art und Weise dieses Kindeswohl am wirkungsvollsten umgesetzt und realisiert werden kann. Nachdem alle Rechtsstreitigkeiten um die Sorge für und den Umgang mit dem Kind sich ausschließlich an diesem einzigen Tatbestandsmerkmal des Kindeswohles zu orientieren haben, ist dieser Befund für eine Gesellschaft, die auf dem Recht gründet, vor allem für die Zunft, die dem Recht Geltung verschaffen soll, geradezu skandalös.

Es ist völlig unbestritten und im Rechtsstaat nicht anders vorstellbar, dass Streitigkeiten zwischen Bürgern – und dazu zählen auch die Streitigkeiten zwischen Erwachsenen um ihre Kinder – letztlich von den zur Streitentscheidung berufenen Gerichten zu entscheiden sind. Insoweit sind diese Rechtsstreite, die

1 Der Autor ist Rechtsanwalt und Fachanwalt für Familienrecht in der Kanzlei Theisen, Linden & Partner, Cochem.

2 Quelle: Statistisches Bundesamt, Wiesbaden, 2006.

nach der künftigen gesetzlichen Terminologie ebenfalls als »Kindschaftssachen« (§ 151 FamFG) zu bezeichnen sind, ganz normale Zivilprozesse. Leider hat sich bei den am Zivilprozess beteiligten Professionen, den Rechtsanwälten und Familienrichtern, die Überzeugung verfestigt, für die Durchführung auch der Kindschaftssachen bestens ausgebildet und vorbereitet zu sein und die Verfahren schon seit je her sachgerecht zu erledigen. Völlig unterentwickelt und teilweise nicht vorhanden ist bei den juristischen Professionen das Bewusstsein, mit der heute üblichen Verfahrensweise mehr zu schaden, als zu nützen. Immerhin wird zunehmend deutlich, dass gerade in Kindschaftssachen die Judikative ihre eigentliche Aufgabe, nämlich die Herstellung des Rechtsfriedens, verfehlt, ja im Ergebnis sogar streitfördernd wirkt. Das wissen alle in der Praxis Tätigen, die besonders in den hoch konflikthaften Fällen Verfahren beobachten, die stets durch die Instanzen geführt werden, sich durch ausgesprochene Feindseligkeit auszeichnen und vor allem ständig Wiederholer produzieren, also neue Prozesse, sobald der eine oder andere beendet, vor allem verloren wurde. Nachfolgend soll untersucht werden,

- welche Besonderheiten den Kindschaftsprozess prägen,
- welchen Erfordernissen und Zielen der Kindschaftsprozess gerecht werden müsste und
- wie dies durch ein geändertes Verfahren zu erreichen ist.

I. *Besonderheiten der hier in Rede stehenden Kindschaftssachen, insbesondere Sorgerechts- und Umgangsrechtsstreitigkeiten:*

1.

In der Regel sind die Entscheidungen, die zwischen den Eltern um ihre Kinder in Sorge- und Umgangsrechtsfragen ausgetragen werden, der materiellen Rechtskraft nicht zugänglich und können daher täglich zum Gegenstand neuer Verfahren gemacht werden. In den Konfliktkonstellationen, in denen Kinder einen Elternteil verlieren oder Eltern ihre Kinder verlieren, handelt es sich außerdem um Sachverhalte, die sich allein durch den Zeitablauf ständig verändern und daher in unablässiger Folge zum Gegenstand von Gerichtsverfahren gemacht werden können. Davon wird reichlich Gebrauch gemacht.

2.

Anders als in sonstigen Zivilprozessen gibt es in Rechtsstreitigkeiten über die elterliche Sorge oder das Umgangsrecht zu keinem Zeitpunkt einen feststehenden Sachverhalt, auf den das Gericht lediglich das Recht anzuwenden hat. Vielmehr ändert sich der zu Grunde liegende Sachverhalt ständig, was seinen

Grund in dem Umstand hat, dass letztlich Gegenstand der gerichtlichen Entscheidung die Beziehungen zwischen mindestens drei Personen sind. Diese Beziehungen – Vater – Mutter – Kind – verändern sich indessen im Laufe des »Prozesses«, mit der Folge, dass mit einem hohen Maß an Wahrscheinlichkeit die zu erlassende gerichtliche Entscheidung, die auf der Schilderung eines zurückliegenden Lebenssachverhaltes beruht, mit der Lebenswirklichkeit nicht mehr übereinstimmt und daher schon aus diesem Grunde jedenfalls von dem durch die Entscheidung negativ Betroffenen als verfehlt betrachtet wird.

3.

Anders als in den meisten Zivilprozessen kommt dem Faktor Zeit keine deeskalierende, sondern eine massiv eskalationsfördernde Wirkung zu. In Kindschaftsprozessen ist der Faktor Zeit sogar geeignet, die Ausgangslage grundlegend zu verändern, sie bis in ihr Gegenteil zu verkehren und Rechtspositionen vollständig auszuhöhlen.[3] Das ist der tiefere Grund dafür, weshalb Ehepartner immer wieder versuchen, Fakten zu Lasten des anderen Partners zu schaffen und dann die Zeit für sich arbeiten zu lassen, mit dem Ergebnis, dass sie dafür durch die Gerichte mit der Festschreibung des im Verfahren erreichten status quo belohnt werden.

4.

Anders als in den meisten sonstigen Zivilprozessen wird von der gerichtlichen Entscheidung des Streites zwischen zwei Prozessparteien stets und ausnahmslos ein dritter Rechtsgutträger, das Kind, betroffen und zwar ebenfalls ausnahmslos in Rechtspositionen von Grundrechtsqualität, was nämlich seine Beziehung zu jedem der miteinander streitenden Elternteile angeht (Art. 6 GG). In zahllosen Entscheidungen musste das Bundesverfassungsgericht insbesondere die Obergerichte an diesen stets gegebenen Drittbezug erinnern und an die Notwendigkeit, diese Grundrechtsbetroffenheit der Kinder nicht nur materiell-rechtlich zu beachten, sondern auch durch eine dem Grundrechtsrang angemessene Verfahrensgestaltung eine effektive Wahrnehmung dieser Rechte zu gewährleisten.[4]
Umso unverständlicher ist es, wenn quer durch die gesamte Bundesrepublik und alle Instanzen bei Umgangsboykottmaßnahmen eines Elternteiles in außergewöhnlich großer Zahl immer wieder der Umgang ausgeschlossen wird, weil dem betreuenden Elternteil angeblich die Begegnungen mit dem anderen Elternteil – dem früheren Partner – nicht mehr zumutbar seien.

3 BVerfG, FamRZ 1997, S. 871 ff.
4 BVerfG, EuGRZ 1998, 612, 617.

5.

Anders als fast alle anderen Zivilprozesse entscheidet sich jeder Kindschaftsprozess, der um Sorge- und Umgangsrecht geführt wird, an einem einzigen Tatbestandsmerkmal, nämlich dem »Kindeswohl«. Mit Rücksicht auf die Tatsache, dass die Beziehung zwischen Eltern und Kindern – sowohl aus der Sicht der Eltern wie auch und gerade aus der Sicht der Kinder – von existenzieller Bedeutung ist und auch so empfunden wird, für Kinder sogar die Grundlage für eine gelingende Persönlichkeitsentwicklung darstellt, sollte in einem Rechtsstaat erwartet werden können, dass diejenigen, die zur Entscheidung der Frage berufen sind, was denn nun im konkreten Streitfall dem Kindeswohl entspricht, davon irgendeine halbwegs fundierte Vorstellung haben. In der gesamten Juristenausbildung kommt jedoch eine inhaltliche Wissensvermittlung zum Thema Kindeswohl überhaupt nicht vor. Aus diesem Grunde kann kein in der Bundesrepublik Deutschland tätiger Familienrichter auf Grund einer institutionalisierten Ausbildung begründete Ausführungen zu der Frage machen, was unter Berücksichtigung der tatsächlichen Bedürfnisse der betroffenen Kinder – nicht zu verwechseln mit den geäußerten Bedürfnissen oder dem angeblichen Kindeswillen – im konkreten Fall tatsächlich zu erfolgen hat, was also konkret dem Kindeswohl entspricht. Damit gerät der Verlauf und das Ergebnis eines derartigen Kindschaftsprozesses zum Zufallsprodukt, was mit Rechtsstaatlichkeit nichts mehr zu tun hat. Die Begründungen von Entscheidungen haben häufig die Qualität von »Meinungen«, die in der jeweiligen Lebenserfahrung des Familienrichters wurzeln oder dem, was der Familienrichter und der Rechtsanwalt der jeweils obsiegenden Partei »mit dem gesunden Menschenverstand« begründen können. Das indessen kann meilenweit von den wirklichen Bedürfnissen der Kinder entfernt sein. Insbesondere gilt dies für das in zahllosen Entscheidungen zur Begründung des Ausschlusses eines Elternteils vom Umgang mit dem Kind verwendete »Totschlagargument«, es müsse im Interesse des Kindes »einmal Ruhe einkehren«. Wer nie davon gehört hat, welche Bedeutung die Entwicklung sicherer Bindungen von Kindern an Erwachsene hat, wer nichts davon weiß, welche verheerenden, zum Teil lebenslangen Folgen die Störung dieser Bindungen durch Kontaktabbruch haben kann, wer nichts davon weiß, wann diese Bindungen ausgeprägt werden, welche Gefährdungen für Kinder aus unsicheren oder ängstlich-vermeidenden Bindungen vor allem an ihrerseits bindungsgestörte Eltern erwachsen, der bleibt zurückgeworfen auf seinen »gesunden Menschenverstand« und läuft gerade deshalb größte Gefahr, insbesondere die ihm in Entstehung und Bedeutung fremden und verschlüsselten Botschaften der Kinder fehlzudeuten und alles falsch zu machen, was nur falsch zu machen ist. Das geschieht jährlich tausendfach durch – freilich gut gemeinte –

Entscheidungen von Familienrichtern, leider mit gravierenden negativen Folgen für den Rest des Lebens der betroffenen Kinder.

6.

Während in sonstigen Zivilprozessen eine der streitenden Parteien von Anfang an im Recht und die andere im Unrecht ist und das Gericht nach Klärung des Sachverhaltes lediglich feststellt, wer von den Streitparteien schon anfänglich im Recht war, sind die im Kindschaftsprozess streitenden Eltern im Bezug auf den Streitgegenstand – das Kind – ursprünglich gleichberechtigt. Der Streit der Eltern wird gerade darum geführt, dem anderen Elternteil sein Elternrecht ganz oder teilweise zu nehmen, seine Entscheidungskompetenz und Verantwortlichkeit durch einen Dritten, nämlich den Familienrichter, der die Kinder weder kennt, noch eine Beziehung zu ihnen hat, zu ersetzen. Ziel des Kindschaftsprozesses ist es daher, die ursprüngliche Rechtslage zu verändern und damit gleichzeitig auch die tatsächlichen Lebensumstände, was von dem unterliegenden Teil regelmäßig als Entmündigung und Entwertung empfunden wird und die ohnehin extremen Verlustängste weiter steigert, je streitiger, umso mehr.

7.

Damit verfehlen die instanzabschließenden Entscheidungen der Gerichte in Kindschaftssachen in aller Regel das Ziel, Rechtsfrieden zu schaffen, weil der zu Grunde liegende Konflikt nicht gelöst ist und – das gerichtliche Verfahren ist zu Ende – auch nicht bearbeitet wird. Die gewollte friedensstiftende Funktion des Richterspruches verkehrt sich in sein Gegenteil, indem

- der unterlegenen Partei zu der bereits von dem Partner erlittenen Verletzung eine hochoffizielle, staatliche Verletzung in Form einer Prozessniederlage hinzugefügt wird,
- der eine Partner zum Sieger, der andere zum Verlierer erklärt wird.

Die zur Rechtfertigung dieser Vorgehensweise herangezogene Begründung, der Staat habe einen Rechtsgewährungsanspruch zu erfüllen und eine richterliche Entscheidung des Streitstoffs in angemessener Zeit zu gewährleisten, ignoriert die Tatsache, dass Aufgabe der Judikative auch die Konfliktlösung ist.[5] Sie ignoriert auch die Tatsache, dass in Rechtsstreitigkeiten, welche Beziehungskonflikte zum Gegenstand haben, Rechtsfriede nur durch Beziehungsfrieden zu erreichen ist. Sie ignoriert insbesondere,

- dass Beziehungsfriede eine Konfliktbearbeitung voraussetzt,

5 Zöller-Vollkommer, ZPO, 27. Aufl., Einl. Rn. 39 m.w.N.

- dass Konfliktbearbeitung ein Prozess ist,
- dieser Prozess seinerseits
  - Zeit,
  - professionelle Begleitung,
  - Kreativität und
  - Geduld der nur professionell und nicht persönlich Beteiligten benötigt und
  - klare und für beide Seiten sinnhafte Ziele und Rahmenbedingungen voraussetzt.

Klare und sinnhafte Ziele beantworten für die Streitparteien die Fragen:
- Was braucht ihr Kind jetzt?
- Was muss ab sofort vermieden werden?
- Wie wird dies mit welcher oder wessen Hilfe umgesetzt?

II. *Ziele des Kindschaftsprozesses:*

Klare und sinnhafte Ziele gibt das Gesetz vor, und zwar nicht auf Grund gesetzgeberischer Willkür, sondern auf der Grundlage entwicklungspsychologischer Erkenntnisse:
Auf dieser Grundlage hat die letzte Kindschaftsrechtsreform erstmals einen eigenständigen Anspruch des Kindes auf Umgang mit dem nichtbetreuenden Elternteil eingeführt, § 1684 BGB. Außerdem hat der Gesetzgeber die wissenschaftliche Erkenntnis, »zum Wohl des Kindes gehört in der Regel der Umgang mit beiden Elternteilen«, exakt so gesetzlich festgehalten, § 1626 Abs. 1 Satz 1 BGB, was bezeichnenderweise von den Rechtsanwendern nur als Hinweis verstanden wird, angeblich »umgangsunwillige Eltern zur Erfüllung ihrer elterlichen Aufgaben anzuhalten«.[6] Tatsächlich ist die Bedeutung dieses kindlichen Bedürfnisses weder bei den Familienrichtern, noch bei den Mitarbeitern der Jugendämter, häufig auch nicht bei Sachverständigen wirklich verinnerlicht, vor allem dann nicht, wenn es in den hochstreitigen Fällen gerade auf die Durchsetzung dieser Erkenntnis ankäme. Der Gesetzgeber hat die Ignoranz der Rechtsanwender anscheinend geahnt und deshalb in § 1697a BGB abschließend noch einmal die Gerichte verpflichtet, in den hier in Rede stehenden Angelegenheiten jeweils *»diejenige Entscheidung«* zu treffen, *»die unter Berücksichtigung der tatsächlichen Gegebenheiten und Möglichkeiten sowie der berechtigten Interessen der Beteiligten dem Wohl des Kindes am besten entspricht.«*

6 Palandt-Diederichsen, BGB, 68. Auflage, § 1626, Rn. 23.

Was Kinder tatsächlich benötigen und was daher die gerichtlichen Verfahren gewährleisten müssen, ist evident:

- Kinder benötigen die Aufrechterhaltung ihrer Beziehung auch zu dem nicht betreuenden Elternteil.
- Das setzt voraus, dass diese Beziehung und die ihr zu Grunde liegende viel wichtigere Bindung nicht gestört oder unterbrochen werden darf,
- dass die Entscheidungen für die Kinder von ihren Eltern getroffen werden und nicht von Dritten, z.B. Familienrichtern,
- was voraussetzt, dass diese Eltern miteinander kommunizieren, weil sonst keine gemeinsame Entscheidung zu erwarten ist,
- dass diese Eltern zur Kommunikation im Gerichtsverfahren veranlaßt werden (was problemlos möglich ist, da beide etwas erreichen wollen).

Diese Ziele stehen im Einklang mit den Gesetzeszwecken, die mit der Kindschaftsrechtsreform durch den Gesetzgeber verfolgt worden sind. Das sind – neben anderen – vor allem:

- Die Erhaltung beider Elternteile für die von Trennung und Scheidung ihrer Eltern betroffenen Kinder, umgesetzt in dem Anspruch des Kindes auf Umgang mit den Eltern, § 1684 BGB,
- die Stärkung der Elternautonomie und
- die Zurückhaltung des Staates bei Eingriffen in das von Trennung und Scheidung betroffene Beziehungssystem Vater – Mutter – Kind.

Werden diese Ziele akzeptiert – Rechtsanwälte und Familienrichter sind bekanntlich als Organ der Rechtspflege an die gesetzlichen Ziele gebunden – folgt daraus notwendig,

- dass Umgangsverhinderungsmaßnahmen sofort und nicht erst nach Monaten zu unterbinden sind, gegebenenfalls durch einen schnellen Wechsel des Aufenthaltes der Kinder zum anderen – bindungstoleranten – Elternteil,
- die Umgänge nach Häufigkeit und Dauer so ausgeprägt sein müssen, dass die Beziehung unter den Bedingungen der Trennung auch gelebt werden kann,
- dass die herabsetzende Thematisierung von individuellen Fehlleistungen der Eltern als entscheidungsunerheblich zu unterbleiben hat,
- dass kein Elternteil prinzipiell als Erziehungs- oder Umgangsberechtigter ausscheidet, allenfalls an ihn Anforderungen zur Verhaltensänderung im Interesse des Kindes zu stellen sind,
- Fremdentscheidungen, vor allem gerichtliche Entscheidungen, welche die Instanz abschließen, so lange zu unterbleiben haben, als eine gemeinsame Elternentscheidung noch möglich ist (ultima ratio),
- den Eltern die Zeit und die fachliche Beratung zu gewähren ist, die benötigt wird, um zu einer gemeinsamen Entscheidung zu gelangen.

III.

Die Umsetzung dieser Ziele kann nur gelingen durch das Zusammenwirken aller am Trennungs- und Scheidungsprozess beteiligten Professionen, also der Familienrichter, Rechtsanwälte, Mitarbeiter der sozialen Dienste der Jugendämter, der Beratungsstellen und der Sachverständigen. Dabei hängt der Erfolg wesentlich davon ab, dass alle beteiligten Professionen tatsächlich die o.g. Ziele verfolgen und den Eltern vermitteln, dass das Erreichen dieser Ziele im Interesse ihrer Kinder geboten ist. In diesem Zusammenhang sind die Eltern mit Nachdruck von allen Beteiligten, auch den eigenen Interessenvertretern daran zu erinnern, dass das Recht der elterlichen Sorge eine Rechtsposition ist, *»bei der die elterliche Verantwortung und damit der Pflichtcharakter im Vordergrund steht«*, das Recht der elterlichen Sorge seine Rechtfertigung findet *»nicht in einem Machtanspruch der Eltern, sondern in dem Bedürfnis des Kindes nach Schutz und Hilfe, sich zu einer eigenverantwortlichen Persönlichkeit innerhalb der sozialen Gemeinschaft zu entwickeln«*.[7] Im Einzelnen sind folgende Verhaltensweisen erforderlich:

1.

Von den Rechtsanwälten ist eine kritische Erörterung der Verfahrensziele mit ihren Mandanten zu erwarten, wobei im Vordergrund zu stehen hat, welche Bedürfnisse die Kinder in der konkreten Situation der Eltern haben.
Der Prozessvortrag hat ausschließlich problemorientiert zu erfolgen und Ausgrenzungsstrategien zu vermeiden. Im Übrigen haben Anwälte sich zurückzuhalten, wo der Prozess der Konfliktbearbeitung des streitenden Paares beginnt, der nur möglich ist, wenn die gegenseitigen Vorwürfe, die sich mit dem Kern der Beziehungsstörung befassen, bei Vermeidung jeglichen Taktierens zugelassen werden. Die Anwälte haben bei ihren Mandanten die Einsicht zu fördern, dass ihre Kinder *gemeinsame* Entscheidungen ihrer Eltern benötigen.

2.

Familienrichter sind verpflichtet,
- alle Kindschaftssachen um Sorge- und Umgangsrecht unverzüglich, möglichst nach zwei bis drei Wochen, zu terminieren, weil es im persönlichen Bereich keine Konfliktlösung durch Zeitablauf, für die Kinder jedoch gravierende Kindeswohlgefährdungen gibt,
- den Parteien in der mündlichen Verhandlung Gelegenheit zu geben, ihre Sicht der Dinge authentisch und persönlich darzulegen,

7 Palandt-Diederichsen a.a.O. mit Hinweis auf BVerfG FamRZ 68, 578.

- den Eltern im Termin konkret die Bedürfnisse ihrer Kinder darzulegen,
- die Haltung abzulegen, es handele sich um »ihren« Prozess, den sie in einer für die Erledigungsstatistik vorteilhaft kurzen Frist zum förmlichen Abschluss bringen müssten,
- darauf zu verzichten, den Parteien Vergleichsvorschläge aufzureden, sondern diese zu ermutigen, eigene, individuelle Lösungen zu finden,
- die Vorstellung abzulegen, der Prozess müsse durch eine gerichtliche Entscheidung enden,
- ihre Autorität fast ausschließlich einzusetzen für die Sicherung und Fortsetzung des Paar-Prozesses im Sinne des Konfliktlösungsprozesses und zur sofortigen und entschlossenen Unterbindung von Kindeswohl gefährdenden Taktiken und Verhaltensweisen, insbesondere Umgangsboykottmaßnahmen, Kontakthindernissen oder Erschwernissen.

3.

Von den Mitarbeitern der Jugendämter muss erwartet werden, dass sie nicht versuchen, den Zugang zu Gericht zu verzögern oder zu behindern, weil im gerichtlichen Verfahren am effektivsten die wirklichen Bedürfnisse der Kinder den streitenden Eltern vermittelt werden können.
Außerdem muss erwartet werden, dass die Jugendämter sich ausschließlich daran beteiligen, die Eltern zu befähigen, den Gesprächskontakt zum anderen Partner wieder aufzunehmen und Lösungsvorschläge zu erarbeiten.
Dazu müssen die Jugendämter bereit sein, an allen Gerichtsverhandlungen teilzunehmen, persönlich mit den Streitparteien vor einem Termin Kontakt aufzunehmen und ihre fachliche – psychologische – Sicht im Verfahren einzubringen.

4.

Beratungsstellen müssen bereit sein,
- vom Gericht in die Beratung verwiesene Streitpaare unverzüglich zu beraten und Termine kurzfristig, spätestens nach zwei bis drei Wochen, zu vergeben,
- auch mit Paaren zu arbeiten, die nur auf gerichtliche Veranlassung und nicht aus freier Überzeugung die Beratung aufsuchen,
- grundsätzlich mit Gericht, Jugendamt und Sachverständigen zu kooperieren und zu kommunizieren, wenn auch unter Wahrung ihrer Schweigepflicht.

5.

Sachverständige haben ihre Arbeit lösungsorientiert zu erbringen, also in erster Linie darauf hinzuarbeiten, die Eltern zu befähigen, die verfahrensgegenständlichen Streitfragen selbst zu lösen, dazu schnell und persönlich Kontakt zu den Streitparteien aufzunehmen und vom Gericht bei auftretenden Hindernissen gegebenenfalls notwendige Zwischenentscheidungen zu fordern, um die Konfliktbearbeitung in Gang zu halten.

6.

Für alle Professionen gilt, dass sie bereit sein müssen, offen mit den anderen professionell Beteiligten zusammenzuarbeiten und die Hindernisse auf dem Weg zu einer wirklichen Konfliktlösung der Streitparteien rückhaltlos zu erörtern. Erforderlich ist auch eine institutionalisierte Zusammenarbeit über den Einzelfall hinaus, um sich der Gültigkeit der vereinbarten Ziele und Kindeswohlerfordernisse weiterhin zu vergewissern. Für die juristischen Berufe bedarf es dazu zunächst einer Grundausbildung zu den Fragen, die eine sachgerechte Arbeit und Bewertung des Tatbestandsmerkmales »Kindeswohl« überhaupt erst ermöglicht, nämlich zu den Fragen

- Was benötigen Kinder wann?
- Was bedeutet Bindung, was Trennung und Verlust?
- Wie wirkt der Elternkonflikt auf die Kinder, was bewirkt er?
- Wie wirkt ein Umgangsboykott auf die betroffenen Kinder; welche Symptome zeigen sie?
- Wie und wann muss solchen Entwicklungen womit entgegengewirkt werden?
- Welche Verhaltensweisen von Eltern sind typisch für Umgangsverweigerer, welche für davon Betroffene?
- Wie wirken sich Erlebnisse von Gewalt, Drogenmissbrauch, Krankheit des betreuenden Elternteils, insbesondere Verhaltensstörungen und/oder Borderline-Erkrankungen, aus?
- Was benötigen Kinder, deren Eltern davon betroffen sind?

Weil Anwälte und Richter davon bis heute keine Ahnung haben, und selbst unter den psychologischen Professionen keine Einigkeit über die Ziele und Notwendigkeiten herrscht, kann von der Gewährleistung des Kindeswohls gegenüber streitenden Eltern in Deutschland bislang keine Rede sein.

aus der Psychologie

Rainer Balloff[1]

Kindeswille, Kindeswohl, lösungsorientiertes Vorgehen in der Familiengerichtsbarkeit – welchen Stellenwert hat das Kind im Cochemer Modell?

I. *Einleitung*

Über das Cochemer Modell ist viel geschrieben, gelobt und kritisiert worden. In den Selbstdarstellungen fällt auf, dass häufig von den »Betroffenen« gesprochen wird, gemeint sind ganz offensichtlich primär und im direkten Kontakt die Eltern, mit denen ressourcenorientiert und nicht defizitorientiert gearbeitet wird, damit die Fähigkeit zur elterlichen Verantwortungsübernahme gestärkt wird.[2] Kinder sind offenbar nur indirekt Beteiligte des Verfahrensablaufs in Cochem. Dabei steht aus familienrechtspsychologischer Sicht und im familiengerichtlichen Verfahren – getreu nach dem Kindeswohlprinzip – das Kind im Mittelpunkt des Geschehens, das normalerweise einen eigenen Willen hat, aber die Folgen einer elterlichen Trennung (§ 1671 BGB) oder eines elterlichen Fehlverhaltens mit der Folge einer Kindeswohlgefährdung (§ 1666 BGB) zu bewältigen hat. Das heißt, dass die Arbeit mit dem Kind, die Anhörung (§ 159 FamFG) und Erörterung (§ 157 FamFG) beispielsweise, aber auch das Gespräch des Mitarbeiters im Jugendamt oder des Verfahrensbeistands mit dem Kind und auch die Untersuchung des Sachverständigen, also die direkte Interaktion, zentrale, gesetzlich vorgesehene Bestandteile des familiengerichtlichen Ablaufs sind.

Angesprochen ist hier das Kind als Subjekt in einem komplizierten, für das Kind meist nicht durchschaubaren Geschehen, das sehr leicht dazu führen kann, dass selbst bei einer Einigung der Eltern das Kind zum Objekt der Interessenlagen der Erwachsenen (Eltern, Jugendamt, Verfahrensbeistandschaft, Gutachten, Gericht) wird. Wünschenswert ist somit aus rechtspsychologischer Sicht, dass das Kind im Familiengerichtsverfahren nach § 159 FamFG nicht nur weiterhin angehört wird, um beispielsweise die Neigungen, Bindungen oder den Willen des Kindes für die anstehende Entscheidung in Erfahrung

1 Der Autor ist wissenschaftlicher Mitarbeiter an der Freien Universität Berlin, Fachbereich Erziehungswissenschaft und Psychologie, Arbeitsbereich Klinische Psychologie und Psychotherapie, sowie psychologischer Sachverständiger an dem Institut für Gericht und Familie (igf) Berlin.

2 Füchsle-Voigt, FPR 2004, 600.

zu bringen, sondern dass auch die Meinung, Vorstellung, die Wünsche, Hoffnungen, Ängste, Prioritäten, kurzum der Wille des Kindes herausgearbeitet wird. Die Bedeutung des kindlichen Willens wurde zwar angesichts der lebhaften, mittlerweile fast abgeflauten, Debatte um das Eltern-Entfremdungs-Syndrom (Parental-Alienation-Syndrome – PAS)[3] in Frage gestellt: Ein Kind sei angesichts seiner mangelnden Reife nicht in der Lage, über derart bedeutsame Angelegenheiten wie Beziehungspflege oder Kontaktabbruch mit einer engen Bezugsperson Entscheidungen zu treffen.
Darum geht es jedoch aus familienrechtspsychologischer Sicht nicht, sondern um die Beachtung der Subjekthaftigkeit des Kindes in einer besonders schwierigen Lebenslage, in der, trotz aller denkbaren Schwierigkeiten ein Kind sein Willen artikulieren und bekannt machen darf.

II. *Definition des Kindeswillen*

Der Wille des Kindes kann als die altersgemäß stabile und autonome Ausrichtung des Kindes auf erstrebte, persönlich bedeutsame Zielzustände verstanden werden.[4] Es geht hierbei um die vom Kind selbst definierten Interessen und nicht um ein erwachseninterpretiertes »wohl verstandenes« Interesse und ebenso wenig um einen »vernünftigen« Willen. Es ist also zunächst von einem von allen »Wohlverständnissen« unverfälschten Kindeswillen auszugehen, der erst im weiteren Verfahrensablauf eine Bewertung und Einordnung in die anderen Sorgerechts- bzw. Kindeswohlkriterien erfährt.
Meist handelt es sich bei dem kindlichen Willensbildungsprozess um einen langanhaltenden, oft sogar dauerhaften Prozess, der vielfältigen Änderungen unterworfen sein kann. Das Erreichen bedeutsamer Zielzustände beinhaltet nicht unbedingt das Erreichen nur eines einzigen Zieles (z.B. den Vater wieder besuchen *und* die Billigung der Mutter erfahren).[5]

III. *Die Heranbildung des kindlichen Willens*

Entscheidend ist bei der Kenntnisnahme und Überprüfung des Kindeswillens zunächst nach dem Woher zu fragen (die Quelle können z.B. Bedürfnisse,

3 Gardner, R. A. The Parental-Alienation-Syndrome. A guide for mental and legal professionals. Creskill/NJ, Creative Therapeutics Inc., 1992.
4 Dettenborn, Kindeswohl und Kindeswille. Psychologische und rechtliche Aspekte, 2. Auflage, München 2007, S. 65.
5 Zitelmann, Kindeswohl und Kindeswille. Im Spannungsfeld von Pädagogik und Recht, S. 228 m.w.Nw.

Motivationen, Triebe sein) und nach dem Wohin (z.B. die Zielorientierung). Dabei führt die Annahme eines Woher (welche Quellen sind identifizierbar? Bedürfnis, Trieb, Wunsch?) des kindlichen Willens zu der Erkenntnis, dass dieser sich, soweit identifizierbar, anfangs in der sog. *präintentionalen* Phase befindet, während das Wohin (welches Ziel soll erreicht werden?) bedeutet, dass sich der kindliche Wille nunmehr in der sog. *intentionalen* und damit zielgerichteten Phase bewegt, sich demnach als inneres Arbeitsmodell etabliert hat.

Präintentionale Bedürfnisse, Motivationen und Wünsche, aber auch Neid, Loyalitätskonflikte, Ängste, Geschwisterrivalität oder Anreiz sowie intentionale Ziel-Zweck-Ausprägungen spielen somit beim Entstehen der bewussten und absichtlichen Ausrichtung des kindlichen Willens eine entwicklungspsychologisch und familienrechtspsychologisch bedeutsame Rolle, wobei

- das Alter,
- die Persönlichkeitsentwicklung,
- der Entwicklungsstand und
- Konflikte des Kindes

für das Heranbilden und die Ausprägung eines kindlichen Willens entscheidend sind.

Piaget[6] betonte bereits 1962 die Fähigkeit erst 15 Monate alter Kinder, *so zu tun als ob* (z.B. sich schlafend stellen, um die Mutter zu täuschen), als Fähigkeit des Kindes, den mentalen Zustand einer anderen Person zu verstehen, um diesen gegebenenfalls zu beeinflussen oder sogar zu täuschen. Des Weiteren wohnt dieser entwicklungspsychologisch sehr frühen Fähigkeit des Kindes inne, zwischen Vorstellung und Phantasie einerseits sowie Realität andererseits und zwischen Gedanken und Dingen zu unterscheiden.

Dabei beinhaltet die Einstellung als spezifischer Typus einer mentalen Ausrichtung (z.B. Überzeugung, Bedürfnis und Absicht) und die inhaltliche Ausgestaltung der kindlichen Aussage

- ich sitze auf einem Dreirad = Überzeugung,
- ich möchte ein Fahrrad mit Stützrädern haben = Bedürfnis,
- ich will ins Kaufhaus gehen, um ein Fahrrad zu bekommen = Absicht)

nicht nur eine zweckrationale Einheit, sondern ebenso die Fähigkeit des Kindes, spätestens im Alter von drei bis vier Jahren, einen eindeutigen und klaren Willen zu formulieren, um ein bestimmtes Ziel zu erreichen oder zu vermeiden. Darüber hinaus führen permanente Ereignisse aus der Umwelt zur differenzierteren Wahrnehmung des Kindes und Heranbildung von Überzeugungen und Bedürfnissen, die ebenso durch Emotionen oder Triebe verursacht

6 Piaget, Play, Dreams and Imitation. New York 1962; Nachahmung, Spiel, Traum. Gesammelte Werke Band 5, 1989.

und gespeist werden, die dann in einen eigenen Willen und Handlungen einmünden und zu einem zielorientierten Ergebnis führen können.[7]
Insbesondere im Alter des Kindes von drei bis vier Jahren zeigen sich Kompetenzentwicklungen, die auch zunehmend differenzierte Willensbildungen ermöglichen. Hierzu gehören bereits in diesem Alter u.a. der Erwerb der Überzeugung, die Fähigkeit zwischen Realität und Überzeugung zu unterscheiden, die Fähigkeit zur Täuschung anderer, die Fähigkeit zum Bedürfnisaufschub, Selbstkontrolle und Verzicht, erste Vorstellungen über Zeitspannen, die Fähigkeit Gegensätze zu benennen und mentale Wollens- und Könnens-Ausdrücke zu benutzen.[8] Entwicklungspsychologisch unauffällige Kinder haben somit bereits im Alter von drei bis vier Jahren alle notwendigen sozialen und psychischen Kompetenzen erworben, um einen eigenen (autonomen) und festen (stabilen) Willen zu haben und bei hinreichender Sprachentwicklung auch formulieren zu können.
Vier besonders bedeutsame Kriterien sind mittlerweile in der Wissenschaft herausgearbeitet worden, die von allen Professionellen genutzt werden können, um den Willen eines Kindes hinreichend erfassen zu können.[9]
Zielorientiertheit (hat z.B. die Willensbekundung ein klar erkennbares Ziel? Äußert sich z.B. das Kind über seine Platzierung oder den Umfang und die Ausgestaltung des Umgangs? Hat das Kind Angst vor Übernachtungen? Werden unter verschiedenen Möglichkeiten einzelne favorisiert? Werden Argumente hervorgebracht, um ein bestimmtes Ziel zu erreichen?)

1. *Intensität* (beruht die Willensbekundung auf einer gefühlsmäßigen Grundlage, die einfühlbar ist, also für das Kind ein »Herzensanliegen« beinhaltet oder äußert sich das Kind z.B. »Ich-fremd«, wie »aufgezogen«? Werden Zielorientierungen eindeutig, nachdrücklich und beharrlich beibehalten?)
2. *Stabilität* (wird z.B. die Willensbekundung über einen längeren Zeitraum eindeutig vorgetragen? Oder sind die geäußerten Willensinhalte des Kindes instabil, wechselnd? Wurden sie auch in Bezug auf verschiedene Personen und in unterschiedlichen Kontexten beibehalten? Wo, wann und wie ist die »Geburtsstunde« der ersten Willensbekundung und wie stellt sich der weitere Verlauf, also die Geschichte des Willensbildungsprozesses dar?)
3. *Autonomie* (ist beispielsweise die Willensbekundung erlebnisgestützt bzw. erlebnisfundiert – entspringt sie somit einem realen Erleben oder ist sie aufgrund von Beeinflussungen zustande gekommen? Hier sollte auch eine denkbare Induktion oder »Programmierung« des Kindes beachtet

7 Astington, Wie Kinder das Denken entdecken, München 2000, S. 90, die dieses Strukturmodell für die Theorie des Denkens nutzbar machte.
8 Dettenborn, a.a.O, S. 70ff.
9 Dettenborn, a.a.O., S. 101ff.

werden. Aber auch dann gilt, dass auch der induzierte Wille ein Wille ist).[10]

Vom Kind *selbst* erworbene und definierte Vorstellungen, Meinungen, Wünsche, Einstellungen, Haltungen, Sichtweisen, Prioritäten, Favorisierungen beinhalten somit ureigene – subjektive – Interessen des Kindes und sollten im Rahmen einer kindorientierten Haltung nicht als eine Äußerung umgedeutet werden, die nur dann beachtlich ist, wenn sie im wohlverstandenen Interesse stehen oder wenn es sich um einen sog. vernünftigen Willen handelt.
Der Wille des Kindes sollte selbst in Fällen schwerer familiärer Konflikte nicht sogleich mit einem moralisch zwar akzeptablen und familienpsychologisch sowie rechtlich erwünschten und anstrebenswerten »höherwertigen Ziel« verknüpft werden (z.B. gewünschte und gewollte Rückkehr des Kindes in den Alkoholikerhaushalt der Eltern), da bei einer derartigen Verknüpfung der Wille des Kindes – beispielsweise im Kontext der üblichen Kindeswohlkriterien – zwangsläufig an Bedeutung verlieren muss. Im Übrigen lässt sich der hier vertretene Kindeswillensbegriff – die (zwangsweise) Umsetzung des Kindeswillens kann dem Kindeswohl erheblich schaden, im Gegensatz zu der Annahme, dass es kein Kindeswohl gegen den Kindeswillen gibt –, am ehesten im § 159 FamFG identifizieren, wenn also, wie bereits erwähnt, Neigungen, Bindungen oder der *Wille* des Kindes für die Entscheidung von Bedeutung sind.
Unabhängig von der weiteren Vorstellung, den Willen des Kindes in einen rationalen oder emotionalen Akt zu unterteilen, der dann entweder als Akt der Selbstbestimmung oder als Teilaspekt des Kindeswohls angesehen wird[11] oder ihn als grundsätzlich unbeachtlich anzusehen, weil er u.U. beeinflusst, manipuliert oder schlimmstenfalls induziert wurde, bleibt zu klären, ob nach dem derzeitigen Kenntnisstand kindlicher Entwicklungsprozesse dem Subjektstatus des Kindes grundsätzlich Rechnung getragen werden sollte.
Dabei wird gerade im *Verstehen* und *Begreifen* der kindlichen Vorstellungen, Meinungen, Haltungen, Wünsche und somit des Willens das in der Psychologie herausragende hermeneutische Prinzip der Sinnvermittlung und Auslegung betont, das der Rekonstruktion von Präintentionalität (im Sinne der Frage nach dem Woher?) und Intentionalität (im Sinne der Frage nach dem Wohin?) kindlicher Willensbildungsprozesse dient. Darüber hinaus begreifen die psychologischen Theorien des Subjekts den Menschen, also auch Kinder, als grundsätzlich fähig, sich Handlungsräume, Freiheitsgrade und Rahmenbedingungen aktiv-kognitiv strukturierend anzueignen und zu gestalten und sich

10 Peschel-Gutzeit, Das Recht zum Umgang mit dem eigenen Kinde, 1989; Peschel-Gutzeit, FPR 1995, 82.
11 Zitelmann, a.a.O., S. 206ff.

dementsprechend eine eigene Vorstellung und Meinung von seiner Umwelt zu machen. Ein Kind – und nicht nur der Erwachsene – ist somit ein erkenntnis- und handlungsfähiges Subjekt.
Um Missverständnissen vorzubeugen: Alle Menschen, die in unterschiedlichsten Kontexten (Herkunftsfamilie, neue Kernfamilie, Arbeitsleben, Freundschafts- und Nachbarschaftsbeziehungen, Kiez, Stadtteil, Land) leben, sind permanenten Beeinflussungen unterworfen. Sie sind deshalb nicht in der Lage, einen gänzlich kontextunabhängigen bzw. einen sog. freien Willen zu äußern. Darum geht es wie in der Philosophie oder Neurobiologie auch in einem Familiengerichtsverfahren jedoch nicht, sondern um die Festigung der Stellung des Kindes als Subjekt, das eine eigene (subjektive) Meinung haben darf, die von allen Professionellen auch zur Kenntnis genommen und beachtet werden sollte.
Zu wünschen ist demnach, dass künftig auch das Cochemer Modell mehr als bisher die aktive Rolle des Kindes als Subjekt im Gesamtgeschehen reflektiert und das Kind in die theoretische Grundlegung und aktuellen Handlungsabläufe mehr als bisher mit einbezieht, so wie es einige durchaus erfolgversprechende Versuche und Handhabungen in der Mediation bereits aufzeigen.

Katharina Behrend [1], *Uwe Jopt* [2]

Kinder sind Kinder!

– Plädoyer für ein lösungsorientiertes Vorgehen auch bei Kindeswohlgefährdung –

1. *Kindschaftsrecht im Wandel*

Recht und Gesellschaft stehen in einem dialektischen Verhältnis zueinander. Einerseits greift das Recht gesellschaftliche Veränderungen in den Wert- und Normvorstellungen der Bürger auf, zum anderen wird es auch selbst zum Vorreiter solchen Wandels, indem es Orientierungen, Leitlinien oder Regeln vorgibt, die das soziale Leben nachhaltig beeinflussen und verändern können. Eines der einflussreichsten Rechtsgebiete im Hinblick auf die Mitgestaltung öffentlichen Bewusstseins ist das Familien- und Kindschaftsrecht. Trotz seiner eher stiefmütterlichen Behandlung in der universitären Ausbildung und trotz der nicht gerade überschwänglichen Beliebtheit unter Juristen nimmt diese Teildisziplin mit ihrem Fokus auf die »Keimzelle der Gesellschaft« einen besonderen Platz innerhalb des Rechts ein. Dabei kann es auf Erfolge verweisen, wie es sie in vergleichbarer Bandbreite und gesellschaftlicher Einflusstiefe sonst nirgendwo gibt.

Dies betrifft vor allem den Bereich des Kindschaftsrechts. Hier haben drei fundamentale Weichenstellungen innerhalb eines Zeitraums von gerade drei Jahrzehnten das Verständnis von und den Umgang mit Kindern grundlegend verändert. Zum einen löste in Folge der Scheidungsrechtsreform von 1977 das Kindeswohl das bis dahin auch für die Sorgerechtsregelung handlungsleitende Schuldprinzip ab. Dies war ein erster Paradigmenwechsel – weg von der bisherigen Sicht auf das Kind als Rechtsobjekt und hin zu einer psychologischen Betrachtung, bei der jetzt seine Persönlichkeit im Mittelpunkt stand. Dies war der erste große Schritt auf dem Weg zu einem grundlegenden Verständniswandel vom Kind.

Einen weiteren psychologischen Meilenstein setzte die Entscheidung des Bundesverfassungsgerichts vom November 1982, die die Beibehaltung der elterlichen Sorge auch nach einer Scheidung ermöglichte. Das bis dahin

1 Die Autorin ist Diplompsychologin und Psychologische Sachverständige.

2 Der Autor ist Psychologischer Sachverständiger und Professor für Psychologie an der Fakultät für Psychologie und Sportwissenschaft der Universität Bielefeld (AE Entwicklung und Erziehung).

selbstverständliche »Desorganisationsmodell« – Scheidung beendet die Familie – wurde aufgegeben und fortan zumindest zugelassen, dass im Einzelfall auch beide Eltern für ihr Kind weiter Verantwortung tragen konnten. Dies war die Geburtsstunde der Nachscheidungsfamilie – eines psychologischen, nicht rechtlichen, Familienbildes aus der Perspektive des Kindes. Mit ihrem Urteil hatten die Verfassungsrichter die Erkenntnisse der sich damals rasant entwickelnden Psychologie aufgegriffen und aufgezeigt, dass das elementare Bedürfnis von Trennungskindern nicht allein auf Eigenschaften der sie betreuenden Personen gerichtet ist, sondern gleichermaßen auf deren Beziehung sowohl zu ihnen selbst wie zueinander. Damit hatte das Gericht den Weg frei gemacht für ein systemisches Verständnis vom Trennungskind im Kontext seiner Familie, bei dem das gesamte Netzwerk emotionaler Verbundenheiten zwischen allen Angehörigen im Zentrum steht.
Dieser Perspektivwechsel setzte sich mit der Kindschaftsrechtsreform von 1998 weiter fort. Nach 10 Jahren hat er inzwischen auch das Bewusstsein der Familien erreicht. Längst erscheint selbstverständlich, dass Eltern die Verantwortung für ihre Kinder dauerhaft – auch nach Trennung – gemeinsam tragen und dass es insbesondere die Beziehungen zwischen ihnen und ihren Kindern sind, die der Staat schützen muss. Diese grundlegende Neuorientierung des Rechts war ein weiterer Paradigmenwechsel, denn letztlich erfolgte damit eine endgültige Abkehr von der vormaligen Behandlung des Kindes als Rechtsobjekt wie auch vom Amtsverfahren zur Sorgerechtsregelung. Inhaltlich geht das Familien- und Kindschaftsrecht, das in Bezug auf Trennungskinder vor allem auf Beziehungserhalt ausgerichtet ist, spätestens seit 1998 davon aus, dass Kind-Eltern-Beziehungen unter besonderem staatlichen Schutz stehen und der Staat sich aufgerufen fühlt, von Entfremdung und Kontaktabbruch bedrohte Beziehungen aktiv zu schützen.

2. *Spannungsfeld zwischen Anspruch und Wirklichkeit*

Bei der Neuordnung des gesetzlichen Rahmens blieb 1998 jedoch das Verfahrensrecht im Wesentlichen außen vor. Dem Kind wurde zwar ein Verfahrenspfleger zur Seite gestellt, der seine Interessen im Gerichtsverfahren vertreten sollte, doch wurde das Prozedere der Sorge- und Umgangsrechtsverfahren ansonsten nicht verändert.
Für die psychologische Begutachtung hatte Jopt bereits einige Jahre zuvor eine grundlegend veränderte Arbeitsweise gefordert[3]. Diese lösungsorientierte Arbeit im Familienrecht ist jedoch nicht allein dem Sachverständigen

3 Jopt in J. Hahn, B. Lomberg & H. Offe (Hrsg.), Scheidung und Kindeswohl. Heidelberg 1992, S. 169-196.

vorbehalten, sondern alle Professionen am Familiengericht können sich in dieser Weise einbringen[4]. Sie betont die zentrale Bedeutung von Beziehungskontinuität für die Entwicklung von Kindern. Der lösungsorientierte Psychologische Sachverständige sieht daher als wesentliches Ziel seiner Arbeit an, streitende Eltern wieder zur Kooperation im Sinne ihrer Kinder zu befähigen, damit deren psychische Belastung und der trennungsbedingte Schaden begrenzt werden können. Dazu werden, anders als in der traditionellen Begutachtung, nicht lediglich Einzelgespräche mit den Eltern und Explorationen des Kindes geführt, das zentrale methodische Element der Begutachtung sind vielmehr die gemeinsam geführten Gespräche mit Beiden. Dabei wird ihnen grundlegendes Wissen über den psychischen Bedarf ihres Kindes vermittelt und sie werden unterstützt, gemeinsam getragene, vom Kind als spannungsarm erlebte Lösungen zu erarbeiten. Gelingt dieser Konsens, wird eine streitige Gerichtsentscheidung, die die vorhandenen Gräben und Konflikte zwischen den Eltern nur weiter vertiefen würde, entbehrlich.

Auch wenn die rechtliche Grundlage (ZPO) den Sachverständigen auf die Rolle eines Entscheidungshelfers beschränkte, äußerten bereits in der von Jopt durchgeführten Richterstudie nahezu 80 % der Befragten die Erwartung einer auch vermittelnden Tätigkeit des Sachverständigen[5]. Lösungsorientierte Aufträge wurden unter Berufung auf die richterliche Freiheit in der Praxis zunehmend erteilt.

Die nach der Kindschaftsrechtsreform von 1998 noch ausstehende Anpassung des Verfahrensrechts an das materielle Recht ließ jedoch auf sich warten. Nachdenkliche Juristen bemühten sich daher um eine Verbesserung der Situation von Familien vor Gericht, indem sie die dem Richter allein obliegenden Bereiche der Verfahrensgestaltung kreativ nutzten. Das Cochemer Modell, vom Amtsrichter Jürgen Rudolph und seinen Mitstreitern entworfen, ist das – nicht zuletzt aufgrund seiner Systematisierung –bedeutendste derartige Projekt. In diesem Modell wird die vormalige kontradiktorische Ausrichtung des Gerichtsverfahrens durch eine kooperative, kommunikative Interaktion mit allen Beteiligten ersetzt. Auf diese Weise soll der Beziehungserhalt innerhalb der Familie gesichert werden und das Risiko von Kontaktabbrüchen minimiert werden. Das Cochemer Modell hat sich als eine valide Grundlage für eine Neugestaltung des Verfahrensrechts erwiesen. Jürgen Rudolph hat im Rahmen seiner familiengerichtlichen Praxis Wege entwickelt und erprobt, die längst nicht mehr nur belächelt oder spleenigem Provinzialismus zugeschrieben werden.

Was keiner erwartet hat – das Cochemer Modell ist inzwischen geradezu zu einer wahren Bewegung im familiengerichtlichen Raum geworden. Überall

4 Bergmann/Jop/Rexilius (Hrsg.), Lösungsorientierte Arbeit im Familienrecht. Bonn 2002.
5 Jopt/Zütphen, in ZfJ 2004, (91) 310-321 und 362-376.

im Land haben sich Interessen- und Arbeitsgemeinschaften gebildet, die sich darum bemühen, die vier großen Essentials des Modells – Kooperation der Professionellen; Verfahrensbeschleunigung; Wiederbemündigung, Streitabbau und Entwicklung von Bindungstoleranz auf Seiten der Eltern; Vermeidung streitiger Gerichtsentscheidungen – auch in ihrem Sprengel umzusetzen. Zwei Cochemer Prinzipien haben Eingang ins Gesetz gefunden – das Beschleunigungsgebot (§ 155 FamFG) und das Bemühen um elterliche Streitschlichtung durch den zukünftigen Verfahrensbeistand (§ 158 Abs. 4 FamFG) oder den Psychologischen Sachverständigen (§ 163 Abs. 2 FamFG).

3. *Bedrohte Kind-Eltern-Beziehungen*

Inhaltlich zeigt das Familien- und Kindschaftsrecht spätestens seit 1998 unmissverständlich auf, dass vor allem die Beziehungen von Kindern unter besonderem staatlichen Schutz stehen und der Staat damit aufgerufen ist, von Abbruch und Verlust bedrohte Beziehungen nicht nur passiv zu verwalten, sondern aktiv für deren Erhalt einzutreten. Vor diesem Hintergrund des auf die Gebundenheit des Kindes an seine Eltern ausgerichteten Familienverständnisses hat auch der in Art. 6 GG festgeschriebene Grundsatz, wonach Ehe und Familie unter besonderem staatlichen Schutz stehen, mit der Kindschaftsrechtsreform von 1998 eine Erweiterung erfahren, die unter Professionellen am Familiengericht allerdings keineswegs selbstverständlich ist.

Denn danach wird nicht länger nur die Familie vor Eingriffen des Staates geschützt; bei einem systemischen Verständnis von Familie kommt es zusätzlich darauf an, dass auch ihre einzelnen Mitglieder, insbesondere die schutzbedürftigen Kinder, vor einem Verlust ihrer Familie und damit ihrer familialen Beziehungen bestmöglich bewahrt werden. Für den Fall von Trennung oder Scheidung ist dies inzwischen – zumindest dem Anspruch nach – selbstverständlich; dieselbe Form von Beziehungsschutz durch Sicherung der emotionalen Verbundenheit mit ihren Familien gilt aber ebenso auch bei Fremdunterbringung von Kindern.

Wenn grundsätzlich alle Kinder unter dem Schutz der staatlichen Gemeinschaft stehen und wenn familialer Beziehungserhalt aus Kindersicht – von nachvollziehbaren Ausnahmen abgesehen – grundsätzlich von größter Wichtigkeit ist, dann sind es nur pragmatische Unterschiede, die Trennungskinder von fremduntergebrachten Kindern abgrenzen; strukturell sind beide Gruppen durch den Verlust ihrer Familie gleichermaßen betroffen. Trennungskinder haben es jedoch insofern entschieden leichter, als sie wenigstens eine ihrer elterlichen Bezugspersonen behalten, wohingegen fremduntergebrachte Kinder beide verlieren.

Bedauerlicherweise wurden die Prinzipien des konsequent am psychischen Bedarf von Trennungskindern ausgerichteten Modells bisher jedoch allenfalls peripher auch auf solche Kinder übertragen, die in Folge einer Kindeswohlgefährdung oder eines entsprechenden Verdachts von ihren Familien getrennt wurden. Zwar weist Rudolph darauf hin, dass sich das Cochemer Modell auch auf Konflikte zwischen Pflegeeltern und leiblichen Eltern analog anwenden lässt, »da die Streitkonstellationen häufig nicht unähnlich sind«[6].
Doch tatsächlich wird in Fällen von Kindeswohlgefährdung die beziehungserhaltende Absicht des Gesetzgebers häufig völlig missachtet. Die mit Abstand größten Schwierigkeiten in Bezug auf einen Beziehungserhalt kommen von den Jugendämtern. Hier haben sich an vielen Stellen bis heute Praktiken etabliert, die beziehungszerstörend sind. Häufig wird selbst Klein- und Vorschulkindern unmittelbar nach ihrer Herausnahme ihre Hauptbezugsperson, meist die Mutter, für lange Zeit vorenthalten, manchmal dauert es Monate, bis sie sie – dann natürlich bindungsgestört – überhaupt das erste Mal wiedersehen. Dies kommt einer zweiten Traumatisierung gleich.
Damit nicht genug. Wenn sie dann sehr viel später stattfindet, gerät die Wiederaufnahme des Kontaktes zwischen Kind und Mutter nicht selten zur Farce, die mit der ursprünglichen Intimität und Sinnlichkeit dieses Verhältnisses nichts mehr zu tun hat. Wenn sich eine Pflegemutter voller Verlustangst und eine nicht weniger ängstliche und verunsicherte leibliche Mutter zum ersten Mal im Jugendamt begegnen – umgeben von etlichen weiteren Personen, die allesamt misstrauisch und argwöhnisch das Treffen beäugen und sofort eingreifen, wenn dabei Emotionen auftreten –, dann handelt es sich nicht um Beziehungspflege, sondern bestenfalls um eine »Besichtigung«.
Unter derartigen Bedingungen vergeht Eltern wie Kind schnell das Lachen. Damit sitzt jetzt auch noch ein dritter Ängstlicher im Raum, und wenn das Kind darauf hin weinend und verstört reagiert, steht für manches Jugendamt schnell fest, dass weitere »Umgänge« alle Beteiligten, Kind eingeschlossen, nur unnötig belasten. Maximal einstündige Treffen im Abstand von mindestens drei Monaten – so die verbreitete Regelung, sofern die Mutter nicht resigniert aufgibt – sind in Anbetracht solcher Umstände eher die Regel. Vom Geist fortbestehender Kind-Eltern-Beziehung, wie sie seit 1998 das Kindschaftsrecht postuliert und wie er durch das Cochemer Modell mit Leben gefüllt wird, profitieren fremduntergebrachte Kinder nicht annähernd so stark wie Trennungskinder. Was den Umgang mit ihren emotionalen Bindungen an ihr Zuhause angeht, sind zahlreiche Kinder, die vom Jugendamt gemäß § 1666 BGB aus ihren Familien herausgenommen werden, Kinder 2. Klasse.

6 Rudolph, Du bist mein Kind, Berlin 2007.

Die öffentliche Aufmerksamkeit gilt in den letzten Jahren nahezu ausschließlich jenen Fällen, in denen eine tatsächliche Kindeswohlgefährdung zu spät erkannt wurde, wodurch schwerwiegende Folgen für Kinder entstanden, bis hin zum Tod durch Gewalt oder Verhungern. Dennoch taugen diese bedrückenden Beispiele nicht zur Rechtfertigung des verbreiteten, beziehungsfeindlichen Umgangs mit Kindern im Zusammenhang mit ihrer Fremdunterbringung.

Die Zahl der Inobhutnahmen und Fremdunterbringungen ist in den vergangenen zwei Jahren sprunghaft angestiegen, für Nordrhein-Westfalen haben sie sich nahezu verdoppelt. Die Herausnahme von Kindern geschieht – aus Angst der Jugendämter und Gerichte vor weiteren spektakulären Todesfällen und Negativschlagzeilen – immer öfter vorschnell. Wegen der häufigen Kontaktabbrüche ist sie umso bedenklicher, denn während Trennung und Scheidung, Umgang und Lebensmittelpunktgestaltung, heute als relativ gut beherrschte Fragestellungen gelten können, deren Handling durch das vom Cochemer Geist durchsetzte FamFG im Herbst diesen Jahres noch weiter verbessert wird, sieht es für fremduntergebrachte Kinder aus unserer Sicht eher düster aus.

In Gefahr ist jedoch nicht nur das kindliche Beziehungsleben. Obendrein droht sich in der gegenwärtigen Diskussion ein Fehler zu wiederholen, der nach der ersten Kindschaftsrechtsreform von 1980 fast zwei Jahrzehnte lang auf dem Feld von Trennung und Scheidung begangen wurde. Dabei wurden elterliche Fähigkeiten (Erziehungseignung) in erster Linie als Bündel personaler Eigenschaften verstanden. Gerichtliche Entscheidungen zielten im Wesentlichen auf die Auswahl der am geeignetsten erscheinenden Alternative ab. Diese Reduktion von Familienmitgliedern auf »Merkmalsträger« wurde seit Mitte der Achtzigerjahre durch das systemische Verständnis von Familie zunehmend abgelöst.

In Fällen, wo eine Kindeswohlgefährdung gemäß § 1666 BGB vermutet wird, lebt diese eigenschaftsorientierte Sicht auf Familie jedoch bis heute fort. Das im Bereich von Trennung und Scheidung inzwischen längst etablierte Verständnis von der Familie als einem »intimen Beziehungssystem«[7] wird hier zum Schaden für kindliche Entwicklungsverläufe vorschnell aufgegeben, so als wäre es auf diesem Feld nicht richtig. Aus Kindersicht ist Familie jedoch immer ein Netzwerk interpersoneller Beziehungen der ganz besonderen Art, unabhängig davon, ob die Probleme der Familie aus einer Trennung der Eltern herrühren oder aus erzieherischen Defiziten.

Die öffentliche Diskussion in der gegenwärtigen Form vernachlässigt daher in Fällen von Kindeswohlgefährdung die Bindungen der Kinder, obwohl sie wichtige, entwicklungsnotwendige Bedingungen sind. Die Diskussion zur

7 Schneewind, Familienpsychologie, Stuttgart 1991.

Kindeswohlgefährdung lässt damit zentrale Erkenntnisse des übrigen Familienrechts außer Acht.
Tatsächlich schätzen wir die Situation im Moment so ein, dass ein Pendel zurück schwingt: Während das BGB und auch das Sozialgesetzbuch VIII, das bereits 1990 in Kraft trat, den Grundsatz der Verhältnismäßigkeit ins Zentrum staatlichen Umgangs mit Kindeswohlgefährdung stellen, wird derzeit – aus Angst, zu spät zu handeln – in erheblichem Maße in Familien eingegriffen. Dabei bleibt die vom Kind gefühlte Familie – lebendiger Ausdruck seiner emotionalen Verbundenheit – praktisch auf der Strecke. Vom Staat wird stattdessen so schnelles und radikales Eingreifen erwartet, dass das Familienleben des Kindes in vielen Fällen nicht ausreichend geschützt wird.

4. *Sekundäre Kindeswohlgefährdung*

Durch diese Ausführungen soll nicht der Eindruck entstehen, hier würde dafür plädiert, staatliche Eingriffe in die Familie zum Schutz von Kindern seien grundsätzlich allein deshalb schon bedenklich, weil dadurch bestehende Bindungsmuster des Kindes zerstört werden können. Die Forderung, dass gefährdete Kinder erziehungsunfähiger Eltern in ihren Familien verbleiben sollen, um den Fortbestand des familialen Beziehungssystems um jeden Preis zu erhalten, wäre verantwortungslos. Selbstverständlich ist es immer wieder unvermeidlich, Kinder auch gegen den Widerstand ihrer Eltern fremdunterzubringen, wenn sich ihr Schutz auf andere Weise nicht gewährleisten lässt.
Es kommt jedoch darauf an, die Erkenntnisse über die systemische Natur von Familien und zur entwicklungspsychologischen Zentralität kindlicher Bindungen auch auf diese Gruppe von Kindern zu erstrecken. Deren große psychologische Bedeutung wurde inzwischen durch zahlreiche Studien über die Auswirkungen von Trennung und Scheidung belegt, wodurch sie auch Eingang ins Kindschaftsrecht gefunden haben. Es darf nicht die Situation entstehen, dass beispielsweise die Erkenntnisse zum kindlichen Zeitempfinden, wie sie ins Cochemer Modell eingeflossen sind, zukünftig ausschließlich für Trennungskinder einen beschleunigten Verfahrensverlauf zur Folge haben werden, während Kinder in Pflegefamilien oder Heimen von dieser Vorgabe praktisch ausgeklammert bleiben.
An dieser Stelle wird häufig entgegen gehalten, dass mit erziehungsunfähigen Eltern kein Einvernehmen erreicht werden kann und deshalb eine Vermittlung nicht mal angestrebt werden dürfe, da gefährdete Kinder eben nicht unbegrenzt nur darauf warten können, dass ihre Eltern einsichtig werden oder bestehende Defizite aufarbeiten. Zu Lasten des Kindeswohls – so die Devise – darf es keine Kooperation mit Eltern geben. Das hat zur Folge, dass die durch

ihr eigenes Elternhaus gefährdeten Kinder häufig als eine von ihren trennungsbetroffenen Altersgenossen weitgehend losgelöste »andere Kategorie« von Kindern betrachtet werden.
Aus Angst vor schwerwiegenden Beeinträchtigungen oder Entwicklungsrisiken, wenn nicht schnell genug gehandelt wird, hat deshalb der Faktor Zeit bei ihnen – obwohl seine herausragende psychologische Bedeutung für Kinder längst bekannt ist – einen gründlich anderen Stellenwert. Nicht selten erfolgt eine Inobhutnahme bereits vor jeder inhaltlichen Prüfung ihrer Notwendigkeit. Das lässt sich zwar im Einzelfall nicht immer vermeiden, da Jugendämter und Gerichte fürchten, womöglich zu spät zu kommen und sich unterlassener Hilfeleistung schuldig zu machen. Immer wieder stellt sich allerdings später heraus, dass sich der ursprüngliche Verdacht einer Kindeswohlgefährdung als nicht so gravierend erweist, wie zunächst angenommen, und dass die Trennung des Kindes von seiner Familie eigentlich aufgehoben und durch mildere Mittel, etwa Familienhilfe, ersetzt werden könnte.
Häufig ist auf Grund unsensibler, Entfremdung forcierender Eingriffe in das kindliche Beziehungsmuster die Rückkehr des Kindes in seine Familie hochgradig erschwert, nicht selten auch dauerhaft verwehrt. Denn bis die Notwendigkeit oder Vermeidbarkeit der Fremdunterbringung im Zuge eines langwierigen und zeitaufwändigen gerichtlichen Verfahrens letztlich geklärt ist, sind die Bindungen des Kindes zu seiner Familie häufig schon weitgehend verstört oder gar abgerissen. Obwohl der Ausgang aus fachlich-objektiver Sicht oft noch weitgehend unklar ist, stehen sich bereits in dieser frühen Phase Jugendamtsvertreter und Eltern als verbittert streitende »Gegner« gegenüber. Dabei sitzt das Amt jedoch aus mehreren Gründen am »längeren Hebel«: es argumentiert gegenüber psychologischen Laien (Eltern und Gericht) pädagogisch; es kann durch die Androhung eines Sorgerechtsantrages Druck auf Eltern ausüben, den vom Amt beabsichtigten Maßnahmen zuzustimmen (»Jugendamtsfreiwilligkeit«) und – nicht zuletzt – ermöglichen ihm die als Amtsvormund zugewiesenen Handlungsvollmachten, nach Belieben über den Aufenthalt sowie über die Elternkontakte seines Mündels zu befinden.
Durch die Reduktion von häuslichen Kontakten auf ein Minimum, bis hin zur völligen Aussetzung, entstehen jedoch schnell ganz neue Gefährdungsmomente, die das Kind im Anschluß an seine Herausnahme ein weiteres Mal so stark traumatisieren. dass nicht selten das eigentliche Risiko, das Herausnahme begründete, deutlich überschritten wird (!). Damit erhöht sich faktisch deren Gefährdung noch. Wo sich der Anfangsverdacht anschließend nicht bestätigt, entsteht sie sogar erst durch den Eingriff. Das lässt sich nicht immer von vornherein vermeiden, weil letztlich Niemand in die Zukunft schauen kann. Aber eben deshalb kommt es darauf an, der durch die Herausnahme ohnehin drohenden Gefahr einer Entfremdung oder gar eines völligen Beziehungsbruchs nicht noch zu forcieren.

Tragen Eltern eine Fremdunterbringung auch dann nicht mit, wenn sie geboten ist, lässt sich eine gerichtliche Entscheidung nicht vermeiden. Sofern Kinder bereits in Pflegefamilien untergebracht sind, befinden sie sich spätestens dann in einem erheblichen Loyalitätskonflikt zwischen ihren Eltern und den Pflegeeltern. Häufig hat er allerdings durch die falsche Auswahl von Pflegeeltern bereits sehr viel früher begonnen oder er ist durch Entfremdung von der Herkunftsfamilie bereits entschieden. Sieht das Kind seine Eltern bestenfalls aus (psychologischer) Ferne oder für längere Zeit gar nicht, dann tritt die Zerstörung seines bisherigen Bindungsmusters schnell ein.
Dieser Loyalitätskonflikt zwischen bestehenden Bindungen des Kindes an seine Herkunftsfamilie einerseits und den neu wachsenden Bezügen zu seiner Pflegefamilie andererseits gleicht in seinem Charakter weitgehend dem eines Trennungskindes, das zwischen seinen streitenden Elternteilen hin und her gerissen wird. Unter solchen Vorzeichen werden die in der Regel ohnehin eher seltenen Besuchskontakte schnell zu einer erheblichen Belastung für Eltern und Kind, auf die es nicht selten mit den typischen Symptomen und psychosomatischen Störungen hochgradiger Konfliktbelastung reagiert. Auch die Reaktion der Pflegeeltern gleicht meist sehr dem Auftreten des betreuenden Elternteils in der Trennungsfamilie: angestrebt werden Aussetzung oder zumindest deutliche Minimierung der Besuchskontakte. Das wiederum – auch das ist der Trennungsfamilie nicht unähnlich – führt bei den leiblichen Eltern zur weiteren Verschärfung ihrer meist ohnehin schon negativen Sicht auf die Pflegestelle wie das in Verantwortung stehende Jugendamt. Am Ende dieser eskalierenden Spirale steht nicht selten der Kontaktabbruch des Kindes zu seinen Eltern.

5. *Lösungsorientiertes Vorgehen bei Kindeswohlgefährdung*

Weil die emotionale Verbundenheit mit der Herkunftsfamilie für nahezu alle Kinder von herausragender Bedeutung ist, ist zu fordern, dass die oben aufgeführten Elemente kindorientierten staatlichen Handelns, die Cochemer Model und lösungsorientierten Ansatz verfahrenspraktisch, und demnächst auch verfahrensrechtlich, miteinander verbinden[8], auch für Behandlung jener Verfahren gelten müssen, in denen es um eine vermutete oder tatsächliche Gefährdung des Kindeswohls geht. Selbst im zweiten Fall kann häufig nicht ausgeschlossen werden, dass das Kind nicht nach einiger Zeit wieder in seine Familie zurück kehrt (s. §1666 a BGB).
Um dem dialektischen Verhältnis zwischen Kinderschutz bzw. Kindeswohlsicherung auf der einen und Familien- bzw. Beziehungssicherung auf der

8 Vgl. Bergmann/Jopt/Rexilius, a.a.O.

anderen Seite Rechnung zu tragen, wurde im Rahmen des lösungsorientierten Begutachtungsansatzes das Konzept des »Runden Tisch« entwickelt: Statt der herkömmlichen Hoheitsbegutachtung, die in der Regel alle anderen Verfahrensbeteiligten vorübergehend verstummen lässt, bis das schriftliche Gutachten vorliegt, setzen sich alle mit dem Kind befassten Beteiligten und Verantwortungsträger zusammen – Jugendamt, Verfahrenspfleger, Eltern, Vormund, Pflegeeltern oder Heimerzieher, Familienhilfe, Interessenvertreter der beiden Familien und Sachverständiger – um die unterschiedlichen professionellen Einblicke in die Familienstruktur miteinander auszutauschen und einen Konsens zum weiteren Vorgehen zu suchen. Immerhin bindet sie in jedem Fall Eines – jeder der Beteiligten fühlt sich gleichermaßen dem Kindeswohl verpflichtet.

Gelingt der Konsens, trägt der Sachverständige anschließend das Ergebnis vor und empfiehlt dem Gericht, den gemeinsamen Regelungsvorschlag familiengerichtlich zu genehmigen. Im anderen Fall werden ihm die unterschiedlichen Einschätzungen und Interventionsvorstellungen vorgestellt, sodass es sich in der Lage sieht, zu entscheiden. Auf diese Weise ist es möglich, den auf Befriedung abzielenden Ansatz im Rahmen von Trennung und Scheidung auch auf Fallmuster gemäß §1666 BGB anzuwenden. Die bisherigen Erfahrungen bestätigen, dass diese Vorgehensweise wesentlich stärker als das traditionelle Vorgehen dazu beitragen kann, den interprofessionellen Konflikt – in dieser Hinsicht sind Experten ihrer hochstrittigen Klientel oft nicht unähnlich – abzusenken. Auch davon können Kinder nur profitieren.

Ein weiterer Gewinn besteht darin, dass sich durch die erhöhte Sensibilisierung in Folge des offen ausgetragenen Austausches über das konkrete Kind und seine Familie die Kontinuität seiner Bindungsbeziehungen zur Herkunftsfamilie, weil gemeinsam diskutiert und abgestimmt, eher und problemloser sichern lässt als im Rahmen üblicher Alleingänge. Dabei wird allen Beteiligten vor Augen geführt, dass – mit Ausnahme schwerer Fälle von Misshandlung oder Kindesmissbrauch – auch eine Herausnahme für das Kind nicht das Ende seiner Familie markieren muss, sondern allenfalls die vorläufige Beendigung des häuslichen Zusammenlebens.

Ein weiterer Vorteil besteht darin, das sich für den Fall einer Aufrechterhaltung der Fremdunterbringung die betroffenen Eltern meist leichter dafür gewinnen lassen, dieser Maßnahme zuzustimmen, da sie jetzt zum einen von einer Vielzahl von Fachleuten mitgetragen und befürwortet wird, zum anderen klargestellt wurde, dass damit auf keinen Fall ein Abbruch ihrer Elternbeziehung verbunden sein wird. Eltern, die die Fremdunterbringung ihres Kindes mittragen oder zumindest akzeptieren, entlasten damit nicht nur ihr Kind. Von ihnen geht auch weniger die Gefahr aus, es anschließend durch ständige Klagen zu irritieren oder in die Sackgasse des Kontaktabbruchs zu treiben, weil es sich anders des psychischen Drucks, der von den beiden Lagern –

Eltern und Pflegeeltern – ausgeht, nicht mehr zu erwehren weiß. Letztlich kann auf diese Weise auch verhindert werden, dass durch reinen Zeitablauf Fakten geschaffen werden, die sich schließlich als nicht mehr umkehrbar erweisen.

Für Umgangs- und Sorgerechtsverfahren nach Trennung ist längst zum Allgemeinwissen geworden, dass Streit, Loyalitätskonflikte und Kontaktabbruch die trennungsbedingt entstandenen Probleme nur noch vergrößern und ein kapitales seelisches Gefährdungsmoment darstellen. Das materielle Familienrecht, bald auch das Verfahrensrecht, hat sich zum Ziel gesetzt, diese Belastungsfaktoren für Kinder bestmöglich auszuschalten, ohne dabei inhaltliche Kompromisse einzugehen oder schädliche Risiken für Kinder in Kauf zu nehmen. Es darf nicht angehen, dass diese mittlerweile bewährten verfahrensrechtlichen Gestaltungselemente weiterhin gerade jenen Kindern vorenthalten werden, die sie vielleicht am Nötigsten brauchen, weil sie bereits durch andere Faktoren in ihrer Entwicklung über Gebühr gefährdet sind.

Mit dem Cochemer Modell liegt inzwischen nicht nur das richtige Konzept vor, durch seine Einbindung ins FamFG wird es auch zu einer wegweisenden und verbindlichen Richtlinie werden. Insofern hat Jürgen Rudolph mit seinen Mitstreitern Familienrechtsgeschichte geschrieben, die auch unser Denken nicht unbeeinflusst gelassen hat. Dank dafür. Profitieren sollen von seinen einfühlsamen Ideen allerdings alle Kinder.

Helmuth Figdor[1]

Was heißt »Kindeswohl«?

Zum Dilemma gerichtlicher Entscheidungen über Sorge- und Umgangsrecht. Die Rolle des Familienrichters[2]

These 1

In manchen Fällen mag ziemlich klar sein, was nicht dem Kindeswohl entspricht, indem die Anwendung psychopathologischer Kriterien deutlich gegen eine der Entscheidungsalternativen spricht. Dagegen stößt die (positive) Bestimmung dessen, was (jenseits der klaren Gefahr einer psychischen Erkrankung) dem »Kindeswohl« *am besten* entspricht, häufig auf prinzipielle Schwierigkeiten: Handelt es sich dabei doch um Wertentscheidungen, die nicht mehr allein mit »objektiven« psychologischen oder pädagogischen Kriterien zu treffen sind.
Was ich mit der 1. These meine, möchte ich an einem Beispiel verdeutlichen:

> Stellen wir uns einen Zehnjährigen vor, der gerade die vierte Klasse Volksschule (Grundschule) besucht, dessen Eltern sich scheiden lassen und bei dem das Gericht über das Sorgerecht zu entscheiden hat. Nehmen wir an, der Gutachter stellt (richtig) fest, dass Christian eine gute, intensive Liebesbeziehung zu beiden Eltern hat. Solche Beziehungen sind jedoch »trianguliert«, d.h. sie definieren sich gegenseitig, so dass sich auch jede Zweierbeziehung verändert, wenn sich das Beziehungssystem verändert. In unserem Fall würde das etwa bedeuten: Die Beziehung zwischen der etwas überfürsorglichen Mutter und Christian ist besonders innig und trägt noch deutlich symbiotische Züge. Bei der Mutter weint er sich aus, kann er sich »fallen lassen«, bei ihr ist er aber auch »regressiv«, d.h. unselbständig, eher ängstlich, fordernd-weinerlich, neigt zu trotziger Lernverweigerung u.s.w. Der Vater hingegen scheint »die Welt draußen« zu repräsentieren, mit ihm ist Christian »groß«, ehrgeizig, will dem Vater imponieren und akzeptiert von ihm gesetzte Grenzen (z.B. auch bezüglich Schule) viel leichter. Da beide Eltern verfügbar sind, hält sich dieses »triangulierte Objektbeziehungssystem« in einem guten Gleichgewicht, beide Zweierbeziehungen ergänzen sich komplementär.

1 Der Autor ist Psychoanalytiker, Kinder- und Jugendlichen-Psychotherapeut, Erziehungsberater, Dozent am Institut für Erziehungswissenschaften der Universität Wien, Lehrbeauftragter für Pädagogik an der Universität für Musik und Darstellende Kunst Wien und Vorsitzender der Arbeitsgemeinschaft Psychoanalytische Pädagogik, Wien.

2 Auszug aus Kapitel 5.1 (Was heißt »Kindeswohl«? Zum Dilemma gerichtlicher Entscheidungen zum Sorge- und Umgangsrecht) in: Figdor, H. (1998) Scheidungskinder – Wege der Hilfe. Gießen: Psychosozial-Verlag 2007, S. 197 – 200 mit freundlicher Genehmigung des Verlages.

Wird dieser Bub nun *von der Mutter getrennt*, ist dies mit großer Wahrscheinlichkeit traumatisch, verliert er doch die zentrale Bedingung emotionaler Geborgenheit. Selbst wenn er seine Autonomie und seine progressiven Antriebe, die er vom Vater bezieht, aufrecht erhält (vielleicht sogar kompensatorisch verstärkt), wird er ein Stück Sicherheit einbüßen, verwundbarer, vielleicht ängstlicher und verletzbarer (etwa in künftigen Partnerbeziehungen) werden. Umgekehrt würde *die Trennung vom Vater* die Machtkonflikte mit der Mutter verstärken, damit auch die Bereitschaft zu regressiven Konfliktlösungen. Es könnte sein, dass er im Gymnasium scheitert (zu den genannten seelischen Faktoren kommt hinzu, dass die Mutter eher ungebildet ist, diesbezüglich auch nicht viel Ehrgeiz und Unterstützung für ihren Sohn aufbringen kann – »Man sieht ja, wie Akademiker sind!« – womit sie den Vater meint.) Durch dieses Scheitern und durch den teilweisen Wegfall der männlichen Identifizierungsfigur würde er möglicherweise auch ein Stück Selbstwertgefühl einbüßen.
Und nun frage ich: Wer ist fähig oder legitimiert zu entscheiden, welche Zukunft höher zu bewerten ist? Wie sollte ein psychologischer oder pädagogischer Vergleich etwa zwischen einer »erhöhten Disposition, in Partnerschaften Geborgenheit zu finden« und einer »größeren Chance, im Beruf Selbstverwirklichung zu finden« aussehen? Es gehörte zu den schmerzlichen Einsichten meiner Berufsbildung, dass es eine *richtige* Erziehung nicht gibt. Gäbe es nämlich eine solche, würde das heißen, dass es ein allgemein gültiges Modell gibt, wie ein Mensch sein (bzw. werden) muss. Vor solchen Festschreibungen jedoch müssen wir uns allemal hüten. Denn wo und wann immer solche Entwürfe sich gesellschaftliche Macht anzueignen vermochten, war die Folge Diskriminierung, Unterdrückung und unermessliches Leid.
In der Tat ist dem Konzept des »Kindeswohls« jedoch eine solche Vorstellung, Zukunfts- bzw. Entwicklungsvarianten ließen sich sachlich bewerten, eingeschrieben. Wenn jemand legitimiert ist, solche Entscheidungen zu treffen, dann ist das aber offenbar nur der Betroffene selbst – also der Heranwachsende. Da für dessen Entwicklungsinteressen jedoch die Eltern die Verantwortung tragen, sind sie es, denen dieses Entscheidungsrecht zugestanden werden muss. Sind aber die Eltern dazu nicht in der Lage, ist in unserer Gesellschaft eindeutig festgelegt, wem dann die Entscheidungsbefugnis zusteht: nämlich *dem Richter*.
Heißt das nun, dass Sachverständigen-Gutachten völlig hinfällig sind, dass wir uns mit ganz subjektiven Werturteilen der Familienrichter abfinden müssen (was ja schließlich auch im Widerspruch zu unserem Rechtsbegriff stünde)? Natürlich nicht. Erstens geht es in Pflegschaftsangelegenheiten immer wieder auch um Streitfragen, die weniger langfristige Perspektiven haben als etwa die Entscheidung über das Sorgerecht, z.B. um Fragen, was zur Zeit für das Kind im Hinblick auf ein nicht umstrittenes Ziel günstiger wäre.

Zweitens stimmt es zwar, dass eine positive Festschreibung des Kindeswohls sachlich-objektiv nicht möglich ist, unter gewissen Umständen wohl aber eine negative: Wir können auf Grund unseres Fachwissens nicht entscheiden, was für das Kind »das Beste« ist, aber wir kommen doch immer wieder in die Lage sagen zu können, was dem Kindeswohl (aller Voraussicht nach) abträglich ist, welche (prinzipiell denkbaren) Alternativen also auszuschließen sind. Natürlich geht auch diesem Ansatz eine Prinzipienentscheidung voraus, dass nämlich ein gewisses Mindestmaß an psychischer Funktionstüchtigkeit und Gesundheit nicht unterschritten werden darf, will man noch von Kindeswohl sprechen. Diese Prinzipienentscheidung ist jedoch sehr wohl eine legitime Basis sachlicher Entscheidungen. Drittens kann der Sachverständige richterliche Entscheidungen durchaus auch bei Fragen des Sorgerechts oder anderen längerfristig relevanten Ziel- und Wertentscheidungen unterstützen. Allerdings nicht in Form vorweg genommener Entscheidungen in Gestalt eindeutiger Empfehlungen. Der Sachverständige kann aber die entwicklungspsychologischen/pädagogischen Konsequenzen alternativer Entscheidungen erhellen. Er könnte z.B. formulieren: »Wenn das Kind beim Vater bleibt, ist – mit einer gewissen Wahrscheinlichkeit – damit zu rechnen, dass ..., bleibt es bei der Mutter, ist anzunehmen, dass es...« Eine solche Analyse nimmt dem Familienrichter zwar nicht die Entscheidungsverantwortung, aber er kann zumindest abschätzen, wozwischen er eigentlich zu entscheiden hat. Dazu bedarf es aber eines radikalen Umdenkens im Selbstverständnis vieler Vertreter beider Berufsgruppen.

Familiengerichtliche Entscheidungen haben also eine subjektive und eine objektive Seite. Was die subjektive Seite, also die zu treffenden Wertentscheidungen betrifft, muss konsequenterweise eingestanden werden, dass die von mir dem Familienrichter zugeteilte Aufgabe, seine Entscheidungsbefugnis nicht nur formal, sondern faktisch wahr zu nehmen, auch nicht mit juristischen Mitteln zu lösen ist. Richterliche Entscheidungen setzen normaler Weise voraus, dass es ein »richtig« und ein »falsch« gibt, welches sich an der Übereinstimmung/Nichtübereinstimmung mit der Gesetzeslage erweist. Genau dieses Kriterium steht aber dem Familienrichter sehr oft nicht zur Verfügung, weil sich das Kindeswohl, das sich sogar der psychologischen/pädagogischen Bestimmung entzieht, natürlich erst recht nicht über Gesetze definieren lässt. Das bedeutet, dass er zwar auf Grund seiner professionellen Funktion zu entscheiden hat, er diese Entscheidung jedoch nicht »professionell«, sondern letzten Endes nur als privates Subjekt treffen kann. Müssen wir uns angesichts dieses Dilemmas aber nicht fragen, ob denn Gerichte dann überhaupt die geeignete gesellschaftliche Institution für die Regelung dieser Fragen des Zusammenlebens darstellen? Jedenfalls ist es wichtig, sich vor Augen zu halten, dass die Tätigkeit des Familienrichters im Grunde mehr mit *ethischer Verantwortung* und *Weisheit* als mit *Recht*sprechung zu tun hat.

Traudl Füchsle-Voigt [1]

Kindeswohl zwischen *Elternprämie* und *Wertetraining*

Als ich um einen Beitrag für diese Festschrift gebeten wurde, lag es nahe, als langjährig tätige psychologische Sachverständige und Vertreterin der Cochemer Praxis in Trennungs- und Scheidungsangelegenheiten, sich erneut zu dieser Thematik oder sich auch fachlich gegen die in der Regel unbegründeten und von falschem Verständnis zeugenden Vorwürfe gegen die Cochemer Praxis zu äußern.[2]

Ersteres liegt eigentlich schon zur Genüge in Veröffentlichungen vor,[3] hinsichtlich letzterem scheint es mir eher angebracht, die Verfasser und Verfasserinnen solcher ideologisch verankerten und emotional gefärbten Beiträge zunächst nachdrücklich auf das intensive Studium dieser o.g. Veröffentlichungen zu verweisen, um so ein angemessenes Verständnis zum Cochemer Vorgehen zu erreichen.

Also entschloss ich mich, da man natürlich auch anderswo als in Cochem für die Gewährleistung des Kindeswohls tätig ist, nachzuschauen, wie sich diese Landschaft fachlich und professionell präsentiert. Dabei erscheint es mir von Interesse, einmal über das Feld von Trennungs- und Scheidungsanliegen hinauszuschauen und sich ein Bild darüber zu machen, wie im Rahmen von Prävention und Intervention versucht wird, eine gesunde kindliche Entwicklung zu gewährleisten, zu fördern bzw. wieder herzustellen.

Gestoßen bin ich auf eine Vielzahl Konzepte und Projekte zum Kinderschutz, zu Frühwarnsystemen, zur Begleitung von Trennungs- und Scheidungskindern, zur interdisziplinären Zusammenarbeit bei Trennung und Scheidung, Elternkurse, Kommunikationstraining für Paare etc., die sich zwischen Prävention und Intervention ansiedeln lassen.

Exemplarisch für eine präventive Maßnahme und sozusagen am äußersten Ende des Präventivbereiches lässt sich hier das fast etwas konservativ anmu-

1 Die Autorin ist Hochschuldozentin an der FH Koblenz, Sachverständige in Familiensachen und Mitglied im AK Trennung und Scheidung in Cochem.

2 Vgl. z.B. den Wikipedia-Eintrag zum sog. Cochemer Modell, Stand Februar 09.

3 Füchsle-Voigt, T., Verordnete Kooperation im Familienkonflikt als Prozess der Einstellungsänderung: Theoretische Überlegungen und praktische Umsetzung. Familie, Partnerschaft, Recht, 11, 2004, S. 600-602. Füchsle-Voigt, T. & Gorges, M., Einige Daten zum Cochemer Modell. Zeitschrift für Kindschaftsrecht und Jugendhilfe, 6, 2008, S. 246-248.Rudolph, J., Du bist mein Kind. Wege zu einem menschlicheren Familienrecht. Schwarzkopf & Schwarzkopf, Berlin 2007.

tende *Wertetraining* für Familien nennen, am ultimativen Ende des Interventionsbereiches dagegen als *finale Lösung* die sogenannte *Elternprämie*.
Zunächst zur *Elternprämie*:
Am 27. Januar 2009 erschien die folgende Pressemeldung mit der Überschrift *»Elternprämie für pünktlichen Schulbesuch geplant«: Bis zu 100 Euro will die Stadt Oer-Erkenschwick in Nordrhein-Westfalen Eltern aus Problemfamilien zahlen, wenn ihre Kinder pünktlich zur Schule kommen. Auf einer Bonuskarte soll vermerkt werden, ob die Eltern ihren Kindern Frühstück mitgeben und ob sie sie rechtzeitig zur Schule oder in den Kindergarten gebracht haben. Zur Belohnung winken nach vier Wochen Einkaufsgutscheine. Als »letzten Strohhalm« bezeichnete Stadtsprecher Peter Raudszus am Dienstag die Maßnahme, bei der Eltern positive Erfahrungen mit der Betreuung ihrer Kinder sammeln sollen. Er bestätigte damit einen Bericht der »Bild«-Zeitung. Dafür hat die Stadt 16.000 Euro aus einem Fördertopf des Landes beantragt. Das Projekt soll im Sommer starten.*[4]
Man kann nur hoffen, dass diese von der Stadt Oer-Erkenschwick geplante Maßnahme ein Sonderweg im Rahmen staatlicher Hilfe- und Unterstützungsangebote für Eltern bleibt, um diese in ihrer elterlichen Verantwortung und Erziehungskompetenz zu stützen und zu fördern. Allerdings genügt auch ein einzelnes Beispiel in dieser Form, um einerseits deutlich zu machen, wie es in unserem Land in einigen Familien um das Erziehungs- und Verantwortungsbewusstsein bestellt sein mag und auf der anderen Seite, wie groß auch die Hilflosigkeit ist, geeignete Maßnahmen zu finden, um letztlich Kindern materielle und sozio-emotionale Mindestvoraussetzungen für eine stabile Entwicklung innerhalb der Familie zu ermöglichen. Von Professionalität allerdings zeugt dies nicht. Allenfalls zu rechtfertigen ist dieses Vorgehen, wenn man davon ausgehen kann, dass die betroffenen Kinder für einen Einkaufsgutschein wenigstens 4 Wochen lang in den Genuss einer elterlichen Grundbetreuung gekommen sind, was ja zumindest nicht schaden kann.
Motivations- und lerntheoretisch betrachtet, ist jedoch aus psychologischer Sicht kaum ein nachhaltiger Effekt oder gar eine Einsicht bei den Eltern hinsichtlich der Verbesserung ihrer Erziehungskompetenzen zu erwarten. Vielmehr muss man noch einen *Trittbrettfahrereffekt* nach dem Motto befürchten: *Ich überlasse die Kinder mal die nächste Zeit sich selbst, denn schließlich will ich ja auch den Einkaufsgutschein bekommen, wenn ich mich dann wieder willig zeige.*
Betrachten wir nun das andere Extrem, das *Wertetraining*:
Das Projekt *Wertebildung in Familien* vom Generalsekretariat des Deutschen Roten Kreuzes in Zusammenarbeit mit dem Bundesministerium für Familie,

4 http://nachrichten.t-online.de/c/17/49/21/00/17492100.html vom 6.2.09.

Senioren, Frauen und Jugend setzt an den Wurzeln an.[5] Kinder lernen wesentlich über Vorbilder in der Familie, dann auch im Kindergarten und in der Schule. Kinder, die schon hier keine sicheren Bindungen entwickeln können, keine wertschätzenden Erziehungshaltungen und Geborgenheit und Zuverlässigkeit vermittelnden Eltern und andere Bezugspersonen erfahren, entwickeln Bindungsmuster und Bindungsrepräsentationen, die nachhaltig und langfristig bis ins Erwachsenenalter in der Partnerschaft und der Erziehung eigener Kinder Instabilität bewirken können. Das ist durch die Bindungsforschung ausreichend belegt.[6] Also soll durch dieses Projekt, das an 15 Standorten im November 2008 gestartet ist und bis 2010 gefördert wird, eine werteorientierte Erziehung gelernt werden, um Kinder zu verantwortungsbewussten und gemeinschaftsfähigen Persönlichkeiten werden zu lassen und damit auch präventiv Vernachlässigung und Kindeswohlbeschädigung in der nachfolgenden Generation zu verhindern.
Auch wenn bei dieser im Vergleich zur Elternprämienmaßnahme vermutlich unmittelbar kein kurzfristiger Effekt ersichtlich wird, erscheint dieser Weg der vielversprechendere zu sein.

Er soll basale Erziehungswerte vermitteln, woraus sich erwarten lässt, dass damit den Eltern wertschätzende Erziehungshaltungen als Rüstzeug auch im Trennungs- und Scheidungsgeschehen ermöglicht werden, die gewährleisten, dass betroffene Kinder in ihren Entwicklungsbedürfnissen absoluten Vorrang vor eigenen Bedürfnissen und Verletzungen haben. Eine solche kindzentrierte Wertschätzung bei beiden Elternteilen dürfte auch das konfliktschlichtende und deeskalierende Vorgehen, wie es im Kontext der Cochemer Praxis gehandhabt wird, wesentlich erleichtern und zu einer konsensualen Lösung im Sinne des Kindeswohls beitragen.
In der einschlägigen Fachliteratur sind viele Beiträge zu der Frage zu finden, was Kinder nun in ihren Familien erfahren sollten, um dann später auch als Eltern Bindungssicherheit und Stabilität vermitteln zu können. Beispielsweise nennt Sigrid Tschöpe-Scheffler anknüpfend an pädagogische Klassiker wie Montessori und Pestalozzi sowie an die neuere Erziehungsstilforschung fünf Säulen einer entwicklungsfördernden Erziehung, die hier wesentlich erscheinen:[7]

5 http://www.wertebildunginfamilien.de vom 8.2.2009.
6 Grossmann, K. & Grossmann, K.E., Bindungen – das Gefüge psychischer Sicherheit. Klett-Cotta, Stuttgart 2005.
7 Tschöpe-Scheffler, S., Fünf Säulen der Erziehung. Wege zu einem entwicklungsfördernden Miteinander von Erwachsenen und Kindern. 4. Aufl., Matthias-Gründewald-Verlag der Schwabenverlag AG, Ostfildern 2007.

1. *Wahrnehmende Liebe*: Durch Zuwendung, Anteilnahme, Verständnis und Trost soll dem Kind ein ausgewogenes Verhältnis von Bindung und Autonomie vermittelt werden.
2. *Achtung und Respekt*: Wertschätzung der Individualität.
3. *Kooperation und Mitbestimmung*: Lernen von Konfliktfähigkeit und Verantwortungsübernahme durch Beteiligung an Entscheidungen und Aushandeln.
4. *Struktur und Verbindlichkeit*: Durch Gewohnheiten und Rituale werden dem Kind Verlässlichkeit und Kontinuität vermittelt.
5. *Förderung*: Bereitstellung entwicklungsfördernder Bedingungen, damit sich das Kind Lebenszusammenhänge und Erfahrungen selbst aneignen kann, selbst Lösungen und Antworten zu Fragen finden kann.

Die Basis dieser Säulen sieht Tschöpe-Scheffler in einem eindeutigen Ja zum Kind, zur Verantwortung und Zuständigkeit und zur Übernahme der Mutter- und Vaterrolle.
Interessant in diesem Zusammenhang sind auch die Ausführungen von Schneewind bzgl. dessen, was die *psychologische* Familie ausmacht. Auch er spricht von Bindung und Autonomie bzw. Ich-Orientierung und Wir-Orientierung, wobei er letzteres durch gemeinsames Wollen, gemeinsames Tun, gemeinsames Fühlen, gemeinsames Wissen und gemeinsame Zielerreichung gekennzeichnet sieht (vgl. Schneewind, 1999).[8] Die bereits oben angesprochene transgenerationale Weitergabe von Erziehungskompetenzen bringt der bekannte Familienforscher auf den Nenner »Kompetente Eltern haben auch kompetente Kinder«.[9] In welchem institutionellen Rahmen können nun solche Erziehungswerte und Haltungen präventiv und auch im Kontext von Interventionsmaßnahmen u.a. im Kinderschutz, bei Trennung und Scheidung oder weiteren familiären Problemen vermittelt werden?
Dazu zum Schluss meines Beitrages zwei Thesen, die zum Nachdenken und auch zur Diskussion provozieren sollen:

1. *Familienkunde muss im (vor-)schulischen Unterricht ebenso behandelt werden wie Lesen und Schreiben.*

Das heißt, Kinder und Jugendliche müssen lernen, wie Beziehungen funktionieren, wie Partnerschaften und Familien entstehen, bestehen und sich auch auflösen und konstruktiv neu organisieren können, was Liebe, Zuwendung,

8 Schneewind, K.A., Familienpsychologie. 2. überarb. Aufl., Kohlhammer-Verlag, Stuttgart 1999.
9 Schneewind, a.a.O., S. 139.

Verantwortung und Familienrituale bedeuten, wie Konflikte konstruktiv gelöst werden können etc.
Hierzu gehört auch die Aufklärung und Informationsvermittlung über Hilfe- und Unterstützungsmöglichkeiten bei familiären Problemen, Möglichkeiten der Vereinbarkeit von Familie und Beruf, Besonderheiten binationaler Partnerschaften u.ä. Dabei ist die Vorbereitung auf Familie in ihrer Wertigkeit der Vorbereitung auf Ausbildung, Studium und Berufsleben gleichzusetzen.
Nur so lässt sich ein langfristig und transgenerational wirksamer Effekt von kindzentrierten Wertschätzungen verankern.

2. *Wir brauchen interdisziplinär besetzte Familienwerkstätten, die koordiniert und gezielt Reparaturaufgaben in Familien übernehmen können.*

Durch berufliche Mobilität und Individualisierung sind soziale Netzwerke im Sinne von Großfamilien und Verwandtensystemen, die früher häufig Reparaturaufgaben in Familien übernommen haben, heute häufig nicht mehr verfügbar. Daher brauchen wir für diese Funktionen einen für jeden zugänglichen professionellen Ersatz. Die Familienwerkstatt lässt sich unter dem Dach der derzeit deutschlandweit entstehenden Familienzentren unterbringen. Nach Diller[10] sollen hier Familien unterstützt werden, gesellschaftlichen Anforderungen zu entsprechen unter Nutzung ihrer Selbsthilfepotenziale. Die Familienwerkstatt sollte eine niedrigschwellige Anlaufstelle für Kinder, Eltern, Großeltern darstellen, wo mit Hilfe eines Case Managers (aufgrund ihrer interdisziplinären Ausbildungsinhalte bieten sich hier Sozialarbeiterinnen oder Sozialarbeiter an) schnell, gezielt und unbürokratisch die notwendigen psychologischen, sozialen und rechtlichen Hilfen vermittelt und bereitgestellt werden, wobei natürlich die beteiligten Professionen vernetzt und auf der Basis gemeinsamer Werte und Ziele arbeiten müssen. Merkmale müssen dabei eine Orientierung an den oben erläuterten Erziehungswerten, eine ressourcenorientierte Sichtweise und die Stärkung von Selbstbefähigung und Autonomie im Sinne von empowerment[11] sein, dies stets mit dem primären Ziel, das Wohl des Kindes zu gewährleisten. Hierfür – und hier schlage ich nun doch den Bogen zum Anlass dieses Beitrages: Vielen Dank Herr Rudolph für über 2 Jahrzehnte konstruktive Zusammenarbeit – hat die Vorgehensweise der vernetzten Zusammenarbeit im Familienkonflikt in Cochem durchaus Vorbildfunktion:

10 Vgl. hierzu den Grundlagenbericht von A. Diller, Eltern-Kind-Zentren. Die neue Generation kinder- und familienfördernder Institutionen. Grundlagenbericht im Auftrag des BMFSFJ, Oktober 2005, Deutsches Jugendinstitut München.

11 Herriger, N., Empowerment in der Sozialen Arbeit. Eine Einführung. 3. erw. und aktual. Aufl., Kohlhammer-Verlag, Stuttgart 2006.

Dies gilt sowohl für die gemeinsame Arbeitsbasis der gegenseitigen Akzeptanz und Wertschätzung der beteiligten Professionen, der gemeinsamen Methode und Arbeitsweise der konstruktiven Konfliktbearbeitung und des gemeinsamen Zieles, Elternverantwortung zum Wohle des Kindes wiederherzustellen.

Joseph Salzgeber[1]

Von konventionell bis Cochemer Modell: Das breite Wirkungsspektrum richtig verstandener Begutachtung

Zu den historischen Verdiensten der Protagonisten der Cochemer Praxis, und da besonders von Jürgen Rudolph, gehört es, eine bundesweite Debatte darüber angestoßen zu haben, was Scheidungsfamilien wirklich hilft und wo wir unser eingefahrenes Handeln umstellen müssen, um eine zunehmende Zahl von Scheidungskindern vor den Folgen jahrelanger Konflikte der Eltern zu bewahren. Zu den unbestreitbaren Verdiensten gehört es auch, diese Diskussion nicht auf eine Profession begrenzt, sondern insbesondere den kooperativen und kritischen Austausch zwischen den Berufsgruppen angeregt zu haben. Zum Wesen solcher Debatten gehört es auch, dass in bestimmten Phasen Antagonismen aufgeworfen werden, die beim näheren Hinschauen keine sein müssen. Die ausgewiesen kritische Haltung des Familienrichters Rudolph zu den (Un-) Möglichkeiten, juristisch Eltern-Kind-Beziehungen zu regeln, und der entschiedene Verweis auf eigenständige elterliche Regelungen,[2] schienen phasenweise keinen anderen Schluss zu zulassen, als dass der Sachverständige als gerichtliche Hilfsperson und Empfehlender ausgedient hat, beim Aufbruch auf neuen, konfliktreduzierenden Wegen.
Inzwischen wird eine solche Position in der Debatte kaum mehr vertreten, vielmehr findet sich gerade im FamFG, das ohne das Wirken der Cochemer kaum in dieser Form vorliegen würde, zusätzlich eine besondere Funktion des Sachverständigen bei der Unterstützung der Eltern darin, Gemeinsamkeiten zu erarbeiten und ihre Autonomie wieder herzustellen.[3] Einige Überlegung zu solchen gutachterlichen Interventionen – vom eher konventionellen Gutachten bis hin zu einer Lösungsorientierung ganz im Sinne der Cochemer Ziele – sollen im Folgenden vorgestellt werden.

1 Dr. Dr. (Univ. Prag) Joseph Salzberger ist Fachpsychologe für Rechtspsychologie und öffenlich bestellter und beeidigter Sachverständiger für Forensische Psychologie. Er ist Leiter der GWG – Gesellschaft für wissenschaftliche Gerichts- und Rechtspsychologie, einem Verbund freier Sachverständiger.
2 Rudolph. J, Du bist mein Kind. Berlin 2007.
3 Wobei diese Art sachverständigen Vorgehens bereits vielerorts Praxis war und ist.

Gemäß § 163 Abs 2 FamFG kann das Gericht den familienrechtspsychologischen Sachverständigen beauftragen, bei der Erstellung des Gutachtens **auch** auf die Herstellung des Einvernehmens zwischen den Beteiligten hinzuwirken. Dieser explizite Vermittlungsauftrag stellt aber nur einen Interventionsaspekt des familienrechtspsychologischen Sachverständigengutachtens dar. Einvernehmen unter Berücksichtigung des Kindeswohls ist das Ziel. Der Weg dahin beinhaltet vielerlei Interventionsmaßnamen, die immer den Ist-Zustand verändern: im günstigen Fall – was bei fachkundigen Vorgehen meist der Fall sein wird – im Sinne des Kindeswohls, im hoffentlich seltenen Fall, zum Schaden der Familie.[4]
Allgemein gilt, dass jedes Sachverständigengutachten eine spezifische Form von Intervention ist, die sich aus dem Methodenpool der wissenschaftlichen Psychologie bedient. Der Sachverständige greift für den Einzelfall auf das Wissen der psychologischen Fachdisziplinen und die diagnostischen Instrumente der Psychologie zurück und wendet im Einzelfall Gesprächsmethoden der systemischen Familienpsychologie, der Mediation und der Beratungspsychologie an. Daneben werden immer auch neue Entwicklungen von Interventionsmaßnahmen, die von anderen Praktikern des Scheidung- und Trennungsgeschehen entwickelt wurden, im Einzelfall und je nach Schwerpunkt des Sachverständigen Einsatz finden.
Das Vorgehen eines Sachverständigen wirkt dabei auf mehreren Ebenen lösungsorientiert, einmal direkt durch die Beziehung der Familienmitglieder zu dem Psychologen, durch das Gespräch mit dem Sachverständigen; oder konkreter durch die von ihm zur Verfügung gestellten psychologischen Informationen über Trennung und Scheidung, über das gerichtliche Verfahren und über die Implikationen der gerichtlichen Regelungsmöglichkeiten. Der interventionsorientierte Sachverständige wird aber auch sein Vorgehen erläutern und damit durch konkret auf die Familie bezogene Erläuterung der Befindlichkeit des betroffenen Kindes die Eltern zur Mitarbeit motivieren, sich auch auf einen Veränderungsprozess einzulassen. Diese eher allgemeine Beratung sollte dann in einem zweiten Schritt in eine spezifische Beratung der betroffenen Familie übergeführt werden, wobei die Grenzen zur parteilichen, persönlichen Beratung oder gar zur Therapie nicht überschritten werden dürfen.
Daneben kann die Intervention, und hier liegt die besondere Möglichkeit des Sachverständigen, in eine Art Coaching der Familie übergehen,[5] bei dem der Sachverständige der Familie hilft, Strukturen, die vorab mit ihr,

4 Hierzu Salzgeber, J., FamRZ 2008, S.656.
5 Dazu schon Salzgeber, J. & Höfling, S.; Zentralblatt für Jugendrecht, 1991, S. 388.

oftmals in getrennten Gesprächen und auf der Basis von weiterer Diagnostik, entwickelt worden sind, auszuprobieren aber auch gegebenenfalls zu modifizieren.
Aber auch ohne explizite Interventionen des Sachverständigen kann das Gutachten indirekt zu einer Befriedung beitragen, denn mit einem Gutachten gewinnt eine gerichtliche Entscheidung mehr forensisches und oft auch inhaltliches Gewicht, wodurch die Gefahr einer langfristigen und belastenden Fortführung des Verfahrens verringert wird.[6]
Als lösungsorientiert kann also jedes Gutachten bezeichnet werden, als spezifische lösungsorientierte Begutachtung sollte aber nur solches sachverständiges Vorgehen genannt werden, bei dem aktiv versucht wird, zusammen mit den Eltern ein für das betroffene Kind kindeswohlgemäße einvernehmliche Regelung der Nachtrennungssituation zu entwickeln.[7]

Sachverständige Intervention in Abgrenzung zu anderen Interventionen

Das familienrechtspsychologische Sachverständigengutachten unterscheidet sich von anderen Interventionsmöglichkeiten, die mit der Familie in Trennung befasst sind, erheblich.
Der Sachverständige wird vom Gericht als eine neutrale Fachperson bestellt, er wird vom Gericht ausgesucht. Einer von einem Elternteil allein gewünschte Auswechselung des bestellten Sachverständigen wird das Gericht ohne nachvollziehbare Gründe nicht nachkommen. Der Beschluss zur Einholung eines Gutachtens kann nicht angefochten werden.
Nach § 156 FamFG kann das Gericht zwar anordnen, dass die Ehegatten einzeln oder gemeinsam an einem kostenfreien Informationsgespräch über Mediation teilnehmen. Bei Mediation umfasst dies aber nur die Wahrnehmung einer informatorischen Sitzung. Auch eine angeordnete Beratung kann meist ohne Folgen verweigert werden. Sie sind lediglich auf eventuelle Kostennachteile bei der Verteilung der Gerichtskosten beschränkt, was daher, da die Mehrzahl der Familien Prozesskostenhilfe erhalten, ohne Sanktionswirkung bleibt.
Eine Verweigerung bei der Teilnahme an der Begutachtung kann nach dem FamFG – wie bei der Verweigerung nach § 156 FamFG an einer Beratung mitzuwirken – möglicherweise zu einer größeren Belastung bei den Gerichts-

6 Karle, M. & Klosinski, G., Prax. Kinderpsychol. Kinderpsychiat. 1999 (48), S. 163-177; Mookin, R.H.; Kornhauser, L.; 1979, Bargaining in the shadow of the law: The case of divorce. Yale Law Journal, S. 950.
7 So auch Rexilius, G.; 2002, Einige theoretische und methodische Grundlagen für zeitgemäße interdisziplinäre Arbeit m Familienrecht, in: Bergmann, E.; Jopt, U.; Rexilius, G, (Hrsg.) Lösungsorientierte Arbeit im Familienrecht, S. 47.

kosten mit sich bringen, zusätzlich aber auch zu einer kritischen Bewertung durch das Gericht führen, bei der Sachaufklärung zum Kindeswohl nicht genügend mitgewirkt zu haben.
Das Sachverständigengutachten ist damit eine mandatierte Intervention, die sich aber unterscheidet von den im FamFG vorgesehenen Verpflichtungen; Mediation oder Beratung in Anspruch zu nehmen. Familienpsychologische Begutachtung ist aber nicht Mediation, Beratung oder Therapie. Neben allen inhaltlichen und methodischen Unterschieden, eine Begutachtung findet nicht im völlig geschützten, vertrauten Rahmen statt. Der Sachverständige hat im Gegensatz zu den oben genannten Interventionen kein Schweigegebot gegenüber dem Gericht. Bei einem Scheitern der Interventionsbemühungen kann bzw. muss das Gutachten bzw. die gewonnenen Daten immer auch als Entscheidungsgrundlage für die gerichtliche Entscheidung herangezogen werden. Der Sachverständige muss seine Informationen dem Gericht offenlegen, im Zweifelsfalle auch alle seine Unterlagen.
Eine Ablehnung zur Mitwirkung am Sachverständigengutachten durch die Parteien findet aber in der Praxis selten statt. Dies kann auf die gerichtliche Stellung des Sachverständigen als Gehilfe des Richters zurückgeführt werden, aber auch darauf, dass der Sachverständige implizit die Aufgabe hat, die Eltern zur Teilnahme zu motivieren und im Gegensatz zur passiveren Haltung z.B. eines Therapeuten, aktiv auf die Familienmitglieder zuzugehen. Die besondere Position des Sachverständigen im Verfahren besteht darin, als Gehilfe des Gerichts zu wirken, der nach § 163 Abs 2 FamFG einen eigenständigen Interventionsauftrag erhalten kann, der dem des Familienrichters entspricht. Dies hilft in der Praxis daher häufig in Hochkonfliktfamilien die festgefahrene Position der Eltern oder des Kindes aufzuweichen und ermöglicht dann die Erarbeitung dem Kindeswohl angemessene Regelungen, bei denen andere professionelle Kräfte gescheitert sind.

Rahmenbedingungen lösungsorientierten Vorgehens

Die Tätigkeit des Sachverständigen wird durch die gerichtliche Fragestellung begrenzt, was einerseits nicht immer dem familialen Konflikt gerecht werden kann, da z.B. oftmals finanzielle Gesichtspunkte den Konflikt mit schüren, andererseits bietet gerade diese Beschränkung eine Chance, die Intervention des Sachverständigen fokussiert auf Aufenthalt des Kindes und Beziehungspflege des Kindes mit dem getrennt lebenden Elternteil oder Bezugspersonen zu richten.
Der Sachverständige bewegt sich bei seinem Tun immer innerhalb gesetzlicher Rahmenbedingungen, die durch die BGB, ZPO, JVEG und ab dem 1.

September 2009 durch das FamFG vorgegeben und näher bestimmt werden, sowie durch obergerichtliche Rechtsprechung. Er ist zur absoluten Neutralität und Allparteilichkeit verpflichtet. Auch vom intervenierenden Sachverständigen wird gefordert, dass er transparent und nachvollziehbar vorgeht. Sein diagnostisches und methodisches Vorgehen hat nach bestem Wissen und Gewissen zu erfolgen, wobei sich das Wissen auf den aktuellen wissenschaftlichen Standard zu beziehen hat.

Die gesetzlichen Vorgaben erlauben es, das sachverständige Handeln zu kontrollieren und auch das intervenierende Vorgehen einer Überprüfung zu unterziehen. Im Einzelfall kann unkorrektes Vorgehen zur Ablehnung des Sachverständigen und/oder zum Verlust seiner Entschädigung führen.

Selbst wenn der Sachverständige explizit mit einem lösungsorientierten Vorgehen beauftragt wird, bleibt er dennoch Gehilfe des Gerichts mit den rechtlichen Rahmenbedingungen, die in der ZPO festgelegt werden. Auf der Grundlage dieser für die Beantwortung der Fragestellung des Gerichts und des Konflikts angemessenen Informationen und Erfahrungen hat der Sachverständige immer auch die Aufgabe, dem Gericht Informationen für dessen Entscheidungsfindung zu geben. Als lösungsorientierter Sachverständiger wird seine Funktion erweitert. Als Sachverständiger hat er sein diagnostisches Wissen und seine individuellen Erfahrungen zudem, der Familie sachverständig, aber in verständlicher Weise zur Verfügung zu stellen. Gerade die Verzahnung von fallspezifischer Datenerhebung und seinen Erkenntnissen, die er im Laufe des Begutachtungsprozesses gewonnen hat, einerseits, mit seinem Vorwissen und seiner Erfahrung andererseits, bilden das Fundament, auf eine Konfliktverringerung und eine kindeswohldienliche Einigung in der Familie hinzuwirken.

Der lösungsorientiert vorgehende Sachverständige (genauer noch wäre der Ausdruck »entwicklungsorientiert«, denn nicht eine fertige Lösung sollte das Ziel sein, sondern entscheidend ist der Weg dorthin, auf dem der Sachverständige die Familie begleiten und unterstützen sollte) hat also einerseits neben den bestehenden Aufgaben gemäß ZPO dem Gericht Informationen zuzuleiten, damit dieses fundiert eine kindeswohlgemäße Entscheidung treffen kann, auch andererseits die Aufgabe, die Familien bei der Lösung in ihrer Konflikte um das Kind zu unterstützen. Diese Unterstützung kann sich im Einzelfall z.B. bei Kindeswohlgefährdung, auf Drittpersonen oder Institutionen ausweiten. Lösungsorientiertes Vorgehen bedeutet daher auch nicht, dass der Sachverständige nur für die Familie als deren persönlicher Berater oder gar Coach engagiert wurde. Der Sachverständige bleibt in jedem Fall auch Gehilfe des Gerichts, mit all den für ihn geltenden gesetzlichen Rahmenbedingungen.

Vorschläge für ein lösungsorientiertes Vorgehen

Die folgenden Vorschläge gelten für die Begutachtung auch im Allgemeinen, gewinnen aber bei einem lösungsorientierten Vorgehen verstärkt an Bedeutung: Um lösungsorientiert begutachten zu können, muss der Sachverständige versuchen zu den Betroffenen, meist den Eltern und dem Kind, einen guten Rapport herzustellen. Schon die Form der Kontaktaufnahme kann hierzu beitragen. Es macht einen Unterschied für die Eltern, ob der Termin mit dem Sachverständigen persönlich am Telefon ausgemacht werden kann oder ob dem Elternteil ein Termin über das Sekretariat genannt wird. Bei den Telefonaten zur Terminabsprache können schon erste Bedenken der Betroffenen besprochen werden, der Begutachtungsablauf kann bereits kurz erklärt werden.

Die Atmosphäre des Besprechungszimmers trägt zur Reduzierung der Vorbehalte der Parteien bei. Es spricht sich leichter in einem freundlichen Besprechungszimmer.

Das FamFG sieht zwar keine Aufklärungspflicht vor, dennoch soll der Sachverständige sich und sein beabsichtigtes Vorgehen vorstellen. Der Sachverständige sollte also schon hierbei die Gelegenheit ergreifen, die Eltern für eine möglichst offene Mitarbeit zu motivieren, ohne dabei den familiengerichtlichen Rahmen, in dem er tätig ist, auszublenden.

Im Regierungsentwurf zum FamFG zur Einschaltung des Sachverständigen mit der Aufgabe, auf Einvernehmen hinzuwirken, ist davon die Rede, dass der Sachverständige den Eltern über Trennungsreaktionen Aufklärung gibt. Diese Aufklärung oder Erklärungen können allein nicht ausreichend sein, um die Familie zum Einvernehmen zu bewegen. Sinnvoll können Kenntnisse über Trennungsprozesse sein, wesentlich wohl auch eine Rückmeldung über das aktuelle Befinden des Kindes. In der Praxis hat sich zudem bewährt, den Eltern Hinweise auf Sorgerechtsregelungen zu geben. Häufig wird die gemeinsame elterliche Sorge missverstanden und eine vollumfängliche Kooperationsbereitschaft angenommen, was aber der tatsächlichen Rechtssituation nicht entspricht. Auch die Vorstellung von Lösungsmodellen, die der Sachverständige aus seiner Praxis kennt, kann hilfreich sein.

Aufbauend auf Diagnostik, Beratung und Begleitung der Familienmitglieder (sowie der übrigen durch das Verfahren Betroffenen) soll es dem Sachverständigen darum gehen, die Beziehung der Familienmitglieder zu erhalten oder im Einzelfall wiederherzustellen.

Dieses Vorgehen fordert vom Sachverständigen eine ständige Bereitschaft die Eltern wie ein Coach zu begleiten und bei auftretenden Problemen, die die Fragestellung des Sachverständigen betreffen, mit Rat und Hilfe zur Verfü-

gung zu stehen. Einige Konzepte, die für die parent coordination[8] erarbeitet wurden, können hierbei Anwendung finden.
Ein wesentliches Merkmal der lösungsorientierten Begutachtung ist die Problemzentriertheit und die Möglichkeit, für jeden Elternteil, seine Belange und seine Sicht auf die gescheiterte Beziehung vortragen zu können. Es wäre falsch, den Blick in die Vergangenheit völlig zugunsten einer Zukunftsorientiertheit zu unterbinden zu versuchen. Die Eltern haben ein Bedürfnis, ihre Geschichte vortragen zu können, um das Gefühl zu haben, dass sie verstanden werden. Die Konfliktgeschichte hilft dem Sachverständigen auch dabei, Konfliktdynamik und Streitpunkte besser zu erkennen und Lösungsmöglichkeiten zu entwickeln. Am Ende des Gesprächs wird der Sachverständige für sich zu entschciden haben, ob er Lösungsansätze sieht oder ob er sich auf eine statusorientierte Begutachtung zurückziehen muss; sei es, dass der Konflikt nicht für ein lösungsorientiertes Vorgehen geeignet erscheint, sei es, dass der Sachverständige sich nicht in der Lage sieht, hier sinnvoll interventionistisch vorgehen zu können.
Beim lösungsorientierten Vorgehen wird die Entzerrung der Kommunikation im Mittelpunkt stehen, das Konfliktniveau sollte reduziert werden. Dies kann z.B. mit Hilfe von Shuttlegesprächen über den Sachverständigen erreicht werden. Danach gilt es zunächst, eine dem Kind förderliche Regelung des Aufenthaltes und des Kontaktes des Kindes zum getrennt lebenden Elternteil zu erarbeiten und – wenn möglich – mit den Eltern umzusetzen. Sollte – aus welchen Gründen auch immer – absehbar sein, dass kein Einvernehmen erreichbar sein wird, hat der Sachverständige die Verantwortung zum Wohle des Kindes an die Gestaltungsmöglichkeiten des Familiengerichts zu delegieren, wobei auch hier im Rahmen der mündlichen Verhandlung ein großer Bewegungsspielraum zur Herstellung von Einvernehmen verbleibt.
Die Regelungen, die im Rahmen des lösungsorientierten Vorgehens zwischen den Eltern ausgehandelt werden, sollten sich an den Bedürfnissen des Kindes und den individuellen Lebensverhältnissen der Eltern orientieren. Dabei wird der Sachverständige, auch wenn Regelungen nur für kurze Zeit geplant werden, den Eltern Vertrauen vermitteln müssen in ihre eigene Kraft, erwartbare Schwierigkeiten und Widrigkeiten lösen zu können. Prinzipiell gilt es dann, die Kooperationsbereitschaft und damit Vertrauen und Fairness zwischen den Erwachsenen und anderen Familienmitgliedern zu erhöhen.
Nachdem der Sachverständige z.B. mit den Eltern eine probatorische Regelung des Umgangs für einen bestimmten Zeitraum erarbeitet hat, bietet er sich an, für den Betroffenen in dieser Zeit als Fachperson als Ansprechpartner zur Verfügung zu stehen und ihnen bei anstehenden Problemen zu helfen. Dabei

8 Siehe: Sullivan, M.; 2009; New Services for Families in the Divorce Transition, in: Höfling, S. (Hrsg.) Sudies & Comments 8, S. 101

soll, anders als beim möglichst umfassenden Prognosezeitraum einer statusorientierten Begutachtung, bei der eine vom Sachverständigen vorgeschlagene Regelung lang dauern oder zumindest bis zum nächsten Abänderungsantrag gelten soll, der Sachverständige hier zunächst kürzere Zeiträume zur Erprobung von Regelungen vorschlagen, um so Befürchtungen der Eltern zu reduzieren und deren Bereitschaft zur Erprobung neuer Regelungen zu erhöhen, die gegebenenfalls den veränderten Bedingungen angepasst werden können.

Grenzen des lösungsorientierten Vorgehens

Im Rahmen der lösungsorientierten Begutachtung gibt es gewisse Einschränkungen, die der Sachverständige zu beachten hat.
Die Intervention des lösungsorientierten Sachverständigen muss sich immer an der gerichtlichen Fragestellung ausrichten. Der Sachverständige hat auch die Freiwilligkeit der Beteiligten zu beachten. Dies gilt auch für die Teilnahme an den Interventionsbemühungen. Häufig sind die Eltern bereits in einigen Beratungsinstitutionen gewesen, haben versucht sich Hilfe zu holen und sind teilweise mehrfach damit gescheitert. Hier wird die lösungsorientierte Begutachtung nur ein weiterer Versuch sein, der in vielen Fällen ebenfalls scheitern kann; aber manchmal eben auch zum Erfolg führt. Sollten die Eltern keine Mitwirkungsbereitschaft zeigen, so wird er seine Rolle als Helfer des Gerichts erfüllen müssen, was den Eltern vermittelt werden sollte. Eine Verweigerung an der Begutachtung kann vom Sachverständigen nicht in Zusammenhang mit Mangel an Erziehungskompetenz gestellt werden, sie ist das Recht eines jeden Familienmitgliedes, die Weigerung an der Teilnahme kann nur von Gericht bewertet werden.
Bei der Datenerhebung hat sich der Sachverständige aus ethischen Gründen auch darum zu kümmern, dass ihm keine Informationen anvertraut werden, weil dann seine gerichtliche Rolle nicht erkannt wird. Die Information von den Beteiligten sollten nur die Daten umfassen, die der Sachverständige auch im Rahmen seiner Begutachtung erheben würde. Dies bedeutet, dass der Sachverständige keine Atmosphäre schaffen darf, die Betroffenen in eine therapieähnliche Situation suggerieren und die Betroffenen veranlassen, Sachverhalte preiszugeben, die sie dem Gericht gegenüber verschweigen würden. Der Sachverständige hat immer zu bedenken, dass er selbst kein Schweigerecht hat. Auch wenn ihm als Sachverständiger daraus häufig keine negativen Folgen erwachsen, da jede Information mit dem Kindeswohl in Verbindung gebracht werden könnte, obliegt es seiner Verantwortung, nicht die Eltern zu einer Öffnung zu bewegen, die sie später bedauern oder als peinlich empfinden würden.

Prinzipiell darf sich der Sachverständige ausschließlich des Spektrums psychologischer Methoden bedienen. Überreden, Drohungen – vor allem mit sorgerechtlichen Folgen-, Beschimpfungen gehören nicht in das Repertoire eines Sachverständigen. Allein aus der Tatsache mangelnder Kooperationsbereitschaft kann nicht unmittelbar auf gravierende Mängel in Erziehungsfähigkeit geschlossen und ein Kindeswohl schädigender Entwicklungsverlauf prognostiziert werden. Forschungsergebnisse, die solche Schlüsse untermauern könnten, liegen nicht vor.

Nicht zuletzt sind auch ökonomische Gesichtspunkte und damit eine Begrenzung des Interventionsumfangs seitens des Sachverständigen zu beachten. Der Aufwand kann nicht grenzenlos sein. Auch einem Psychotherapeut steht nur eine gewisse Anzahl von Stunden zur Verfügung, die er von der Kasse genehmigt bekommt.

Die Grenzen der lösungsorientierten Begutachtung sind immer dort gegeben, wo der Konflikt nicht für explizite Intervention geeignet ist. Wiewohl viele Konflikte psychologisch verständlich aus der Beziehungs- und Erziehungsgeschichte der Eltern resultieren, liegen manchmal die Ursachen eines gerichtsanhängigen Konflikts in objektiven Gegebenheiten, sei es, dass die ökonomische Situation angespannt ist, die Wohnverhältnisse nicht ausreichend sind oder die Entfernung zwischen den Eltern so groß ist, dass eine Einigung nicht erreicht werden kann. Hier kann häufig auch ein gerichtlicher Beschluss emotional entlastend wirken.

Bedenklich erscheint, wenn Sachverständige a priori geltende Kindeswohlregelungen wie z.B. vierzehntägliche Umgangsreglungen, der Familie überstülpen, ohne darüber konkret mit den Beteiligten gesprochen zu haben. Kindeswohlregelungen, die möglicherweise einem sozial erwünschten Familienbild der Nachtrennungsfamilie entsprechen, müssen im Einzelfall dem Kindeswohl nicht angemessen sein. Auch muss sich der Sachverständige der Beschränktheit der Familienpsychologie bewusst sein: Der Familienrichter hat das Kindeswohl zu Elternrechten in Bezug zu setzen, dies ist nicht Aufgabe des Sachverständigen.

Eine weitere Grenze lösungsorientierten Vorgehens ist fehlende Fachlichkeit oder das Erreichen der Grenze der Kompetenz. Nicht jeder Sachverständige ist für jede Familie der richtige Ansprechpartner. Sachverständige und Familie haben sich nicht gegenseitig ausgesucht. Scheitern die Bemühungen des Sachverständigen so hat der Sachverständige bei der Beantwortung der Fragestellung seine Empfehlung nur auf seine diagnostischen Daten zu beziehen. Narzisstische Kränkungen, seitens des Sachverständigen, wenn die Familie seine Intervention nicht angenommen hat, dürfen sich nicht zum Nachteil der Eltern auswirken.

Nicht zuletzt besteht die Gefahr, dass die Psychologie überschätzt wird, wenn jeder Konflikt durch die Psychologie lösbar erachtet wird. Das Recht ist eine sehr alte, sehr bewährte Konfliktlösungsmöglichkeit und sie stellt im Einzelfall eine notwendige Intervention dar, die in ihren Wirkungen und Folgen auch immer eine psychologische ist.

Ausblick

Es fehlt bisher an einem verbindlichen Konzept für eine lösungsorientierte Begutachtung, es gibt kein einheitliches Verständnis und erst recht keinen methodischen Kanon des lösungsorientierten Vorgehens. Manche Kollegen werden sich damit begnügen, am Ende der Begutachtung den Eltern das Ergebnis ihrer Diagnostik und ihrer darauf aufbauenden Beantwortung der Fragestellung vorzustellen, um damit die Eltern noch zu einem Einvernehmen in ihrem Sinne zu bewegen. Andere Kollegen werden die Begutachtung mit gemeinsamen Gesprächen und Vermittlungen beginnen, ohne die Befindlichkeiten und spezifische Ausgangslage der Eltern erhoben zu haben. Ob dies alles noch oder schon lösungsorientierte Begutachtung ist, scheint frag- und damit auch diskussionswürdig. Angesichts der hohen Bedeutung eines solchen Vorgehens erscheint es an der Zeit, innerhalb der Fachkollegen eine Diskussion zu institutionalisieren, in der Kriterien für eine lösungsorientierte Begutachtung, ethnische Rahmenbedingungen, Abbruchkriterien oder aber auch eine Einschätzung, welcher Familienkonflikt für welche Intervention geeignet ist, erarbeitet werden. Ein solcher Prozess der Entwicklung von Standards für dieses Vorgehen erscheint bislang auf einzelne Gutachteninstitute begrenzt.

Weiter muss die Diskussion mit anderen Berufsgruppen verbessert werden und dabei noch besser geklärt werden, wie das Sachverständigengutachten in das beschleunigte und dem Vermittlungsgrundsatz verpflichtete familiengerichtliche Verfahren eingebettet sein soll.

Auch muss die interprofessionelle Zusammenarbeit verbessert werden, um den Übergang von einer verbesserten Motivation zur Zusammenarbeit durch die Begutachtung in die Angebote der Beratungsstellen und Beratungsfachleute zu gewährleisten. So könnten Mediation, Beratung, spezielle Elterntrainings, Kindergruppen in die lösungsorientierte Begutachtung einbezogen werden, die der Familie in ihrem Konflikt helfen.

Eine besondere Rolle spielen die Anwälte. Sie sind die ersten Ansprechpartner für die Parteien, sie haben großen Einfluss auf die Einstellung des Familienglieds zum Sachverständigen und zum Konflikt. Eine kooperative Zusammenarbeit (Cooperative Practice) wäre ein Modell, das sich auch auf die Begutachtung übertragen ließe.

Um die lösungsorientierte Begutachtung fachgerecht durchführen zu können, wird die Kompetenz eines einzelnen Sachverständigen häufig überschritten.

Ein einzelner Sachverständige kann nicht immer Experte sein auf sämtlichen familienforensischen Fachgebieten, die im Einzelfall zum Einsatz kommen können. Die Begutachtung im Team mit einem hauptverantwortlichen Sachverständigen, könnte mehr Fachkompetenz einbringen, Fachkompetenz die von den Hochkonfliktfamilien gefordert wird.
Damit werden aber auch für die Weiterentwicklung von lösungsorientierter Begutachtung Schritte notwendig sein, wie sie von Cochem und Jürgen Rudolph aus- und inzwischen auch bundesweit weitergegangen werden: Eine Debatte offensiv, kritisch und über die Fachgrenzen hinaus zu führen, und dabei auch Irrungen der Diskussion nicht zu scheuen, wenn sie nur dazu dient, neu Wege zu eröffnen und im Auge zu behalten, was Familien wirklich helfen kann, um ihre Autonomie wieder zu erlangen.

Haci-Halil Uslucan[1]

Erziehung und Kindeswohl in muslimischen Migrantenfamilien: Implikationen für die Begutachtung in Migrantenfamilien

I. *Einleitung*

Gegenwärtig leben in Deutschland Schätzungen zufolge rund 3.200.000 Menschen islamischen Glaubens; mit einem Bevölkerungsanteil von etwa 4 % ist der Islam in Deutschland neben dem Christentum die zweitstärkste Religion.[2] Durch diese hohe Anzahl stellt die islamische Religion also nicht mehr ein fremdes Element, sondern ein die europäische bzw. deutsche Kultur mit prägendes Phänomen dar. Multikulturelle und multireligiöse Gesellschaft ist bereits eine soziale Tatsache; der Dialog mit der islamischen Welt bzw. muslimischen Migranten erweist sich als drängender denn je, wie sie auch vom Bundesinnenminister Schäuble im Kontext der Deutschen Islamkonferenz (DIK) mehrfach geäußert wurde. Richtet man die Perspektive auf Kinder und Jugendliche, so zeigt sich die Notwendigkeit pädagogischer Konzepte für religiös unterschiedliche Lebenswelten noch eindringlicher. Rund 750.000 Schülerinnen und Schüler muslimischen Glaubens besuchen deutsche Schulen.[3] Bundesweit sind somit ca. 6 % aller Schüler islamischen Glaubens mit tendenziellem Anstieg ihres Anteils an der Referenzbevölkerung, weil muslimische Familien sowohl jünger sind als auch in der Regel mehr Kinder bekommen als deutsche Familien. Diese gesellschaftlichen Veränderungen berühren auch die familienpsychologisch-forensische Praxis. Vor allem stellen sie die involvierten Berufsgruppen wie Familienrichter, Jugendämter und psychologische Sachverständige vor eine neue Herausforderung. Offensichtliche Differenzen zwischen Migrantenfamilien und diesen Institutionen in Erziehungsfragen, im Verständnis von Partnerschaft und Eltern-Kind-Beziehungen schaffen im Alltag vielfach Missverständnisse und Frustrationserlebnisse auf beiden Seiten, die aus Verlegenheit, angemessene individuelle Erklärungen und Lösungen zu finden, recht schnell kulturalisiert werden.

1 Der Autor ist Vertreter der Professur für Pädagogische Psychologie der Helmut-Schmidt-Universität Hamburg und psychologischer Sachverständiger.
2 Baumann, in: Baumann (Hg.), S. 11-33.
3 Müller, in: Baumann (Hg.), S. 163-181.

Für die prinzipielle Frage der Integrationsfähigkeit des Islam im sozialen Alltag ist es wichtig, eher aus einer Innenperspektive den familiären erzieherischen Hintergrund islamischer Kinder bzw. die erziehungsleitenden Prinzipien muslimischer Eltern zu kennen, d.h. die leitenden Motivationen der Eltern (Sorge um das Kind, Sorge um eine angemessene soziale Platzierung der Tochter/des Sohnes, Sorge um das Selbstbild in der Community bei vermeintlichen Fehlhandlungen etc.) explizit zu machen. Diese Kenntnis scheint im pädagogischen bzw. schulischen Alltag von hoher Relevanz zu sein, da Schule der exemplarische Ort ist, an dem sich deutsche Schüler und Schüler nichtdeutscher Herkunft begegnen; Schule also sowohl Ort des Konflikts als auch das Feld darstellt, in dem das Zusammenleben am besten eingeübt werden kann.[4]

II. *Elterliche Erziehung in muslimischen Familien*

Mit dem Familiennachzug bzw. der Familienbildung in Deutschland stellt sich für viele muslimische Migranten die Frage der Weitergabe der eigenen Tradition und Religion an die nachwachsende Generation; dies um so mehr, je stärker sich die Familien in der Fremde bedroht erleben, Rückzugstendenzen in eigene kulturelle Muster zeigen und ein stärkeres Abgrenzungsbedürfnis erleben. Während eine religiöse Sozialisation in den islamischen Herkunftsländern vielfach vom Kontext unterstützt und z.T. unreflektiert als eine Alltagsgewissheit übernommen wird, und durch die umgebende Gesellschaft eine Koedukation erfolgt, ist davon auszugehen, dass in der Migrationssituation – dort, wo der bestätigende und unterstützende Kontext entfällt – eine gezielte islamische Erziehung erfolgt.
Von den Ambivalenzen und den Desintegrationserfahrungen der Moderne sind muslimische Migranten deutlich stärker betroffen. Religion bzw. religiöse Orientierung kann hier den Betroffenen helfen, ein Teil dieser Ambivalenzen zu ertragen, gleichwohl Religiosität aber auch neue Ambivalenzen schafft (z. B. wie eine religiöse Sinnstiftung in der säkularen Moderne noch möglich ist). Die von der religiösen Lehre vermittelte Eindeutigkeit und Klarheit verhilft zu einer Orientierung, schärft das Profil der Eigengruppe, die gelegentlich auch mit einer bewussten Selbstausgrenzungsstrategie verbunden ist, um eventuellen gesellschaftlichen Ausgrenzungen zuvorzukommen (»Wir Muslime sind anders«). Diese Formen der bewussten Rückwendung sind jedoch nicht islam-, sondern vielmehr migrationsspezifisch, d.h. sie betreffen auch andere Migranten in anderen Teilen der Welt. Gerade die Plu-

4 Uslucan, Zwischen Allah und Alltag: Islamische Religiosität als Integrationshemmnis oder -chance? Archiv für Wissenschaft und Praxis der sozialen Arbeit, 2007, S. 58-69.

ralisierung der Lebenswelt kann für Menschen, die aus einer eher homogenen kulturellen Umwelt stammen, wo die Gewissheiten des Alltags stärker verbürgt sind, zum Problem werden, so dass eine Rückkehr, Zuflucht zur Religion als Reduktion von Komplexität und somit kognitiv entspannend erlebt wird.[5]

Insofern kann behauptet werden, dass es in der Lebenswelt von Migranten in jedem Falle zu einer Werteveränderung kommt, und zwar auch dann, wenn die Werte der Herkunftskultur aufrechterhalten werden; denn dann neigen Migranten vielfach dazu, die neue Umwelt mit ihren neuen Werten abzuwehren und sich stärker von ihr zu differenzieren; d.h. sie bilden dann Defensivstrategien aus. Auch erweisen sich bestimmte Handlungen bzw. Unterlassungen erst im Migrationskontext als identitätsrelevant; so etwa bspw. das Befolgen des Schweinefleischverbotes in Deutschland, wo Schweinefleisch in großen Mengen zur Verfügung steht und angeboten wird. In den muslimischen Herkunftsländern dagegen ist bspw. diese Handlung bzw. Unterlassung des Schweinefleischverzehrs kein Hinweis auf eine islamisch definierte Identität, sondern gehört zum *common sense*.

Was den konkreten Erziehungsalltag betrifft, so unterliegen die Inhalte der islamischen Erziehung großen Schwankungen: Auf der einen Seite geht es um eine einfache Frömmigkeit, die zum Ziel hat, die Nachkommen in elementare Inhalte islamischen Lebens zu unterweisen (z.B. die fünf Säulen des Islam) und Rituale wie Gebetsuren, Waschungen zu lehren, aber auch die Unterscheidungen zwischen dem, was »rein« und »unrein« ist, zu kennen, d.h. z.B. wissen, was gegessen werden darf und was unbedingt zu unterlassen ist, usw. Auf der anderen Seite, quasi als das andere Extrem sind fundamentalistische Positionen zu beobachten, die in den koranischen Inhalten sämtliches Wissen bereits vorgeformt betrachten und sich ganz offen gegen eine (natur-)wissenschaftliche kognitive Bildung stellen. Eine Orientierung ausschließlich an der koranischen Offenbarung, die in erster Linie an der Tradition fixiert ist und keine Anweisung für die Lösung moderner Alltagsprobleme gibt, überlässt dann den Einzelnen bzw. das Kind hilflos der Gegenwart, die er bzw. es dann nicht bewältigen kann, weil einfach essenzielle Aspekte des modernen Zeitalters sich nur schwer mit koranischen Begriffen fassen lassen.[6]

Gleichwohl der Islam sich in seinem Selbstverständnis als eine explizit bildungsfreundliche Religion begreift – denn die erste offenbarte koranische Sure beginnt mit einem (Selbst-)Bildungsauftrag – erfolgt jedoch kaum eine

5 Uslucan, Lebensweltliche Verunsicherung türkischer Migranten. Psychosozial, 2005, S. 111-22.

6 Uslucan, Erziehung und Sozialisation türkischer und islamischer Kinder: Implikationen für die familienpsychologische Praxis, Kind-Prax Spezial, 2004, S. 32-38.

Trennung in weltliche und religiöse Bildung.[7] Priorität hat eindeutig die religiöse Bildung und Erziehung. Lernen, sich bilden heißt, ein gottgefälliges Leben zu führen und die Intentionen des Schöpfers einzusehen. Das wiederum erfolgt nur über die Einheit von Glauben und Erziehung.

III. *Scheidung im Selbstverständnis muslimischer Familien*

Aus einer religiösen Innenperspektive ist eine Scheidung aus muslimischer Sicht zwar erlaubt, jedoch nur als letzter Ausweg zu betrachten. Das Ideal islamischen Familienlebens ist daran orientiert, eine Scheidung eher zu verhindern und eine Versöhnung der Ehepartner herbeizuführen. Deshalb werden vielfach auf informellem Wege im Falle eines Ehestreites aus der Familie des Mannes sowie aus der Familie der Frau jeweils ein Vermittler bestimmt, die versuchen sollten, zwischen den Ehepartnern zu schlichten.[8] Darüber hinaus sind bspw. auch klare Regelungen im Koran vorgesehen, wie die Scheidung im Einzelnen zu erfolgen und die Zahlung des Unterhalts zu regeln ist.[9] Diese jedoch können nicht im forensisch-psychologischen Kontext bindend für muslimische Familien bzw. Kinder in Deutschland sein, sondern eher Anhaltspunkte für das Verständnis der Binnensicht bilden.
Kaum vorhanden bzw. wenig bekannt, zu wenig institutionalisiert in den lebensweltlichen Alltag ist der persönliche Umgang mit dem Kind unter Aufsicht eines Dritten bzw. der begleitete Umgang. Gerade hier sind muslimische Familien, vielfach muslimische Väter, stark irritiert, wenn diese als die Form des Kontaktes mit dem eigenen Kind zur Debatte steht.

IV. *Implikationen für die familienpsychologische Praxis*

Zunächst ist zu berücksichtigen, dass nicht nur muslimische Familien, sondern alle Menschen in Krisensituationen auf Anforderungen und Belastungen gereizter und weniger adäquat reagieren, als sie es in »normalen«, entlasteten Zeiten tun. Bestimmte Fehl- oder Überreaktionen sind daher nicht als Ausdruck der mit kulturellen Differenzen verbundenen Handlungspräferenzen oder ihrer religiösen Vorgaben zu deuten, sondern folgen vielmehr einer »Situationsrationalität«.[10]
Nichtsdestotrotz besteht, um die Besonderheiten der Lebenslage von muslimischen Migranten zu verstehen, das Erfordernis einer kultursensiblen Explora-

7 Koran. (Übersetzung von R. Paret). Sure 96, Vers 1ff.
8 Koran. (Übersetzung von R. Paret). Sure 4, Vers 35ff.
9 Koran. (Übersetzung von R. Paret). Sure 2, Vers 226 ff. und Sure 65, Vers 1 ff.
10 Nauck, & Alamdar-Niemann, in: Arbeitskreis Neue Erziehung, S. 1-35.

tion. So kann bspw. versucht werden, den Akkulturationsstand ausländischer Elternteile zu erfassen, in dem bspw. während der Begutachtung danach gefragt wird:[11]

- inwieweit ein ausländischer bzw. muslimischer Elternteil mit den Erziehungsvorstellungen der deutschen Kultur vertraut ist, inwieweit er oder sie diese begrüßt und sie bei der Erziehung des eigenen Kindes umsetzen möchte (Assimilation),
- oder um eine Verschränkung dieser mit den eigenkulturellen Erziehungsstandards bemüht ist (Integration) oder aber diese gänzlich ablehnt (Separation).

Exemplarisch hierfür sind Fragen aus bewährten Akkulturationsskalen in der Migrationsforschung, die das Verhältnis bzw. Einstellungen zur Aufnahme- und Herkunftsgesellschaft thematisieren.[12]

Denn häufig betrachten muslimische Eltern die komplette Assimilation ihrer Kinder an deutsche Lebensverhältnisse als ihre größte Sorge; befürchten – aus Unwissenheit und Fehlwissen über »deutsche Erziehungsinhalte« – eine völlige kulturelle und religiöse Entfremdung und versuchen dem mit einer intensiveren religiösen Werteerziehung beizukommen. Hier sollten Erziehungsinstitutionen wie Kitas und Schulen für größere Transparenz ihrer erzieherischen Ziele sorgen.

Eine kulturelle Sensibilität sollte sowohl bei der Exploration gewährleistet sein, indem bspw. auch die Umstände der Migration thematisiert werden als auch später bei der gutachterlichen Empfehlung der Sorgerechts- und Umgangsregelung ihren Platz haben, damit diese auch konstruktiv von den Eltern getragen werden kann:

- So können bspw. bei binationalen Partnerschaften die Ängste vor einer kulturellen Entfremdung des islamischem Elternteils genommen werden, wenn eine konsequente bikulturelle Kontaktpflege durchgeführt wird; dadurch kann auch die eventuelle Entführungsgefahr reduziert werden. Beispielhaft kann hier in die Umgangsregelung aufgenommen werden, dass das Kind die zentralen islamischen Feiertage »Zuckerfest« (am Ende des Fastenmonats Ramadan) und »Opferfest« (70 Tage nach dem Zuckerfest), die je drei Tage dauern, zumindest am ersten Tag beim islamischen Elternteil verbringt oder christliche Feiertage wie Weihnachten und Ostern bei dem deutschen, die islamischen bei dem türkischen Elternteil verbringt.
- Ferner sollten bspw. bei einer Heimunterbringung bzw. bei Unterbringungen in Pflegefamilien konsequent auf die Einhaltung des Schweinefleischver-

11 Uslucan, & Fuhrer, Psychologische Begutachtung türkischer Familien in familiengerichtlichen Verfahren. Praxis der Rechtspsychologie, 2004, S. 64-81.

12 Dick, Wagner, Adams, & Petzel, Einstellungen zur Akkulturation: Erste Evaluation eines Fragebogens an sechs deutschen Stichproben, Gruppendynamik, 1997, S. 83-92.

botes geachtet werden, wenn islamische Familien eine solche Empfehlung mittragen sollen.
Insbesondere sollte bei muslimischen Elternteilen darauf geachtet werden, dass bspw. eine Umgangsbegleitung nicht in einer sichtbar konfessionellen Einrichtung stattfindet bzw. dort empfohlen wird; Muslimische Eltern könnten Ängste religiöser Entfremdung und »Missionierung« des Kindes entwickeln und Umgangskontakten gegenüber Vorbehalte aufweisen.

- Wenn bspw. muslimische Väter bei der Anamnese wenig zur Entwicklung ihrer Kinder sagen können, so ist das selten als Ausdruck des Desinteresses am Kind zu werten, sondern vielmehr der traditionellen Arbeitsteilung geschuldet, wonach die Pflege und Betreuung des Kindes in den frühen Jahren überwiegend von der Mutter übernommen wird und Pflegehandlungen wie bspw. das Wickeln oder Füttern des Kindes als inkompatibel mit der männlichen Geschlechtsrolle gesehen werden.
- In traditionellen islamischen Familien ist die Bedeutung und Präsenz des Vaters eminent wichtig; »vaterlose« Kinder laufen viel stärker als deutsche Kinder Gefahr, als »Bastarde« stigmatisiert zu werden; auch da die Anzahl allein erziehender Mütter in islamischen Kreisen relativ gering ist. Dieser Aspekt kann unter Umständen ein weiterer Grund für Umgangskontakte mit dem Vater sein, insbesondere wenn das Kind in einem eigenethnischen bzw. muslimischen Umfeld aufwächst.

Letztlich gilt es, im Kontext der Begutachtung die Balance zwischen zwei Fehlhaltungen zu wahren, das Schiff zu navigieren zwischen der Scylla einer schutzlosen Überantwortung von Kindern an kulturell bedingte und einengende Beziehungen und der Charybdis der vermeintlich »rettenden« Eingriffe in Minderheitenfamilien, um bestimmte erzieherische Mittelschichtsnormen durchzusetzen, die womöglich gerade dann eine Entfremdung zwischen Eltern und Kindern herbeiführen können.

Literatur

Baumann, U. (2001). Eine Welt – Viele Religionen. Christen und Muslime in Deutschland. In U. Baumann (Hg.), Islamischer Religionsunterricht. Grundlagen, Begründungen, Berichte, Projekte, Dokumentationen (S. 11-33). Frankfurt: Lembeck.

Dick, R., Wagner, U., Adams, C. & Petzel, T. (1997). Einstellungen zur Akkulturation: Erste Evaluation eines Fragebogens an sechs deutschen Stichproben. Gruppendynamik, 28, 83-92.

Koran (1993). (Übersetzung von R. Paret). Stuttgart: Kohlhammer.

Müller, P. (2001). (Religions-)Pädagogische Überlegungen. In U. Baumann (Hg.), Islamischer Religionsunterricht. Grundlagen, Begründungen, Berichte, Projekte, Dokumentationen (S. 163-181). Frankfurt: Lembeck.

Nauck, B. & Alamdar-Niemann, M. (1999). Migrationsbedingter Wandel in türkischen Familien und seine Auswirkungen auf Eltern-Kind-Beziehungen und Erziehungsverhalten. In Arbeitskreis Neue Erziehung (Hrsg.), Erziehung – Sprache – Migration (S. 1-35). Berlin: Arbeitskreis Neue Erziehung.

Uslucan, H.-H. (2004). Erziehung und Sozialisation türkischer und islamischer Kinder: Implikationen für die familienpsychologische Praxis. Kind-Prax Spezial, 7, 32-38.

Uslucan, H.-H. & Fuhrer, U. (2004). Psychologische Begutachtung türkischer Familien in familiengerichtlichen Verfahren. Praxis der Rechtspsychologie, 14, 64-81.

Uslucan, H.-H. (2005). Lebensweltliche Verunsicherung türkischer Migranten. Psychosozial, 28 (1), 111-122.

Uslucan, H.-H. (2007). Zwischen Allah und Alltag: Islamische Religiosität als Integrationshemmnis oder -chance? Archiv für Wissenschaft und Praxis der sozialen Arbeit, 3, 58-69.

Wiebke Wagner[1]

Hinwirken auf Einvernehmen zwischen den Eltern im Rahmen einer psychologischen Begutachtung

Häufig kam und kommt es vor, dass ein Richter den Auftrag zu einer psychologischen Begutachtung mit der Hoffnung verknüpft, der eingesetzte »Fachmann« könne mit den Eltern eine konstruktive Lösung erarbeiten und das familiengerichtliche Verfahren zu einem »friedlichen Ende« bringen. Auch erarbeiten psychologische Sachverständige im so genannten Abschlussgespräch in vielen Fällen eine Einigung mit den Eltern und präsentieren sie anstelle des umfangreichen schriftlichen Gutachtens dem Gericht.
Dieses Vorgehen war bislang in den entsprechenden Vorschriften der Zivilprozessordnung nicht vorgesehen. Es ist daher zu begrüßen, dass das FamFG Rechtsklarheit geschaffen hat, in dem es ausführt: »Das Gericht kann in Verfahren, die die Person des Kindes betreffen, anordnen, dass der Sachverständige bei der Erfüllung seines Gutachtenauftrages auf die Herstellung des Einvernehmens zwischen den Beteiligten hinwirken soll.« (§ 163 Abs. 2 FamFG)
Es stellen sich nun die Fragen:
Legitimiert das FamFG lediglich eine bereits vorherrschende Praxis oder was ist neu an dem Auftrag nach § 163 Abs. 2 FamFG? Und was bedeutet »Hinwirken auf Einvernehmen *bei der Erfüllung des Gutachtenauftrags«?*

I. *Veränderungsorientierung in der Begutachtung*

Bereits in der Entwicklung der Rechtspsychologie vom status- zum interventionsorientierten Vorgehen[2] wurde das von der Medizin adaptierte »symptomorientierte Modell«, das anhand von untersuchtem Verhalten Aussagen über Eigenschaften und zukünftiges Verhalten ableitete von dem Fokus auf Intervention und Veränderung im Rahmen der Begutachtung abgelöst. Auch erfolgte bereits durch die 1998 in Kraft getretene Kindschaftsrechtsreform eine Verschiebung des Zielauftrags von der Selektion des für die Wahrnehmung der elterlichen Sorge »besser geeigneten« Elternteils hin zur

1 Die Autorin ist psychologische Sachverständige des Instituts Gericht und Familie (igf), Berlin.
2 Salzgeber, Familienpsychologische Gutachten, 3. Aufl., München, 2001.

Frage der möglichen Wiederherstellung der gemeinsamen Elternverantwortung.

Dies hat auch die Praxis der sachverständigen Tätigkeit verändert. Maß sich die Qualität der Begutachtung im Rahmen der so genannten statusorientierten Diagnostik vor allem an der präzisen Datenerhebung und dem schriftlichen Gutachten, das zu einer möglichst klaren Entscheidungsfindung meist zugunsten eines Elternteils beitrug, so hat sich im Rahmen der so genannten interventionsorientierten Diagnostik die Anforderung an die Qualität der Datenerhebung und -auswertung nicht aufgeweicht, es wurden jedoch zusätzlich Interventionsstrategien in die Begutachtung aufgenommen, die neben dem Aufzeigen eines Kindeswohl gefährdenden oder das Kind belastenden Verhaltens der Eltern, eine Verbesserung dieses Verhaltens zum Ziel haben.

In der interventionsorientierten Diagnostik werden die gewonnenen fallspezifischen Informationen herangezogen, um in der Arbeit mit den Beteiligten Einstellungs- oder Verhaltensänderungen zu befördern, die eine Entlastung oder Konfliktminderung bewirken und im Hinblick auf die Bedürfnisse des Kindes positive Effekte erwarten lassen. Diese methodische Orientierung in der Sachverständigentätigkeit wird bislang sowohl in Fällen von Elterntrennung und Umgangskonflikten, als auch in Verfahren wegen Kindeswohlgefährdungen nach dem § 1666 BGB angewandt. Während in den erstgenannten Fällen meist eine Entlastung des Kindes durch die Entschärfung des Konfliktes zwischen den Eltern, Anbahnung unterbrochener Beziehungen oder Probephasen im Vordergrund stehen, zielt das interventionsorientierte Vorgehen in Kinderschutzverfahren auf die Prüfung und Realisierung einer Verhaltensänderung der Eltern mit dem Ziel der Abwehr der Kindeswohl gefährdenden Lebenssituation.

Der Begründung des Gesetzesentwurfs nach ist davon auszugehen, dass § 163 Abs. 2 FamFG vor allem in Verfahren nach Elterntrennung oder Scheidung und im Fall von Umgangskonflikten Anwendung finden soll.

II. *Einigung erwirkt – Auftrag erfüllt?*

Steht nun die Einigung der Eltern im Vordergrund und gilt dieser das Hauptaugenmerk des sachverständigen Vorgehens? Ist sie gar mit dem Kindeswohl grundsätzlich identisch? Auch nach Inkrafttreten des FamFG wird festzustellen sein, dass die Gutachterin[3] aufgrund ihrer spezifischen Rolle und dem gesetzlichen Auftrag das Wohl der betroffenen Kinder im Blick hat und vor

3 Im Interesse der Lesbarkeit wird bei der Bezeichnung von Beruf- und Personengruppen einheitlich die weibliche Form verwendet. Gemeint sind jedoch stets Männer und Frauen.

das Wohl der Eltern stellen muss. In der Mediation oder Beratung besteht oftmals die Annahme, eine von den Eltern gemeinsam erarbeitete Lösung sei *grundsätzlich* die für die betroffenen Kinder bessere Alternative zu einer gerichtlichen Entscheidung. Die Kinder sind dabei meistens nicht präsent und ihr Wille wird auch nicht systematisch untersucht.
Obwohl die Sachverständige das grundgesetzlich garantierte Elternrecht natürlich respektiert und auch die Möglichkeit der Eltern besteht, sich zwecks einer Einigung vom gerichtlichen Verfahren wieder zurückzuziehen, so werden der Wille und die Bedürfnisse des Kindes vor einer rein auf die Verhandlung der Eltern gestützten Lösung unbedingt in Erfahrung gebracht werden müssen. Ein sachverständiges Vorgehen kann sich nicht ergebnisoffen dem Einigungsprozess der Eltern widmen, sondern muss die Bedürfnisse und den Willen der betroffenen Kinder kennen und berücksichtigen.
Das im Rahmen einer einigungsorientierten Begutachtung von den Eltern mit der Sachverständigen zu erarbeitende Ergebnis wird sich daher in einem am Kindeswohl orientierten *Korridor* bewegen, der den Eltern zwar Spielraum für gemeinsame Lösungen lässt, dessen Grenzen jedoch durch die Bedürfnisse des Kindes markiert sind.

Beispiel 1: Die im Rahmen der Begutachtung gewonnenen Untersuchungsergebnisse ergaben den Wunsch des Kindes nach Kontinuität in der Beziehung zu beiden Eltern.
Vor diesem Hintergrund kann die Sachverständige einen Kontaktabbruch oder eine Unterbrechung der Beziehung zu einem Elternteil als Ergebnis der Elterneinigung – auch vor dem Hintergrund des von den Eltern gewünschten »Friedens« oder anderer Tauschgeschäfte – nicht befürworten. Die Grenzen des Korridors sind durch den Wunsch des Kindes nach Beziehung markiert, innerhalb derer eine von den Eltern getragene Entscheidung zur konkreten Ausgestaltung des Kontakts zu fördern ist.

Beispiel 2: Die vom Gerichtsverfahren und der Begutachtung offensichtlich belasteten Eltern einigen sich darauf, dass jeder eines der zwei gemeinsamen Kinder zu sich nimmt. Die Sachverständige hat in ihren Untersuchungen eine emotional bedeutsame Geschwisterbeziehung festgestellt. Sie kann daher der Einigung der Eltern nicht vorbehaltlos zustimmen.

Das sachverständige Hinwirken auf Einvernehmen kann daher im Hinblick auf die einzusetzenden Strategien erst *nach* Beendigung der relevanten entscheidungserheblichen Untersuchungen begonnen werden. Auch muss die Sachverständige im Falle eines Scheiterns der Einigungsbemühungen in der Lage sein, ein schriftliches Gutachten gemäß sämtlichen Qualitätsanforderungen zu erstellen, dass für die dann meist notwendige gerichtliche Entscheidung herangezogen werden kann.[4]

III. *Interventionsstrategien*

Welches methodische Vorgehen eignet sich nun, um bei den beteiligten Eltern im Rahmen eines entsprechenden gerichtlichen Auftrags Einvernehmen herbeizuführen? Die Sachverständige muss Transparenz garantieren und eine Schweigepflicht verneinen. Sie kann im Rahmen der Begutachtung weder als Therapeutin noch als Beraterin oder Mediatorin tätig sein – und dies obwohl eine entsprechende Fachkenntnis oder Qualifikation durchaus vorliegen mag. Sie wird jedoch methodische Anleihen bei den genannten Fachdisziplinen nehmen und sie auf den individuellen Fall hin zielorientiert einsetzen.[5]

Zunächst ist festzustellen, dass eine interventionsorientierte Diagnostik nicht mit einem »Hinwirken auf Einvernehmen« gleichzusetzen ist. So ist z.B. eine Umgangsanbahnung im Verlauf der Begutachtung durchaus als Intervention zu betrachten, ein Konsens zwischen den Eltern über den Umgang ist damit jedoch noch nicht hergestellt.

Die möglichen einigungsorientiert anzuwendenden Strategien unterscheiden sich sowohl in ihrer methodischen Vorgehensweise als auch im Setting.

a) *Psycho-edukatives Vorgehen*

Beispielhaft wird im Gesetzesentwurf genannt, »der Sachverständige (kann) die Eltern zunächst über die negativen (...) Auswirkungen einer Trennung auf alle Familienmitglieder aufklären und sodann versuchen, bei den Eltern Verständnis und Feinfühligkeit für die von den Interessen der Erwachsenen abweichenden Bedürfnisse des Kindes (...) zu wecken. Gelingt dies, kann er mit den Eltern ein einvernehmliches Konzept zum zukünftigen Lebensmittelpunkt des Kindes und zur Gestaltung des Umgangs erarbeiten.«[6]

Dieses relativ übersichtliche und sicherlich bereits vielfach praktizierte Vorgehen ist als psycho-edukative Interventionsstrategie zu bezeichnen und basiert auf der Hoffnung, die Eltern werden nach Aufklärung durch eine »Fachfrau« in die Lage gesetzt, sich für die in ihrem speziellen Fall am meisten am Kindeswohl orientierte Lösungsalternative zu entscheiden.

4 Ein so genanntes einigungs- oder lösungsorientiertes Gutachten entspricht daher nicht unbedingt dem Beschleunigungsprinzip und eine zu eng gefasste und geforderte Frist nach § 163 Abs. 1 FamFG kann Lösungsbemühungen auch verhindern.
5 Balloff, »Vom Gehilfen zum Vermittler?«, Forum Familienrecht, 2008, 98f.
6 BR-Drucks. 309/07, S. 538.

b) *Überzeugen*

Bei dieser Strategie des »Mitnehmens«, wird versucht, eine Einsicht bei demjenigen Elternteil, dessen Antragsbegehren dem Kindeswohl nicht entspricht, zu erarbeiten. Hat sie Erfolg, endet das Gerichtsverfahren mit der Zustimmung eines Elternteils zu einer Lösung, die er vorher nicht verfolgt oder sogar abgewehrt hat.
Während die erstgenannte Strategie hinsichtlich ihres Settings eher auf einem gemeinsamen Gespräch aufbaut, so ist das gemeinsame Gespräch in diesem Fall kontraproduktiv. Wenn die Sachverständige mitteilt, dass die Untersuchungsergebnisse hinsichtlich der daraus folgenden sachverständigen Empfehlung mit dem Antragsbegehren des einen Elternteils ungleich konformer gehen, als mit dem des anderen Elternteils, würde sich der eine Elternteil aufgrund der nicht ergebnis-offenen Haltung der Sachverständigen bald überlegen fühlen und sich weiterem Entgegenkommen sperren, wüsste er doch, dass er sich auch im Fall der Erstattung des Gutachtens als Gewinner betrachten könnte.
Daher ist es in diesem Fall notwendig vor allem an der Einsicht desjenigen Elternteils, dessen Antragsbegehren mit dem Kindeswohl weniger übereinstimmt und infolgedessen auch im Gutachten nicht empfohlen werden würde, im Einzelgespräch zu arbeiten. Wenn es gelingt, Einsicht bei dem genannten Elternteil zu erreichen, kann über die Zustimmung z.B. zum Aufenthalt des Kindes beim anderen Elternteil auch auf eine gerichtliche Entscheidung verzichtet werden. Der Nutzen ist dennoch nicht rein juristisch oder ökonomischer Art: Auch für die betroffenen Kinder ist es entlastend, wenn die Eltern ihnen vermitteln, dass die zukünftige Lösung dem Willen und der Zustimmung beider entspricht. Es hilft, Loyalitätskonflikte und vorhandene Schuldgefühle der Kinder zu vermindern.

c) *Team-Beratung*

Weitere mögliche Strategien im Rahmen der Begutachtung basieren auf der Einbeziehung einer Kollegin oder eines Kollegen. Mit der Methode des Umformulierens der meist antagonistisch vorgebrachten Positionen in subjektive Bedürfnisse und der Suche nach einer gemeinsam zu tragenden Lösung kann mit den Eltern im Team gearbeitet werden. Diese Strategie nimmt Anleihen aus den Methoden der Mediation und systemischen Therapie. Positiv an der Arbeit im (meist gemischt-geschlechtlichen besetzten) Team ist hierbei, dass den Eltern jeweils eine mögliche Identifikationsfigur geboten wird und mit verschiedenen Techniken der systemischen Beratung, wie z.B. des Verhandelns des professionellen Teams im Beisein der Eltern gearbeitet werden kann.

Teamarbeit im Rahmen der Begutachtung wird in Berlin jedoch bislang nur selten angewandt. Neben der ungeklärten Kostenübernahme für den Kollegen besteht die Gefahr, dass eine als zu stark wahrgenommene Identifikation der beauftragten Gutachterin mit einem Elternteil bei dem anderen die Besorgnis der Befangenheit begründen kann und die Gutachterin aus ihrem Auftrag zur Erstattung des Gutachtens entlassen werden müsste. Daher bietet es sich an, in Fällen, in denen eine Team-Beratung sinnvoll erscheint, dies durch Delegation an Kollegen aus der Mediation oder Beratung zu realisieren. Es ist jedoch zu beachten, dass in den Fällen, in denen die Eltern durch die Sachverständige – und natürlich mit Einverständnis des Gerichts – an dritte Personen weiter verwiesen werden, dies in der Regel von den beteiligten Professionellen als ergebnisoffener Prozess betrachtet wird. D.h. die Sachverständige verzichtet auf die gerichtliche Wahrung des genannten *Korridors* der Kindesinteressen, da die Eltern nach der außergerichtlichen Einigung auch den Antrag, der zur Verfahrenseröffnung geführt hat, zurückziehen können.

IV. *Was ist mit den »Hochstrittigen?«*

Häufig wird darauf verwiesen, dass bei einer bestimmten »Gruppe« von Eltern Einigungs- oder Veränderungsbemühungen (von Professionellen) von vorneherein zum Scheitern verurteilt sind und ein entsprechender Auftrag des Gerichts an die Sachverständige aus ökonomischen Gründen und aufgrund der damit einhergehenden Verlängerung der Begutachtungsphase nicht sinnvoll sein kann.

Diese Gruppe sei meist gekennzeichnet durch

a) langjährige streitig geführte Verfahren, ein hohes Konfliktniveau, konflikthafte Persönlichkeitsstrukturen bei mindestens einem Elternteil und nicht zuletzt ein erhebliches »Nervpotential« für die professionell Beteiligten. Oder
b) durch das Vorkommen bestimmter Ausschlusskriterien wie Partnerschaftsgewalt, stoffgebundene Abhängigkeit, psychische Störungen etc.[7]

Die Frage ist, ob sich eine derartige Zuordnung von vornherein rechtfertigen lässt.

Bei den »hochstrittig« eingeordneten Eltern stellt sich die (unter Umständen) langjährige Erfolglosigkeit von Vermittlungsbemühungen häufig erst im Nachhinein heraus, so dass eine Zuordnung von vorneherein nicht möglich ist. Das Label der »Hochstrittigkeit« erhalten diese Eltern erst als Ergebnis der Erfolglosigkeit professioneller Einigungsbemühungen Für diese Fälle gilt

7 Vgl. Sonderleitfaden des Familiengerichts München.

meist die von Figdor[8] konstatierte Regression der von einem schmerzhaften Trennungsprozess Betroffenen auf eine frühere Stufe der psychischen Entwicklung. Häufig kann der gerichtliche Streit auch aus Gründen der individuellen psychischen Entlastung nicht aufgegeben werden, da eine Beendigung der Auseinandersetzung und die damit einhergehende Beendigung der »Verteufelung« des ehemaligen Partners eine größere psychische Gefahr darstellt, als der offen und offiziell ausgetragene Konflikt.

Die Gefahr der »Sonderbehandlung« von Fällen, in denen eine der unter b) genannten Kriterien identifiziert werden können, besteht darin, dass sie beliebig eingesetzt werden können, um vor Gericht eine entsprechende (Sonder-) Behandlung zu erreichen. Es versteht sich von selbst, dass im Fall von Partnerschaftsgewalt der Schutzauftrag des Opfers und die Prävention Vorrang haben. Dennoch ist auch in diesen Fällen eine individuelle Betrachtung notwendig. Eine präzise Diagnostik zu den Gewaltvorfällen, der Einbeziehung der Kinder und der Prognose ist unverzichtbar. Daran anschließend kann jedoch auch in Fällen von Gewalt, Sucht oder psychischer Krankheit eine Elterneinigung Konflikt mindernd und entlastend für alle Beteiligten wirken. Neben dem genannten am Kindeswohl orientierten *Korridor* der möglichen Lösungen muss dann ein weiterer Korridor, den Schutz des Opfers betreffend, berücksichtig werden.

V. *Schluss*

Ob und in welcher Form Einigungsbemühungen im Rahmen einer Begutachtung stattfinden sollten, ist letztendlich auch eine Abwägung zwischen dem Risiko des Scheiterns, der damit verbundenen Verlängerung der Begutachtungsdauer und der Wahrscheinlichkeit des Erfolgs.

Wenn ein ausdrücklicher gerichtlicher Auftrag zum Hinwirken auf Einvernehmen ergangen ist, so steht die Sachverständige jedoch in der Pflicht nachzuweisen, dass und wie sie diesen Auftrag umgesetzt hat. Der vage Hinweis auf ein interventionsorientiertes Vorgehen wird dem Auftrag nicht gerecht. Wie dargelegt ist jedoch auch das gemeinsame Elterngespräch nicht in jedem Fall das passende Vorgehen. Es bleibt der Sachverständigen vorbehalten, die für den Einzelfall passende Strategie auszusuchen sowie ihren Einsatz und Verlauf ggf. auch im schriftlichen Gutachten zu dokumentieren. Die aufgezeigten Strategien stellen lediglich erste Orientierungspunkte dar, die Zukunft der einigungsorientierten Begutachtung liegt in einer kreativen, aber begründeten Weiterentwicklung.

8 Figdor, Patient Scheidungsfamilie, im Druck.

aus der Beratung und Mediation

Marie-Luise Conen[1]

Zwangsberatung – um Eltern zum Blick auf ihr Kind zu zwingen

Die inzwischen fast zwei Jahrzehnte umfassende Suche nach kreativen Möglichkeiten zur Gestaltung von festgefahrenen und hochstrittigen Situationen zwischen verschiedensten Beteiligten hat dazu geführt, dass Zwangsberatungen inzwischen »gesellschaftsfähig« wurden.

Während bei amerikanischen Gerichten seit ca. Mitte der 1980er Jahre eine Zunahme an Entscheidungen zu verzeichnen ist, in denen Auflagen in Bezug auf Beratungen gegeben werden, tun sich deutsche Psychotherapeuten und Berater, aber auch Gerichte schwer, Zwangskontexte zu nutzen. So hat u.a. noch 1997 der Strafrechtsausschuss des Deutschen Anwaltsvereins der Jahrzehnte andauernden Einflussnahme von Psychotherapeuten und Beratern weiter Rechnung getragen, in dem er schreibt, dass »jede Zwangstherapie (...) hohen Zweifeln ob ihrer Erfolgsaussichten (unterliegt). Therapie (...) muss stets als gemeinsame Arbeit des Therapeuten und seines Klienten begriffen werden.«

Inzwischen ist – auch u.a. aufgrund der zunehmenden Bekanntheit des »Cochemer Modells« von Jürgen Rudolph – eine andere Entwicklung zu verzeichnen. U.a. haben auch Erziehungs- und Familienberatungsstellen in den letzten Jahren sich zunehmend darauf eingestellt, dass es Klientengruppen gibt, bei denen nicht auf eine Motivation zur Veränderung ihrer Situation zugewartet werden kann. Die erhöhte Bereitschaft, sich mit Klienten auseinander zu setzen, die kein eigenes Anliegen haben oder nicht bereit sind, ihr eigenes (problematisches) Verhalten zu hinterfragen oder gar zu verändern, fördert es, Ideen zu Zwangsberatungen aufzugreifen. Kollegen in Beratungsstellen stellen mehr und mehr fest, dass die Arbeit mit Eltern, die zur einer Kooperation gezwungen werden, mehr Freude macht und gewinnbringender sein kann, als die Arbeit ohne einen solchen Zwang.

Die Praxis des gemeinsamen Sorgerechts hat auf vielen Ebenen gezeigt, dass sie zu einer Verbesserung der Gestaltung der Beziehung zwischen den ehemaligen Partnern und zwischen den Kindern und ihren getrennten Eltern

1 Die Autorin ist Dr. phil., Dipl.-Psychologin, Dipl.-Pädagogin, Master of Education (Temple University), Leiterin des Context-Instituts für systemische Therapie und Beratung, Berlin. Sie war 1993-2000 Vorsitzende der Deutschen Arbeitsgemeinschaft für Familientherapie.

führt. Allerdings verlagern sich Konflikte ggfs. auf die Gestaltung des Umgangsrechts, so dass hier ggfs. auch Zwangsberatungen dazu führen sollen »Veränderungen« herbeizuführen. Insbesondere bei Fällen mit alleinigem Sorgerecht erweisen sich Zwangsberatungen oft als letzte Möglichkeit, den Eltern eindringlich die Notwendigkeit zu vermitteln, die Interessen der Kinder einzubeziehen. In solchen Fällen muss auf die Eltern – auch richterlicher – Druck ausgeübt werden, um sie zur Verantwortungsübernahme für ihr Verhalten gegenüber dem ehemaligen Partner als auch gegenüber dem Kind zu bringen. Denn dies ist inzwischen immer mehr das Anliegen von Familienrichtern.
In meiner Arbeit mit getrennt lebenden bzw. geschiedenen Eltern erweist es sich eher als hinderlich für meine Vorgehensweise, dass Eltern mit dem alleinigen Sorgerecht eigentlich keinerlei Sanktionsmöglichkeiten zu befürchten haben, wenn sie sich nicht an die richterlichen Beschlüsse halten. Die Idee u.a. von Jürgen Rudolph in Fällen der Beantragung der Alleinsorge einen Umgangsplan einzufordern und vorher keine Entscheidung zu treffen, ist eine der Möglichkeiten, die in Zwangsberatungen genutzt werden können, um mit diesem Druck Eltern zu einer Veränderung ihres Verhaltens gegenüber dem ehemaligem Partner zu bewegen.
Die Ideen und methodischen Vorgehensweisen, die Gianfranco Cecchin und ich in 15jähriger Zusammenarbeit zu Zwangsberatungen entwickelten,[2] zeichnen sich durch einige grundlegende Überlegungen aus, die ich im Folgenden darstellen möchte.

1. Freiwilligkeit – auch im Beratungskontext – ist relativ. Sie stellt eher ein Kontinuum dar, an dessen einem Ende der Klient steht, der glaubt, dass ihm Beratungen helfen können. In der Mitte befindet sich der Klient, der Druck von ihm wichtigen Personen bekommt (z. B. an einer Paartherapie teilzunehmen). Am Ende des Kontinuums steht der Klient, der durch signifikante Dritte[3] z. B. durch Gerichte gezwungen ist, Hilfestellungen anzunehmen. Die immer wieder zu verzeichnende »Freiwilligkeits«-Ideologie von Beratern lässt m. E. außer acht, dass in vielen Fällen entweder diese Beratungen keinen Erfolg zeigen oder erst gar nicht zustande kommen.[4]

2. Wenn Menschen keine Hoffnung haben, wenden sie sich auch nicht an professionelle Helfer, die mit ihnen in Beratungsgesprächen schauen können,

2 Conen, M.-L. u. Cecchin, G., Wie kann ich Ihnen helfen, mich wieder loszuwerden? Therapie und Beratung in Zwangskontexten. Heidelberg, 2007; Cecchin, G. u. Conen, M.-L., Wenn Eltern aufgeben. Therapie und Beratung bei konflikthaften Trennungen von Eltern und Kindern, Heidelberg 2008.

3 Vgl. u.a. Cingolani, J. (1984): Social Conflict Perspective on Work with Involuntary Clients. In: Social Work 29 (9-10): 442, 443 ff.

4 Pöhm, N. In: Bewährungshilfe 1987 (34), 264, S. 265.

was ihre Hoffnungslosigkeit begründet und ihnen wieder Hoffnung auf Veränderung vermitteln können. Vor allem geht es darum, den Klienten Zugang zu ihrer eigenen Selbstwirksamkeit zu verschaffen. In Zwangsberatungen stellen Hoffnung und Hoffnungslosigkeit die größten Einflussfaktoren auf die Beratungen dar. Gelingt es nicht, den Klienten aus seiner oftmals tief resignierten Haltung hinzuführen zu einer Betrachtung von sich selbst, als jemand der sein Leben gestalten kann, tragen Beratungen nicht zu Veränderungen bei. Vor allem in hochstrittigen Fällen zur Regelung der elterlichen Sorge oder des Umgangs ist oft zumindest bei einem der Elternteile keine Hoffnung auf positive Veränderungen zu verzeichnen.[5]

3. Beratungen in Zwangskontexten sind von der Prämisse geleitet, dass innere Haltungen und Einstellungen nicht durch Instruktionen verändert werden können[6]. Es geht also nicht darum, die Haltung einer die Umsetzung des Umgangsrechts sich faktisch widersetzenden Mutter in ihrer ablehnenden Haltung gegenüber dem Kindesvater zu beeinflussen, sondern darum, dass sie sich in ihrem Verhalten ändert, d.h. den Umgang zwischen Kind und Vater ermöglicht.

4. Es gibt für die in einem Sorgerechtsstreit bzw. Streit um die Umsetzung des Umgangsrechts Streitenden »gute Gründe« nicht freundlich und verbindlich miteinander umzugehen. Dass das Paar nicht mehr zusammen ist, hat Gründe und diese bringen es in der Regel mit sich, dass auf eine Beziehungsbilanz – und nicht selten auch auf eine Lebensbilanz – geschaut wird, die dem Partner eine erhebliche »Schuld« am Misslingen der Partnerbeziehung zuschreibt. Der ablehnende, kritische und von Ärger geprägte Umgang mit dem/der Ehemaligen ist Teil des Ablösungsprozesses von dem früher einmal geliebten Menschen. Ist die Trennung auch noch verknüpft – wie häufig – mit einer Vielzahl von Ohnmachtserfahrungen bereits während der Trennungsphase, ist absehbar, dass diese sich in dem Trennungsclinch fortsetzen. Lange in der Beziehung »heruntergeschluckte« Verletzungen und Kränkungen suchen sich ihre Bahn – und leider auch in Bezug auf die Kinder.

5. Meines Erachtens ist es durchaus vertretbar, dass ein Partner diese Verletzungen und Kränkungen auch gegenüber seinem Kind zum Ausdruck bringt. Einem Kind kann zugemutet werden, dass seine Eltern ihm ihre Sicht von der Beziehung zum ehemaligen Partner darlegen. Das Kind erfährt an sich keinen

5 Conen, M.-L., Wo keine Hoffnung ist, muss man sie erfinden. Aufsuchende Familientherapie. Heidelberg (2002).

6 Maturana, H. R., Die Organisation des Lebendigen: Eine Theorie der lebendigen Organisation. In: H. Maturana: Erkennen: Die Organisation und Verkörperung von Wirklichkeit. Braunschweig, 1985, S. 138-169.

Schaden daraus, dass es die unterschiedlichen Erklärungen darüber erfährt, warum seine Eltern keinen Weg mehr fanden, im »Guten« miteinander im Kontakt zu sein.[7] Kein Kind hat durch seine Geburt den Anspruch erworben, dass es für immer Eltern haben wird, die zusammen bleiben und sich immer und ewig gut verstehen.[8] Es gehört für viele Menschen zu ihrer Lebensgeschichte, dass ihre Eltern nicht für immer zusammen blieben. Es ist allerdings mehr als notwendig, dass Eltern ihrem Kind die »Erlaubnis« geben, auch loyal zu dem anderen Elternteil sein zu können. Ein Kind kann durchaus Ablehnung und Kritik an dem anderen Elternteil hören. Äußert problematisch ist es jedoch, vom Kind einseitig Loyalitätsbekundungen einzufordern. Beispiel: Eine Mutter sagt zu ihrem Kind: »Ich bin zutiefst verletzt durch das, was Dein Vater mir angetan hat (sich neue Frau suchte), ich werde ihn dafür mein Leben lang verachten, will nicht mehr mit ihm reden – aber es ist in Ordnung, wenn Du zu ihm gehst, ihn besuchst, aber erzähle mir bitte nicht wie schön es bei ihm war. Ich kann dies derzeit (noch) nicht aushalten, da ich ihn zutiefst verachte.«

6. Die jeweils unterschiedlichen Sichtweisen beider Eltern werden nicht nur respektiert, sondern auch anerkannt u.a. in ihrer Begründetheit in den Beziehungserfahrungen der nunmehr ehemaligen Partner. Bemühungen von Beratern den jeweiligen Elternteil dazu zu bringen, »Verständnis« für den anderen – ehemaligen – Partner aufzubringen, sind eher kontraproduktiv. Sie vermitteln dem Klienten eher ein Gefühl von Parteilichkeit des Beraters für den ehemaligen Partner. Erst wenn jeder in seiner eigenen Position entsprechende Anerkennung findet,[9] ist es möglich Bewegung in auch festgefahrene Sorgerechtsstreits zu bringen.

7. In einem Konzept, das Menschen zwingt in Beratungen, Veränderungen in ihrem Verhalten zu besprechen, halte ich es für notwendig, die beiden ehemaligen Partner nicht miteinander in einem Raum sitzend zum Miteinandersprechen zu bringen. Ich gehe davon aus, dass dies insbesondere in hochstrittigen Fällen eine Überforderung der Beteiligten darstellt. Zu sehr sind meistens die beiden ehemaligen Partner darauf festgelegt, den anderen immer noch ändern zu wollen, so dass er oder sie sich endlich so verhält, wie man das immer gerne gesehen hätte. Die Frage, die ich oft an solche Paare (in der Regel in Gespräche mit dem Einzelnen) stelle ist: »Wie kommen Sie auf die Idee, dass Ihr Ex-Partner sich jetzt, wo es keine Liebe mehr gibt zwischen

7 Dies sollte selbstverständlich altersangemessen erfolgen.
8 Cecchin u. Conen, a.a.O., 2008.
9 Harre, R. a. Van Langenhove, L (Eds), Positioning Theory: Moral Contexts of Intentional Action. Malden: Blackwell (1999).

Ihnen, gerade dann verändert, wo es schon nicht klappte als Sie sich noch liebten. Es sieht so aus, dass Ihr Ex-Partner sich diesbezüglich nicht/nie ändern wird. Alle Ihre Bemühungen in diese Richtung sind bisher erfolglos geblieben und werden es offensichtlich auch bleiben. Was wollen Sie jetzt damit tun? Sie können diesen Kampf noch die nächsten 30-50 Jahre darum führen und darauf bestehen, dass er/sie sich ändert. Was wird mit Ihrem Leben inzwischen geschehen? Wie lange wollen Sie Ihre Energie darin aufwenden, etwas zu beeinflussen (z.B. Umgangsrecht verhindern), was der Richter aber nicht zulassen wird? Ich mache mir Sorgen um Sie, was aus Ihnen wird?«

8. Zwangsberatungen sind hilfreich, diejenigen in eine Beratung zu bekommen, die sonst nicht solche Hilfestellungen selbst suchen würden. Dem Richter steht hier die wichtige Aufgabe zu, den Rahmen für solche Gespräche zu setzen. Noch sind Zwangsberatungen – auch in anderen Zwangskontexten als Sorgerechtsauseinandersetzungen – nicht optimal gestaltet. Richter verfügen meist noch nicht über die Informationen von Beratern, wie notwendig es ist, über eine allgemeine Auflage hinaus, ganz konkrete Eckpunkte für die Beratung zu setzen. Ich sehe es als dringend erforderlich an, dass vor allem in hochstrittigen Fällen Berater mit Richtern gemeinsam ein Konzept erarbeiten, in denen u.a. Vorgaben zur Anzahl der Sitzungen, der Dauer, des Inhaltes (als Orientierung) und auch Sanktionen für den Fall des Abbruchs der Beratungen enthalten sind. Richter kennen im allgemeinen zu wenig die Gestaltungsmöglichkeiten von Beratungsgesprächen und besonders von Zwangsberatungsgesprächen, so dass es dringend geboten ist, dass Berater und Richter gemeinsam Eckpunkte entwickeln, die die Vorteile von Vorgaben und Auflagen für eine Zwangsberatung nutzen. Hier halte ich die gegenwärtige Praxis für mehr als ausbaufähig – sowohl auf Seiten der Richter als auch der Berater.

9. Klienten haben – entgegen der eigenen Wahrnehmung und auch entgegen der der Berater – selbst erheblichen Einfluss auf die Gestaltung ihrer Beziehung zu den Beratern und den anderen Beteiligten. Nehmen Berater diese Entscheidungsspielräume ihrer Klienten nicht wahr, können sie auch nicht die Macht erkennen, die auch Klienten vor allem dadurch haben, dass sie sich verantwortungslos gegenüber sich selbst oder Dritten verhalten.[10] Die Klienten bringen aufgrund ihrer Vorstellung von einer geringen Selbstwirksamkeit tendenziell andere dazu, Entscheidungen für sie zu treffen. Klienten stellen dadurch eine Dynamik her, die es ihnen ermöglicht, keinerlei Verantwortung für ihre Entscheidungen bzw. Verhalten tragen zu müssen. Notwendig ist jedoch, dass sie auch in hochstrittigen Fällen Verantwortung für das Ergebnis

10 Cecchin, G., G. Lane a. W. A. Ray (2006): Exzentrizität und Intoleranz: Eine systemische Kritik. In: Zeitschrift für Systemische Therapie 2006, 156-165.

übernehmen.[11] Richter können durch Auflagen und Weisungen in weit größerem Maß Einfluss auf diese Verantwortungsübernahme nehmen als dies bisher geschieht. Menschen können sich entscheiden, destruktives Verhalten zu zeigen. Sie sollten jedoch auch bereit sein, die Konsequenzen für ihr Verhalten zu tragen.

11 Hepworth, D. H., R. H. Rooney a. J. A. Larsen (2002): Direct Social Work Practice: Theory and Skills. Pacific Grove, CA (Brooks/Cole) 1993, S. 679.

Roland Proksch[1]

Mediation vernetzt – Instrument zur Förderung von Einvernehmlichkeit in streitigen Kindschaftssachen nach dem neuen Familienverfahrensgesetz (FamFG)

I. *Situation von Kinder und Eltern bei Trennung und Scheidung*

Krisen der Eltern bei Trennung und Scheidung sind immer auch Krisen für Kinder.[2] Für sie bedeuten Trennung und Scheidung ihrer Eltern auch den Verlust ihrer sie in ihrer Entwicklung tragenden vollständigen Familienstruktur.[3] Für Kinder ist eine Scheidung ein völlig anderes Erlebnis als für Erwachsene, weil Kinder etwas verlieren, das für die Entwicklung fundamental ist: die geordnete Struktur der Familie.[4] »Ein Kind kann es nicht verhindern, dass Vater und Mutter sich auseinanderleben, es hat keine Möglichkeit, Einspruch dagegen einzulegen, wenn die Eltern daran denken, endgültige Konsequenzen aus der zerstörten Ehe zu ziehen und ihr gemeinsames Leben zu beenden«.[5] »Manchmal mein' ich, ich hätt' auf der Welt nix verloren«; Ich weiß überhaupt nicht, wer ich bin«.[6] Kinder verlieren regelmäßig einen Elternteil, den sie geliebt haben und – regelmäßig – noch immer lieben. »Wenn es uns schon nicht gelungen ist, den Unfrieden in der Ehe zu bewältigen, so haben unsere Kinder ein Anrecht darauf, dass ihnen weiterer Unfriede nach der Scheidung erspart bleibt. Wenn wir ihnen schon nicht das vollständige Elternhaus erhalten konnten, sind wir desto mehr dazu verpflichtet, dafür Sorge zu tragen, dass wir den Schaden für sie nach der Scheidung so gering wie möglich halten«.[7]

1 Der Autor ist Rechtsanwalt und Professor an der Evangelischen Fachhochschule Nürnberg.
2 Wallerstein, Judith, Blakeslee Sandra, Gewinner und Verlierer. Frauen, Männer, Kinder nach der Scheidung. Eine Langzeitstudie, München 1989, S. 33, 332; Wallerstein, Judith, Lewis, Julia M, Blakeslee Sandra, Scheidungsfolgen. Die Kinder tragen die Last. Eine Langzeitstudie über 25 Jahre, Münster 2002, S. 30 ff; Hetherington/Kelly, 2002, 35 ff.
3 Vgl. BVerfGE 24, S. 144; 61; S. 372.
4 Wallerstein/Blakeslee a.a.O., 1989, S. 35, 333 ff.
5 Britt, Inge, Ich brauche euch doch beide. Kinder aus geschiedenen Ehen, Frankfurt am Main 1985, S. 10 f.
6 Gaier, Otto R., Der Riss geht durch die Kinder. Trennung, Scheidung und wie man Kindern helfen kann, München 1987, S. 138 ff.; 184 ff.
7 Britt, a.a.O. S. 128.

Es kann kein Zweifel bestehen: Kinder und Eltern in Trennung und Scheidung bedürfen unserer besonderen Aufmerksamkeit. Die Fähigkeit oder Unfähigkeit von Eltern, familiale Belastungen oder Konflikte selbst und positiv zu bewältigen, beeinflusst perspektivisch auch die Fähigkeit ihrer Kinder zum konstruktiven Umgang mit persönlichen Krisensituationen. Das Wohl von Kindern lässt sich aber nur im »Wohl der Eltern« und grundsätzlich nicht gegen sie verwirklichen, wie umgekehrt das Wohl der Eltern mit dem ihrer Kinder untrennbar verknüpft ist.[8]

II. *Zufriedenstellende Konfliktbearbeitung – Voraussetzung einer intakten Elternschaft*

Die Bewältigung ehelich bedingter Beziehungskonflikte und Streitigkeiten und die Erarbeitung einer neuen befriedenden und befriedigenden Elternschaft, insbesondere für die Kinder nach Trennung und Scheidung ist allein weder durch die Mobilisierung des Rechtsweges als »klassische« Konfliktlösungsstrategie möglich, noch durch die Einschaltung externer Scheidungsexperten wie Rechtsanwälte oder Gutachter. Zu oft wird der Streit der Eltern dadurch verschärft.[9] Das auf einmalige gerichtliche Entscheidung hin ausgerichtete Justizverfahren bietet weder ausreichende Möglichkeiten, die Parteien selbst in die notwendige Mitarbeit zur Lösung ihres Konflikts einzubinden, noch verfügt es über genügend Sicherungen zur Vermeidung von verfahrensbedingten Konfliktverschärfungen. Hinter der Vorstellung von Eltern, durch eine juristische Entscheidung eine Konfliktlösung zu ihren Gunsten zu erreichen, verbirgt sich der (zumindest in Familiensachen irrige) Optimismus, dass sich der Konflikt durch eine autoritative, gerichtliche Entscheidung lösen ließe. Es kommt, wie nicht anders zu erwarten ist: Die existentiellen Konflikte und Probleme der »Scheidungspartner« überdauern das gerichtliche Verfahren, zum Nachteil der Eltern und ihrer Kinder, wenn sie weiter (rechtliche) Beziehungen miteinander unterhalten müssen, wie dies bei Sorgerechts-/Umgangsrechts-/Unterhaltverpflichtungen vor allem der Fall ist.
Die Folgen einer derartigen gegnerschaftlich orientierten Streitbeendigung zeigen sich regelmäßig in einem Gefühl des »Siegers« auf der einen Seite und dem Gefühl eines »Verlierers« auf der anderen Seite. Hier kann nur von einer Konfliktlösung im formalen Sinn gesprochen werden. Die bezweckte Befriedigung von Familien wird dadurch jedoch nicht erreicht. Neue gerichtliche Auseinandersetzungen, vor allem zum Umgangsrecht oder zum Unterhalt,

8 7. Jugendbericht, BT-Drs. 10/6730, 13.
9 Rudolph, Jürgen, Du bist mein Kind. Die Cochemer Praxis. Wege zu einem menschlichen Familienrecht, Berlin 2007, S. 19 ff.

sind dadurch vorprogrammiert. Forschungsergebnisse bestätigen diese Einschätzung. Sie zeigen einhellig auf, dass die Qualität der Scheidungsfolgenbeziehungen Eltern-Eltern bzw. Eltern-Kind gerade nicht von der Qualität der juristischen Entscheidung abhängt, sondern ganz wesentlich von der Fähigkeit der Eltern, ihre Trennungs- und Scheidungskonflikte individuell und eigenverantwortlich selbst zu verarbeiten.[10] Die »Verrechtlichung« des Konflikts negiert nämlich weitgehend die Existenz »tieferliegender Konfliktursachen«, die doch häufig genug den Rechtsstreit maßgeblich bestimmen, und fördert damit »Alles-oder-Nichts-Entscheidungen«.

Das Gericht kann, wie gut auch immer, entscheiden. Die Eltern selbst haben die Verpflichtung, die gerichtliche Entscheidung befriedigend und befriedend umzusetzen. Sie müssen das Umgangsrecht praktizieren und sich dazu miteinander über die »einfachen« Dinge des täglichen Alltages einigen. Dabei kann und wird ihnen kein Gericht helfen. Sie werden es (wohl) nicht schaffen, wenn sie nicht spätestens anlässlich ihres gerichtlichen Verfahrens Kooperation und Kommunikation haben lernen und üben können. Insbesondere Defizite in der Kommunikation, der Kooperation und die Unfähigkeit vorhandene Ressourcen zu aktivieren und zu organisieren, führen häufig zu Resignation, Frustration, Aggression, die sich immer häufiger auch in physischer, psychischer und sexueller Gewalt gegenüber (Ehe-) Partner und/oder Kindern äußern können.

Was Eltern statt dessen tun müssen um den Scheidungs- oder Trennungsschmerz ihrer Kinder zu vermindern, zeigen Forschungsergebnisse über die Form elterlicher Interaktionen und deren Auswirkung auf die Anpassung von Kindern an die Situation nach Scheidung oder Trennung ihrer Eltern: Kinder, deren Eltern es gelungen ist, auch nach der Trennung ihrer Elternrolle gemeinsam oder in Absprache miteinander gerecht zu werden, hatten am wenigsten Schwierigkeiten, sich auf die veränderte Familiensituation nach Trennung und/oder Scheidung einzustellen. Dagegen waren bei Kindern, die den Kontakt zum getrennt lebenden Elternteil verloren hatten, Verhaltensauffälligkeiten und psycho-soziale Störungen am stärksten ausgeprägt.[11] Die Bilanz solcher »doppelt gescheiterter« Familien lässt sich unter anderem in der Jugendhilfe ziehen: Ein Großteil der Kinder und Jugendlichen in öffentlicher Erziehung stammen aus »unvollständigen« Familien, überwiegend aus Scheidungsfamilien. Viele dieser Kinder haben bis zur Volljährigkeit mehrmals ihre Hauptbezugsperson gewechselt, sie fühlen sich orientierungslos, werden depressiv oder aggressiv. Die Verarbeitung der Trennungssituation

10 Napp-Peters, Anneke, Scheidungsfamilien. Interaktionsmuster und kindliche Entwicklung. Aus Tagebüchern und Interviews von Vätern und Müttern nach Scheidung. Arbeitshilfen des Deutschen Vereins für öffentliche und private Fürsorge, Heft 37, Frankfurt am Main 1988; dies. Familien nach der Scheidung, München 1995.

11 Napp-Peters, a.a.O., 1988, 35 ff.; dies. a.a.O., 1995, 112 ff.

führt auch bei den betroffenen Eltern oft zur Überforderung und zu Verlassenheitsgefühlen. Deshalb ist es für die Wahrung des Kinderwohls und zur Befriedung von Scheidungseltern notwendig, dass Eltern in Trennung und Scheidung Streitigkeiten und Konflikte rasch und zufriedenstellend selbst bewältigen (lernen). Gefragt sind Interventionen, durch die Konfliktbeteiligte befähigt werden, ihre Konflikte eigenverantwortlich zufriedenstellend selbst fair zu regeln. Denn »faires« Streiten gibt die Chance, eine Krise positiv zu bewältigen, einander Wertschätzung und Respekt zu zeigen, den Konfliktpartner ernst zu nehmen und so zum Kern des Konfliktes und zu einer Regelung zu gelangen.
Mediation ist eine solche mögliche Intervention. Mit Hilfe von Mediatoren erarbeiten die Beteiligten ihre eigene Regelung auf der Grundlage ihrer Interessen, Bedürfnisse und Wünsche. Mediation ist auch geeignet bei Konflikten in Einrichtungen der Kinder und Jugendhilfe und dort bei Konflikten zwischen Fachkräften, in Teams bzw. zwischen Fachkräften und Eltern und Kindern bzw. Jugendlichen.

III. *Mediation als Instrument zur Entlastung von Eltern und Kindern*

Mediation ist ein systemischer, mehrstufiger Kommunikations- und Kooperationsprozess zwischen den Konfliktparteien. Mit Hilfe eines neutralen, unparteiischen Dritten, des Mediators, erarbeiten die Eltern selbst eine eigenverantwortete und einvernehmliche Konfliktlösung, die ihren gemeinsamen Bedürfnissen und Interessen gerecht werden kann.[12] Mediation in Familiensachen leistet die erforderliche »Hilfe zur Selbsthilfe«. Sie fördert die Kommunikations- und Kooperationsfähigkeit der Parteien, stärkt ihr Selbstvertrauen und ihre Selbstachtung und befähigt sie zur eigenverantwortlichen, selbständigen Entscheidungsfindung. Dadurch werden die Eltern selbst in die Lage versetzt, ihre nachehelichen Beziehungen im Verhältnis zu ihren Kindern eigenverantwortlich zu (re-) organisieren. Die individuelle Situation des einen Elternteils/ Ehepartners kann dabei erheblich gestützt werden, wenn eine weitgehende konfliktfreie nacheheliche Partner-/Elternbeziehung erarbeitet und erhalten werden kann. Gerade in den trennungs- und scheidungsbedingten Ein-Eltern-Teil-Familien stellt der ehemalige getrennt oder geschieden lebende Elternteil regelmäßig eine signifikante Bezugsperson für den anderen Elternteil wie für die gemeinsamen Kinder dar. Mediation kann damit helfen, die zu treffenden Konfliktentscheidungen der Eltern qualitativ zugunsten der Konfliktparteien und ihrer Kinder zu verbessern. Insgesamt kann somit nicht zweifelhaft sein, dass Mediation im elterlichen Sorgerechts- und Umgangsrechtsstreit das

12 Proksch, Roland in ZKM 2000, 78 ff.

»Wohl des Kindes« sowohl auf der Justizebene wie auch auf der Ebene der jugendhilferechtlichen Mitwirkung, familiengerichtlichen Verfahren erheblich befördert und deshalb für die Jugendhilfe entscheidende Bedeutung erlangen müssen.

Damit entspricht Mediation sowohl dem verfassungsrechtlichen Subsidiaritätsgrundsatz des Art. 6 GG im Verhältnis Staat-Eltern, wonach dem Vorrang stützender Hilfen vor einer »Verdrängung« der Eltern durch Gerichte oder Experten auszugehen ist, wie auch dem »Wohl des Kindes«, das am besten durch funktionierende Elternschaft auch nach Trennung und Scheidung gewährleistet wird. Kinder- und Jugendhilfe hat deshalb bei der Umsetzung des Vorrang- und Beschleunigungsgebots gemäß § 155 FamFG im Rahmen ihrer Mitwirkungsaufgabe nach § 162 FamFG, §§ 50, 17 SGB VIII insbesondere Mediation einzuführen, um Eltern bei Partnerschaftskonflikten, bei Trennung oder Scheidung zu befähigen, ihre Konflikte mit Hilfe der Mediation selbst und einvernehmlich zu regeln (§ 156 FamFG).

IV. *Erfahrungen mit Mediation in der Kinder- und Jugendhilfe*

Mediation im Rahmen der jugendhilferechtlichen Mitwirkung in familiengerichtlichen Verfahren kann insbesondere auf Erfahrungen aufbauen, die in der Bundesrepublik Deutschland (alt und neu) durch entsprechende Praxisprojekte 1990/91 am Stadtjugendamt Erlangen begonnenen und 1992/97 am Stadtjugendamt Jena gewonnen werden konnten.[13] In beiden Projekten wurde erstmals in Deutschland Mediation in der jugendhilferechtlichen Mitwirkung in familiengerichtlichen Verfahren eingesetzt und erprobt. Ziel war jeweils die Praxiserprobung und Bewertung von Mediation in Konflikten rechtshängiger streitiger Familiensachen als Alternative bzw. Ergänzung zu den Verfahren der (klassischen) jugendhilferechtlichen »Familiengerichtshilfe« und den entsprechenden familienrechtlichen Prozessverfahren. Die Projektergebnisse zeigten, dass Mediation geeignet ist, elterliche Kommunikation und Kooperation zu fördern und damit Eltern auch präventiv zu befähigen, Konflikte, Krisen und Streitigkeiten in und aus ihrer Partner- und Elternschaft selbst, konstruktiv und zufriedenstellend zu regeln. Die Entlastungswirkung von Mediation blieb in der mittelfristigen Beobachtungszeit (bis 3 Jahre) nachweisbar erhalten. Mediation führte auch hochstrittige Eltern zu einem

13 Proksch, Roland, Kooperative Mediation (Mediation) in streitigen Familiensachen. Praxiseinführung und Evaluation von kooperativer Mediation zur Förderung einvernehmlicher Sorge- und Umgangsregelungen und zur Entlastung der Familiengerichtsbarkeit, Bundesministerium für Familien, Senioren, Frauen und Jugend, Schriftenreihe 159.2, Stuttgart, Berlin, Köln 2001.

hohen Anteil zu einvernehmlichen, interessengerechten und befriedenden Konfliktregelungen.
Für die Eltern war Mediation überzeugend, weil dabei ihre Kompetenzen gewürdigt und positiv verstärkt werden konnten. Infolgedessen erhielten Eltern das Gefühl, durch das Jugendamt akzeptiert und respektiert, nicht aber (ab-)gewertet zu werden. Dies motivierte beide Eltern, den Kontakt zum Jugendamt zu suchen und mit ihm im Kontakt und im Gespräch zu bleiben. Dem Jugendamt gelingt dadurch effektive, präventive Hilfe. Im Jugendamt selbst konnte Mediation sehr gut eingepasst werden. Die beteiligten Vermittler/innen fanden Mediation für ihre Arbeit hilfreich, entlastend und auch befriedigend. Der Zeitaufwand für Mediation war nicht/kaum höher als die bisherige Arbeitsweise, mit beiden Eltern und ihren Kindern zu sprechen und danach einen Bericht für das Gericht zu verfassen und dort zu vertreten. Wichtig und richtig war die angemessene, alters- und situationsgerechte Einbeziehung der Kinder, nicht als Entscheidungsträger oder als Informanten (gegen die Eltern), sondern als Betroffene, für deren Wohlergehen eine einvernehmliche und zufriedenstellende Regelung von Streitigkeiten und Konflikten existentiell ist.

V. *Neuordnung der Mitwirkungsaufgabe der Kinder- und Jugendhilfe durch das KindRG 1998 und das FamFG 2009*

Die Neuordnung der Gestaltung und Wahrnehmung der elterlichen Verantwortung durch das KindRG war geprägt von mehr Elternautonomie bei der Ausgestaltung der elterlichen Sorge. Das Gesetz vollzog damit für den privatrechtlichen Bereich der elterlichen Sorge den mit dem KJHG im Bereich der öffentlichen Kinder- und Jugendhilfe eingeleiteten Perspektivenwechsel nach. Insbesondere die mit dem KindRG eingeführten neuen Regelungen der §§ 17 Abs. 3 SGB VIII, 52, 52 a FGG sollten einvernehmliche, eigenverantwortliche und selbständige (Konflikt-) Regelungen der Eltern vor allem im Kontext von Trennung und Scheidung (elterliche Sorge, Umgang, Unterhalt) befördert werden.[14] Gemäß § 52 FGG soll das Familiengericht

- so früh wie möglich auf das Einvernehmen der Beteiligten hinwirken,
- die Beteiligten so früh wie möglich anhören und sie auf bestehende Möglichkeiten der Beratung durch die Beratungsstellen und -dienste der Träger der Jugendhilfe insbesondere zur Entwicklung eines einvernehmlichen Konzepts für die Wahrnehmung der elterlichen Sorge und der elterlichen Verantwortung hinweisen,

14 Proksch, Roland, Rechtstatsächliche Untersuchung zur Reform des Kindschaftsrechts, Begleitforschung zur Umsetzung des Kindschaftsrechtsreformgesetzes, Köln 2003.

- das Verfahren aussetzen, um den Beteiligten die Möglichkeit zu geben, außergerichtliche Beratung in Anspruch zu nehmen bzw. sich zu einigen.

Der Gesetzgeber des KindR verfolgte mit diesen Regelungen das Ziel, dass beide Eltern sich auch im Fall von Trennung und Scheidung selbst und eigenverantwortlich auf einvernehmliche (Konflikt-) Regelungen ihrer elterlichen Verantwortung verständigen. Die Regelungen des FamFG 2009 setzen diesen Ansatz fort. Mit den neuen Regelungen des FamFG sollen die bisherigen Vorgaben nach dem KJHG und dem KindRG zur Förderung einvernehmlicher Regelungen von Eltern und konfliktvermeidender sowie konfliktlösender Elemente im familiengerichtlichen Verfahren weiter verstärkt werden. Das FamFG 2009 ist, wie das KindRG, geprägt vom Leitbild des Vorrangs elterlichen Einvernehmens in Kindschaftssachen (insbesondere §§ 36 Abs. 1, 156 Abs. 2 FamFG). In Kindschaftssachen, § 151 FamFG, sind alle Akteure im familiengerichtlichen Verfahren gemäß § 156 Abs. 1 Satz 1 FamFG angehalten, einvernehmliche Regelungen zu befördern.
Hierauf soll das Familiengericht hinwirken, § 156 Abs. 1 Satz 1 FamFG[15]. Damit sollen in Familien- bzw. elterlichen Konflikten die Selbststeuerungskompetenzen der Beteiligten (re-) aktiviert werden.[16] Deshalb gibt das FamFG mit § 36 Abs. 1 Satz 1 den Beteiligten die Möglichkeit, über alle Verfahrensgegenstände, über die sie selbst verfügen können, einen Vergleich abzuschließen. Darauf soll das Gericht außer in Gewaltschutzsachen hinwirken, § 36 Abs. 1 Satz 2, 156 Abs. 2 FamFG. Auch wenn das Umgangsrecht nicht zur Disposition der Beteiligten steht (es ist gemäß § 1684 Abs. 1 Halbsatz 1 BGB Recht des Kindes), ist dennoch auch hierüber ein Vergleich zulässig, wenn das FamG ihn billigt, § 156 Abs. 2 FamFG. Zur Förderung elterlichen Einvernehmens wirkt das FamG gemäß § 156 Abs. 1 Sätze 1, 2 FamFG
»in jeder Lage des Verfahrens auf ein Einvernehmen der Beteiligten hin, wenn dies dem Kindeswohl nicht widerspricht. Es weist Möglichkeiten der Beratung durch die Beratungsstellen und -dienste der Träger der Kinder- und Jugendhilfe insbesondere zur Entwicklung eines einvernehmlichen Konzepts für die Wahrnehmung der elterlichen Sorge und der elterlichen Verantwortung hin. Gemäß § 156 Abs. 1 Satz 3 FamFG soll das FamG *» in geeigneten Fällen auf die Möglichkeit der Mediation oder der sonstigen außergerichtlichen Streitbeilegung hinweisen.«* Bei fehlender Bereitschaft der Eltern zur Wahrnehmung von Beratung kann das FamG *»anordnen, dass die Eltern an einer Beratung teilnehmen«* (§ 156 Abs. 1 Satz 4 FamFG). Gemäß § 135 Abs. 1 FamFG kann das Familiengericht zur Förderung außergerichtlicher

15 Dazu Müller-Magdeburg in ZKJ 2009, 184 ff.
16 Kretzschmar/Meysen in FPR 2009, 1, 2.

Streitbeilegung über Folgesachen anordnen, »*dass die Ehegatten einzeln oder gemeinsam an einem kostenfreien Informationsgespräch über Mediation [...] teilnehmen.*« Gemäß § 135 Abs. 2 FamFG soll das Familiengericht »*in geeigneten Fällen den Ehegatten eine außergerichtliche Streitbeilegung anhängiger Folgesachen vorschlagen*«. Bei Nichtbefolgen kann das FamG dem betreffenden Beteiligten die Kosten auferlegen, § 81 Abs. 2 Satz 5 FamFG. Die mit § 156 Abs. 1 Satz 2 FamFG angesprochene Beratung durch Beratungsstellen und -dienste der Träger der Kinder- und Jugendhilfe normieren §§ 17, 18, 28 SGB VIII als Rechtsanspruchsleistungen für Mütter und Väter.[17]

Danach ist die Kinder- und Jugendhilfe verpflichtet, Mütter und Väter
- präventive *Hilfen zur Selbsthilfe* zu geben, um Krisensituationen vorzubeugen,
- *Krisenhilfe* zur aktuellen Bewältigung von Konflikten und Krisen in der Familie zu leisten,
- *nachsorgende Hilfe* zur gefährdungsfreien Wahrnehmung gemeinsamer elterlicher Verantwortung oder Alleinsorge nach erfolgter Trennung und Scheidung zu gewähren.

Ziele des § 17 SGB VIII sind

- Verwirklichung eines partnerschaftlichen Familienmodells durch die Befähigung zur Konfliktbewältigung (Abs. 1 Satz 1, Satz 2 Nr. 1 und Nr. 2),
- Sicherung der Kontinuität der nachehelichen elterlichen Beziehungen des Kindes zu seinen beiden Eltern (Abs. 1 Satz 2 Nr. 3, Abs. 2),
- Präventiv wirkende Beratung (Abs. 1 und 2).

Ziele des § 18 I, III SGB VIII sind

- Beratung und Unterstützung von Müttern und Vätern bei der Ausübung der Personensorge einschließlich der Geltendmachung von Unterhalt – oder Unterhaltsersatzansprüchen des Kindes oder Jugendlichen
- Verwirklichung von einvernehmlichen Umgangsregelungen.

Ziele des § 28 SGB VIII sind

- Eltern im Erziehungsprozess zu unterstützen,
- ihre Selbstheilungskräfte zu fördern,

17 Münder, Johannes u.a., Frankfurter Kommentar zum SGB VIII, 6. Auflage, Baden-Baden 2009, § 17 SGB VIII, Rn 5 ff.

- ihnen bei der Bewältigung von Problemlagen, Krisen und Störungen zu helfen.

Mit der Einführung des gesetzlichen Vorrang- und Beschleunigungsgebots für Kindschaftssachen, § 155 Abs. 1 FamFG, zielt der Gesetzgeber auf eine weitere Förderung elterlichen Einvernehmens und auf eine »Entschärfung« möglicher Elternkonflikte.[18] Der frühe erste Termin, spätestens *»einen Monat nach Beginn des Verfahrens«* (§ 155 Abs. 2 Satz 2 FamFG), soll vermeiden helfen, dass der Konflikt vorab in Schriftsätzen und Stellungnahmen schriftlich ausgebreitet und damit verfestigt oder verschärft werden könnte. Das Jugendamt, das gemäß § 155 Abs. 2 Satz 3 FamFG vom FamG anzuhören ist, informiert in diesem Termin gemäß § 50 Abs. 2 Satz 2 SGB VIII »über den Stand des Verfahrens«. Über seine Pflicht zur Unterstützung des FamG gemäß § 50 Abs. 1 Satz 1 SGB VIII bzw. seine Mitwirkungspflicht in Kindschaftssachen füllt es das gesetzgeberische Anliegen nach »Entschärfung möglicher Elternkonflikte« inhaltlich aus. Die frühe professionelle Intervention beschränkt sich nicht auf »bloße« richterliche Intervention. Mit der Ladung der Beteiligten gibt das FamG sowohl den Eltern wie dem JA die Möglichkeit, noch vor dem ersten Gerichtstermin Gespräche zu führen. Ziel der Gespräche ist, die Eltern über außergerichtliche Möglichkeiten der Konfliktregelung zu informieren, die Bereitschaft der Eltern zu fördern, diese Möglichkeiten anzunehmen und zu klären, welche einvernehmlichen Konzepte möglich sein können. Mit Hilfe dieser frühen jugendhilferechtlichen Intervention können zu einem sehr frühen Zeitpunkt bereits Perspektiven einer elterlichen Verständigung erarbeitet werden, die im Termin Gegenstand der Anhörung gemäß § 156 Abs. 2 Satz 2 FamFG werden sollten.

Für die Praxis der Familien-, Kinder- und Jugendhilfe und der Familiengerichte muss deshalb zukünftig noch mehr als bereits bisher Leitlinie sein:

- ein gerichtlicher Streit von Eltern um ihr Elternrecht/Sorgerecht/Umgangsrecht kann konfliktverschärfend und kindeswohlgefährdend wirken;
- die Bereitschaft und die Fähigkeit zur Entwicklung einer kindeswohlorientierten Regelung kann im gerichtlichen Verfahren blockiert werden;
- für das Kindeswohl haben eigenverantwortlich und selbständig erarbeitete elterliche Regelungen einen hohen Stellenwert;
- die beste Gewährleistung kontinuierlicher und zufriedenstellender Eltern-Kind-Beziehungen ist gegeben, wenn die Eltern kooperativ und kommunikativ einvernehmliche Konfliktregelungen treffen;
- kommunikative und kooperative Konfliktregelungen werden am besten erreicht durch Beratung und Hilfe zur Selbsthilfe innerhalb eines vertrau-

18 Müller-Magdeburg a.a.O.

lichen Gesprächsrahmens und außerhalb eingefahrener Entscheidungsstrukturen der Delegation, des »Rechthabens« und von »Machtdurchsetzung«;
- die Gerichte haben eine besondere Verpflichtung, auf ein Einvernehmen der Beteiligten hinzuwirken und auf die Beratungsmöglichkeiten durch die Beratungsstellen und -dienste der Träger der Jugendhilfe hinzuweisen;
- das Jugendamt hat im Scheidungsverfahren die Pflicht, auf die Beratungsangebote in öffentlicher und freier Trägerschaft hinzuweisen;
- gerichtliche Entscheidungen müssen »ultima ratio« bleiben; sie werden erst dann aktuell, wenn außergerichtliche Streitmöglichkeiten, insbesondere auch Vermittlung (Mediation), ergebnislos ausgeschöpft worden sind.

VI. *Bedingter Vorrang von konsensorientierter Beratung im Rahmen der Mitwirkung im gerichtlichen Verfahren auch nach dem FamFG*

Einvernehmliche Regelungen der Eltern werden insbesondere dann erreicht, wenn die Kinder- und Jugendhilfe vor allem solche Beratungsangebote entwickelt und den Eltern anbietet, die sie bereits vor dem Eintritt von Krisen und Konflikten zum Aufbau und zum Erhalt einer partnerschaftlichen Familienbeziehung befähigen und sie in Krisensituationen wirksam unterstützen. Dem dienen insbesondere interdisziplinär angelegte Beratungsangebote wie Mediation, die die Konfliktregelungsfähigkeit von Eltern und ihre Kommunikations- und Kooperationsfähigkeit fördern und unterstützen. Gezielte (Mediations-) Beratung der Eltern macht eine hohe Zahl einvernehmlicher Konfliktregelungen möglich anstelle von gerichtlichen Entscheidungen.[19]
Aufgrund der Regelungen der §§ 17, 18, 50 SGB VIII i.V.m. den bisherigen Regelungen gemäß §§ 49, 49 a, 52 FGG bzw. den ab 1. 9. 2009 geltenden Regelungen gemäß §§ 151 ff. FamFG wird der bedingte Vorrang von konsensorientierter Beratung im Rahmen der Mitwirkung noch einmal verstärkt deutlich. Die Mitwirkung des Jugendamtes gemäß § 50 SGB VIII muss die Ziele des § 52 FGG bzw. der §§ 155, 156 FamFG, einvernehmliche Regelungen zu erreichen, fördern. Beratung nach § 17 SGB VIII und Mitwirkung nach § 50 SGB VIII stehen daher in einem engen Zusammenhang. In beiden Fällen geht es um die möglichst einvernehmliche Regelung elterlicher Konflikte. Deshalb hat das Jugendamt im Rahmen seiner Mitwirkung zunächst durch Angebote konsensorientierter Beratung die Eltern zur Erarbeitung eines einvernehmlichen Konzepts für die Wahrnehmung der Elternverantwortung zu motivieren und sie dabei zu unterstützen. Der *Grundsatz der Verhältnismä-*

19 Trenczek in ZKJ 2009, 97, 102 f.

ßigkeit der Mittel verbietet einen gerichtlichen Eingriff, solange und soweit die Betroffenen einvernehmlich eine eigene Konfliktregelung ernsthaft versuchen (vgl. § 1666 BGB, § 8a Abs. 1 und 3 SGB VIII).

Beratung und Unterstützung bei Trennung und Scheidung nach § 17 Abs. 2 SGB VIII einerseits und die Mitwirkung im gerichtlichen Verfahren nach § 50 SGB VIII andererseits zwingen deshalb die Jugendhilfe, ihr Verhältnis zum Familiengericht entsprechend den Vorgaben des § 17 SGB VIII zu organisieren. Kinder- und Jugendhilfe muss auch im Rahmen der Mitwirkung im gerichtlichen Verfahren sicherstellen, dass ihr Förderungs-, Beratungs- und Unterstützungsauftrag in der Praxis so gut wie möglich wirksam werden kann. Insoweit sind die Aufgaben nach § 17 und § 50 SGB VIII nicht gegensätzlich oder unterschiedlich. Sie ergänzen sich. § 52 FGG bzw. § 156 FamFG unterstreichen diesen Beratungsvorrang. Das Jugendamt wirkt dabei als *eigenständige sozialpädagogische Fachbehörde. Es* ist kein Hilfsorgan der Justiz. Es hat keine »Gerichtshilfe-Zuarbeit« zu erbringen. § 50 SGB VIII verankert die Mitwirkung des Jugendamtes in Verfahren vor den Familiengerichten als eine vom Jugendamt – auch gegenüber den Gerichten – selbständig und eigenverantwortlich zu *erfüllende sozialpädagogische Aufgabe der Jugendhilfe* zu Gunsten junger Menschen und ihrer Familien (§ 2 Abs. 1 SGB VIII), nicht als gerichtliche oder vom Gericht der Jugendhilfe auferlegte Aufgabe.

§ 50 SGB VIII überlässt es dem Jugendamt, zu entscheiden, wie es seine Mitwirkungsaufgaben erfüllt. Es hat hierbei einen *weiten Interpretations- und Entscheidungsspielraum*. Eine bestimmte Form der Mitwirkung, z.B. durch eine gutachterliche, wertende Äußerung des Jugendamtes ist in § 50 SGB VIII im ausdrücklichen Gegensatz zur anderslautenden Regelung in § 51 Abs. 2 Satz 3 SGB VIII nicht festgeschrieben worden. Dies gilt insbesondere auch für die Ausfüllung der Mitwirkungsaufgabe gegenüber dem Gericht nach § 50 Abs. 2 SGB VIII und im Fall der Kindeswohlgefährdung gemäß § 8a Abs. 3 SGB VIII. Das Jugendamt unterliegt *keinen gerichtlichen Weisungen*. Deshalb hat das Gericht auch keine Befugnis, Fachkräfte des Jugendamtes zu Verhandlungsterminen einzubestellen. Entsprechende »Verfügungen« des Gerichts sind als Bitte des Gerichts gegenüber dem Jugendamt zu werten, an der jeweiligen mündlichen Verhandlung teilzunehmen, unbeschadet der Regelung in § 50 Abs. 2 Satz 2 SGB VIII.

Mitwirken im Sinne § 50 Abs. 1 Satz 2 SGB VIII bedeutet, vornehmlich *sozialpädagogisch zu gestalten*, also zu prüfen, ob und inwieweit fachgerechte Hilfe- bzw. Leistungsangebote der Jugendhilfe zugunsten junger Menschen und Familien (§ 2 Abs. 1 SGB VIII) erforderlich sind bzw. werden. Jugendhilfe im Rahmen der Mitwirkung in gerichtlichen Verfahren ist daher vorrangig Gestaltungshilfe und nicht Entscheidungs- oder Ordnungshilfe. Dem elterlichen Konsens über die Wahrnehmung ihrer Erziehungsverantwortung,

dessen Ergebnis u.U. nicht das absolut Beste, sondern lediglich das einvernehmlich vereinbarte Beste sein kann, hat der Staat, abgesehen von Fällen der § 8 a SGB VII, § 1666 BGB, grundsätzlich nichts entgegenzusetzen.
Die Unterrichtung des Gerichts gemäß § 50 Abs. 2 Satz 1 SGB VIII über angebotene und erbrachte Leistungen sowie über erzieherische und soziale Gesichtspunkte stellt sicher, dass im gerichtlichen Verfahren wie in der Entscheidung selbst die Möglichkeiten der Jugendhilfe berücksichtigt werden können. Die *inhaltliche Mitwirkung* des Jugendamtes im familiengerichtlichen Verfahren darf die *Leistungen der Kinder- und Jugendhilfe nicht gefährden*. Auch die Erfüllung der »anderen Aufgaben« gemäß § 2 Abs. 3 SGB VIII steht unter der generellen Zielsetzung der Jugendhilfe: Prävention vor Heilung, Leistung vor Eingriff, Freiwilligkeit vor Zwang.
Dabei kommt dem Jugendamt gegenüber den Gerichten eine fachlich gleichgeordnete, jedoch keine rechtsentscheidende Position zu. Gerichtliche Streitentscheidung bleibt die zentrale und alleinige Aufgabe des Familiengerichts. Demzufolge ist bei der Entscheidung über die Unterrichtung nach Abs. 2 je nach Problemlage zu differenzieren, welche Hinweise und Mitteilungen an das Gericht im Sinne der Aufgabenstellung zweckmäßig sind und welche nicht. Umgekehrt ist auch zu berücksichtigen, inwieweit Äußerungen des Jugendamtes mögliche weitere Hilfen behindern können oder nicht. Eine Information der Gerichte über die Inhalte und Ergebnisse der Beratung oder der Mediation obliegt den Konfliktpartnern selbst, nicht der Jugendhilfe. Sie wäre auch wegen der Regelungen des Sozialdatenschutzes gemäß §§ 64, 65 SGB VIII ohne Zustimmung oder gegen den Willen der Konfliktpartner unzulässig. Grenzen für den Sozialdatenschutz sind Gefährdungstatbestände gemäß §§ 1666 BGB und § 8a SGB VIII.
Nach § 8a Abs. 3 Satz 1 SGB VIII muss das Jugendamt das zuständige Gericht anrufen *(Anrufungspflicht),* wenn es das *Tätigwerden des Gerichts* für die Abwehr einer Gefährdung des Wohls des Kindes oder des Jugendlichen für *erforderlich* hält. Dies gilt auch, wenn die Personensorgeberechtigten oder die Erziehungsberechtigten nicht bereit oder nicht in der Lage sind, bei der Abschätzung des Gefährdungsrisikos mitzuwirken. Das Jugendamt selbst ist nicht zu Eingriffen in das Elternrecht befugt, sondern nur die Gerichte, unbeschadet der Pflicht des Jugendamtes zur Inobhutnahme gemäß § 8 a Abs. 3 Satz 2, 42 SGB VIII. Die *Anrufungspflicht* nach § 8a Abs. 3 Satz 1 SGB VIII gilt nur gegenüber dem Familiengericht, nicht aber gegenüber dem Strafgericht, der Staatsanwaltschaft oder der Polizei. Eine Pflicht zur Anrufung von Strafgerichten bzw. der Polizei oder auch eine Anzeigepflicht ist sowohl dem SGB VIII wie auch dem Strafgesetzbuch, abgesehen von *§ 138 StGB*, grundsätzlich fremd.

Daraus folgt für die Arbeit mit den Familien folgendes Verfahren:

Sind die Eltern willens und in der Lage, einvernehmliche Regelungen zum Wohle ihrer Kinder zu treffen, so ist das durch die Jugendhilfebehörde zu akzeptieren. Den Eltern sind entsprechende Informations- und Beratungshilfen anzubieten. Ist im Rahmen einer (konsensorientierten) Beratung (auch im Rahmen der Mitwirkung) ein einvernehmliches Konzept der Eltern erarbeitet worden oder haben sich die Eltern ohne Inanspruchnahme von Beratungsleistungen auf ein Konzept geeinigt, so ist das zu akzeptieren. Es ist grundsätzlich davon auszugehen, dass es im Einklang mit dem Kindeswohl steht, soweit nicht triftige, das Kindeswohl gefährdende Gründe offenkundig sind, die befürchten lassen, dass die elterliche Einigung die Entwicklung des Kindes gefährdet. In diesen Fällen beschränkt sich die Unterrichtung des Familiengerichts auf die Mitteilung über angebotene oder erbrachte Leistungen. Für den Fall einer elterlichen Vereinbarung informiert das Jugendamt in Abstimmung mit den Eltern das Gericht über die Inhalte der einvernehmlichen Konfliktregelung der Eltern oder teilt dem Gericht mit, dass die Eltern selbst oder über ihre Anwälte ihre Vereinbarung vorlegen werden.

Gefährdet der einvernehmliche Elternvorschlag (nach feststehenden Tatsachen) das Kindeswohl und ist die Gefährdung des Kindeswohls nicht anderweitig abzuwenden, so teilt das Jugendamt dies dem Familiengericht mit und gibt ihm die aus der Sicht der Kinder- und Jugendhilfe erforderlichen Informationen (§§ 8a Abs. 3, 65 Abs. 1 Nr. 2 SGB VIII).

Ergibt sich keine Einigung der Eltern – mit oder ohne Beratung –, darf die Unterrichtung des Gerichts nur in enger Kooperation und Absprache mit den Eltern erfolgen. Die Kinder- und Jugendhilfe hat sich einer Wertung und Gewichtung der familiären Verhältnisse – außer im Fall der Kindeswohlgefährdung – zu enthalten. Erscheint das Kindeswohl gefährdet und ist die Gefährdung durch weitere Zusammenarbeit mit den Eltern nicht abzuwenden, ist das Familiengericht nach § 8a Abs. 3 SGB VIII anzurufen, und es sind Vorschläge zu unterbreiten, wie die Gefährdung abzuwenden ist.

Soweit die Eltern das Hilfeangebot des Jugendamtes ablehnen bzw. nicht darauf eingehen oder keine Einwilligung zur Offenbarung anvertrauter Daten geben, muss es im Hinblick auf das Selbstverständnis der Kinder- und Jugendhilfe, in vertrauensvoller Zusammenarbeit mit den Eltern diese zur Annahme von Leistungsangeboten zu motivieren, dabei verbleiben (§§ 17, 61, 64, 65 SGB VIII). Das FamG wird in einem neuen Termin unter Mitwirkung des JA, § 162 FamFG, die Situation und das weitere Vorgehen mit den Eltern erörtern, mit dem Ziel einer einvernehmlichen Vereinbarung, § 156 FamFG, der Anordnung einer schriftlichen Begutachtung, § 164 FamFG oder einer gerichtlichen Entscheidung.

Diese konzeptionellen Schwerpunkte setzen für den Sozialen Dienst Rahmenbedingungen voraus, wie sie für Beratungsstellen selbstverständlich sind. Dazu gehören vor allem *Beratungsräume*, die den fachlich-methodischen Anforderungen nach §§ 17, 50 SGB VIII entsprechen. Hier gebietet, wie dargelegt, im Übrigen schon der bereichsspezifische *Datenschutz* gemäß §§ 61 bis 68 SGB VIII entsprechende Vorkehrungen. Ob das Konzept nur mit der vorhandenen *Personalstruktur* zu erfüllen ist, lässt sich nicht mit Sicherheit vorhersagen. Ressourcenschonende Schwerpunktverlagerungen können eine Möglichkeit bieten, die vorhandenen personellen Ressourcen in das neue Konzept einzubinden. Der Gesetzgeber hat mit der grundsätzlichen höheren Bewertung von Beratungsaufgaben und der außergerichtlichen Konfliktregelung Aufgaben geregelt, die mögliche Entlastungen mehr als kompensieren dürften, ganz abgesehen von den nach wie vor zu regelnden Verfahren der Antragstellung, die alleinige Sorge zu übertragen bzw. der Ausweitung des Umgangsrechts auf weitere Personen.
Die Mitwirkung sollte daher als systemische, ganzheitliche, sozialpädagogische Konfliktintervention praktiziert werden, um die gerichtlichen Streitigkeiten der Eltern zu entschärfen und sie zu eigenverantwortlichen, einvernehmlichen Regelungen zu befähigen, die dem Wohle ihrer gemeinsamen Kinder, aber auch ihrem eigenen Wohle dienen können. Schwierigkeiten in der konkreten Arbeitssituation der Fachkräfte müssen durch entsprechende Supervision, Fach- oder Teamgespräche aufgefangen bzw. gelöst werden.

VII. *Mediation als Beratungsleistung gemäß §§ 17, 18 Abs. 2, 28 SGB VIII, 135, 156 FamFG*

Gemäß § 17 Abs. 1 SGB VIII haben Mütter und Väter im Rahmen der Jugendhilfe Anspruch auf Beratung in Fragen der Partnerschaft, wenn sie für ein Kind oder einen Jugendlichen zu sorgen haben oder tatsächlich sorgen. Gemäß § 17 Abs. 2 SGB VIII sind Eltern im Fall ihrer Trennung oder Scheidung bei der *Entwicklung eines einvernehmlichen Konzepts* für die Wahrnehmung der elterlichen Sorge zu unterstützen. Hierauf haben Eltern jeweils einen Rechtsanspruch.
Der Gesetzgeber hat keine Regelungen darüber getroffen, welche fachlichen Methoden und Konzepte bei der Beratung anzuwenden sind. Er hat diese Entscheidung der fachlichen Kompetenz den jeweiligen Fachkräften überlassen. *Beratungs- und Unterstützungsangebote* müssen entsprechend den rechtlichen Vorgaben (Art. 6 Abs. 2 GG, § 1 Abs. 2 SGB VIII) grundsätzlich *Vorrang vor Eingriffen* erhalten. Die Hilfen müssen konsequent als konsensual orientierte Hilfen zur Selbsthilfe konzipiert und geleistet werden, die die Eltern befähigen, familiäre Spannungen und Krisen selbst zu bewältigen. Sol-

che konsensualen Beratungshilfen zur Selbsthilfe sind insbesondere **Mediation**, ferner systemisch- und ressourcenorientierte, interdisziplinär konzipierte Beratungshilfen.
Der Begriff »Mediation« ist als feststehender Fachbegriff aus dem Englischen übernommen worden. Mediation bedeutet – wörtlich übersetzt – Vermittlung. Sie setzt auf Gemeinsamkeit statt Gegnerschaft, auf Verstehen statt Missverstehen, auf Akzeptanz und Wertschätzung statt Herabsetzung und Geringschätzung, auf zukunftsbezogene Sachlichkeit statt auf rückwärts gerichtete Beschuldigungen, auf gemeinsame Beziehungsklärung statt auf Rechthaben, auf Eigenverantwortlichkeit statt Fremdentscheidung. Mediation ist ein zukunftsorientierter Weg. Sie zielt auf eine lebenswerte Gestaltung der Zukunft der Konfliktparteien, bei Aktivierung aller Ressourcen, die den Personen jeweils zur Verfügung stehen.
Die Konfliktpartner müssen insbesondere über die ihnen gesetzlich zustehenden Rechte – interessenbezogen – informiert sein, damit die Verhandlungsergebnisse später rechtlich nicht in Frage gestellt werden. Deshalb ist individuelle interessenbezogene rechtsanwaltliche Rechtsberatung unverzichtbar. Mediation ist keine alternative Rechtsberatung. Die Mediatorin/der Mediator als Vermittler/in muss sich strikt neutral verhalten. Eine von ihr/ihm erteilte Rechtsberatung könnte die notwendige Neutralität gefährden. Mediation kann helfen, die zu treffenden Konfliktentscheidungen der Eltern qualitativ zugunsten der Konfliktparteien und ihrer Kinder zu verbessern.
Ziel der Mediation ist mehr als lediglich die konkrete Konfliktregelung. Das Ziel reicht weiter. Mediation soll die Konfliktpartner dazu befähigen,

- sich ihrer Konfliktpositionen und dahinter stehenden Bedürfnisse und Interessen bewusst zu werden,
- in einer kooperativen Kommunikation, selbständig Möglichkeiten zum Konfliktausgleich zu finden,
- ihre Fähigkeiten zur Konfliktvermeidung bzw. Konfliktregelung zu verbessern.

Im Fall von Trennung und Scheidung von Eltern zielt Mediation auf die Entwicklung eines einvernehmlichen Konzeptes gemeinsamer elterlicher Verantwortung von Vater und Mutter nach Trennung oder Scheidung. Dazu zählen neben der für sie und ihren Kindern anstehenden Veränderung ihrer Lebensbedingungen, die Neuordnung der gemeinsamen elterlichen Verantwortung, die Klärung der finanziellen Sicherung der Einzelhaushalte, die Vermögensauseinandersetzung, die Hausratsaufteilung, die Klärung der Wohnsituation und der Alterssicherung.
Mediation dient dem »Wohl des Kindes«, das am besten durch funktionierende Elternschaft auch nach Trennung und Scheidung gewährleistet wird. Sie löst die verfassungs-, familien-, jugendhilfe- und prozessrechtlichen Vor-

gaben (Art. 6 Abs. 2 GG; §§ 52 FGG, 156 FamFG, 279 ZPO, 17,18, 28 SGB VIII) ein, vor einem Eingriff in das Elternrecht einvernehmliche Regelungen familienbezogener Streitigkeiten zu initiieren, zu fördern und zu unterstützen.

VIII. *Vernetzung von Mediation/die neue Rolle der Professionen*

Mediation gewinnt seine Wirksamkeit insbesondere aus ihrer Vernetzung mit den beteiligten Scheidungsprofessionen. Die Einbindung von Mediation in die Arbeit von Rechtsanwält/innen und Richter/innen wirkt konfliktentschärfend und fördert die Mediation. An weiteren Vernetzungspartnern kommen z.B. der Kinderschutzbund, Ärzte, ferner Kindertageseinrichtungen und Schulen in Betracht. Diese veränderte Aufgabenstellung der Jugendhilfe erfordert Veränderungen in der Arbeit mit den Professionen. Insoweit wird das »Leistungsmodell« der Jugendhilfe durch ein entsprechendes »Vernetzungsmodell der Scheidungsprofessionen« ergänzt (so auch die sog. Cochemer Praxis).[20]

Rolle von Rechtsanwälten

Rechtsanwälten »als Organen der Rechtspflege« fällt die entscheidende (neue) Rolle zu, den Eltern (Mandanten) umfassende kompetente Beratungshilfe zur Selbsthilfe zu erteilen, damit sie selbständige Regelungen erarbeiten können. Rechtsanwälte sind noch immer regelmäßig die ersten Ansprechpartner sich streitender Eltern. Sie sind für die Weichenstellung im Streitverfahren verantwortlich. Das Scheidungsrecht belässt den Eltern einen weiten eigenen, autonomen Handlungs- und Entscheidungsspielraum, der vor allem durch die Mithilfe ihrer Rechtsanwälte verantwortungsvoll zu nutzen ist. Das rechtliche und tatsächliche Ergebnis von Scheidungs-(folgen)-streitigkeiten ist zwangsläufig auch die Folge einer Konfliktregelungsstrategie, die Mandant und Rechtsanwalt im Rahmen der Beratung erarbeitet haben und durchführen wollen.

Gelingt es Rechtsanwälten im Rahmen ihrer Beratungstätigkeit, die Eltern zur Annahme jugendhilferechtlicher Mediationsleistungen zu motivieren, könnte es in vielen Fällen gelingen, weitere Verletzungen zu vermeiden oder bisherige Aggressionen, Zorn und Ängste abzubauen. Selbst für den Fall der Nichteinigung ist davon auszugehen, dass in vielen Fällen das Verständnis und die Akzeptanz für den anderen Elternteil durch die Mediationsarbeit der Jugendhilfe geweckt worden ist, die mindestens eine Verschärfung der Beziehungskonflikte für die Zukunft ausschließen kann.

20 Vgl. dazu Rudolph 2007, 31 ff.

Die rechtsanwaltliche Förderung der Motivation der Eltern zur einvernehmlichen Konfliktregelung erlangt damit zentrale Bedeutung im elterlichen Streit ums Kind. Dass die Aufgabe von Rechtsanwälten bereits erkannt wird, zeigt die hohe Quote außergerichtlicher Streitregelungen. Die vielfach geäußerte Auffassung, dass Rechtsanwälte aus Gebührengründen an einer Streitverschärfung gelegen sein muss, trifft in dieser Allgemeinheit grundsätzlich nicht zu. Die rechtsanwaltlichen Gebühren orientieren sich am Streitwert, nicht am zeitlichen oder sonstigen Aufwand in der konkreten Sache, also weder an der Zahl noch am Umfang der Schriftsätze oder der Zahl der Gerichtsauftritte. Im Übrigen sind die Gebührenmöglichkeiten der Rechtsanwälte in Sorgerechts- und/oder Umgangsrechtssachen (im Verbund oder in isolierten Verfahren) streitwertmäßig nicht derart interessant, dass Rechtsanwälte allein dadurch zu einer Verschärfung des gerichtlichen Verfahrens motiviert werden könnten.
Für die Jugendhilfe ist es wichtig, dass sie eine unbefangene Zusammenarbeit mit der Anwaltschaft sucht und konstruktiv gestaltet. Die Zusammenarbeit darf nicht erst mit dem Beginn eines streitigen Verfahrens erfolgen. Sie ist bereits im Vorfeld, also präventiv erforderlich, etwa durch regelmäßige Kontakte, bei der über die gemeinsamen Ziele bei unterschiedlichen Wegen und Aufgabenstellungen informiert werden kann. Zwar ist nicht auszuschließen, dass zuweilen die Ziele der Arbeit von Rechtsanwälten den Zielen von Mediationsstrategien entgegenlaufen. Doch ebenso gilt, dass bislang das Bild der Rechtsanwaltschaft zu sehr von dem zu einseitig arbeitenden, parteiischen und streitversessenen Anwalt dominiert war.

Rolle von Familienrichter/innen

Aufgabe der Familienrichter/innen ist es, die Eltern unter Hinweis auf ihre verfassungsrechtliche Pflichtenstellung gegenüber ihren Kindern, Art. 6 Abs. 2 Satz 1 GG, zur einvernehmlichen eigenen Lösung zu motivieren und das vorhandene verfahrensrechtliche Instrumentarium offensiv zu nutzen. Der Gesetzgeber hat diese Aufgabe in § 278 Abs. 1 und 5 ZPO sowie insbesondere mit §§ 52, 52 a FGG bzw. §§ 135, 156 FamFG den Gerichten aufgegeben, in jeder Lage des Verfahrens auf eine gütliche Beilegung des Rechtsstreits oder einzelner Streitpunkte durch die Beteiligten hinzuwirken. Die bisherige Praxis der Kooperation zwischen Jugendhilfe und Familiengerichten, die vielfach lediglich in wertenden Stellungnahmen der Jugendämter an die Gerichte bestand, genügt den heutigen Erfordernissen nicht mehr. Hier muss sich die Jugendhilfe entsprechend weiterentwickeln und profilieren. Sie muss als gleichberechtigte, unabhängige, professionelle Einrichtung neben Gerichten und Rechtsanwaltschaft tätig sein und ihr Aufgabenverständnis diesen Professionen vermitteln.

Der Gesetzgeber ist offenbar davon ausgegangen, dass der gemeinsame Elternwille grundsätzlich dem Rechtsfrieden dient und dem Kindeswohl am besten entspricht. Die innere Rechtfertigung dieser familiengerichtlichen Entscheidungskompetenz folgt sowohl aus den Verfassungsgrundsätzen des Art. 6 Abs. 2 GG über die vorrangige elterliche Erziehungsverantwortung, wie vor allem aus psycho-sozialen Gründen des Kindeswohls. Der Zusammenbruch einer Ehe ändert für die Kinder nichts an ihren Eltern. Für sie sind und bleiben ihre Eltern nach Trennung und/oder Scheidung dieselben wie vorher. Allein durch die Scheidung oder Trennung werden die Eltern nicht – auch nicht partiell – unmündig oder geschäftsunfähig.
Einigen sich Eltern auf einen gemeinsamen Vorschlag, signalisiert das nicht nur ihrer beider Verantwortungsbereitschaft für ihre gemeinsamen Kinder, er schafft auch die Grundlage eines befriedigenden und befriedenden Vollzugs der getroffenen Sorgerechts- bzw. Umgangsrechtsregelung, was entscheidend ist für die Forderung des Kindeswohls nach der Eheauflösung. Zur Förderung elterlicher Motivation zur Eigenentscheidung können die Gerichte vor allem durch ihre Anhörungspflicht des Jugendamtes nach § 49 a FGG bzw. §§ 155 Abs. 2 Satz 3, 162 FamFG beitragen.
Die Gerichte können die Bedeutung der Anhörung des Jugendamtes für das Kindeswohl kooperativ und konstruktiv unterstützen, indem sie die Eltern und ihre Anwälte über die Möglichkeiten und die Notwendigkeiten autonomer elterlicher Konfliktregelung und die Notwendigkeiten autonomer elterlicher Konfliktregelung im Rahmen der Jugendhilfeanhörung informieren. Eine solche richterliche Unterstützung der Jugendhilfeanhörung können Eltern und ihre Rechtsanwälte ermutigen, die möglichen Jugendhilfeangebote umfassend zu nutzen, zum Wohl von Eltern, ihren Kindern, aber auch zur – präventiven – Entlastung der Familiengerichte selbst.

Flankierende Rolle psychologischer Beratung und Begutachtung

Psychologische Gutachter sind mehr als bloße »Gerichtshilfen«, die Scheidungs- und Trennungssituationen explorieren. Sie sollen auch entsprechende flankierende Hilfen zur Selbsthilfe für die Eltern geben. Trennungs- und Scheidungsberatung ist im SGB VIII neben seiner zentralen Verankerung in § 17 SGB VIII auch in den Aufgabenkatalog der Erziehungsberatung aufgenommen worden (§ 28 SGB VIII). In Verbindung mit den Aufgaben nach § 50 Abs.1 SGB VIII ergibt sich für die Beratungsstellen gemäß den Leistungsmöglichkeiten nach §§ 16, 17, 18, 28 SGB VIII die Möglichkeit einer kooperativen Intervention zugunsten der Eltern vor, bei und nach Krisensituationen mit dem Ziel einer befriedigenden und befriedenden Krisen- und Konfliktbewältigung. Darauf weist § 163 Abs. 2 FamFG ausdrücklich hin.

Wenn in § 28 SGB VIII gefordert wird, dass die Beratungseinrichtungen »Kinder, Jugendliche, Eltern und andere Erziehungsberechtigte bei der Klärung und Bewältigung individueller und familienbezogener Probleme und der zugrunde liegenden Faktoren, bei der Lösung von Erziehungsfragen sowie bei Trennung und Scheidung unterstützen sollen«, dann wird der entsprechende kooperative Beratungsansatz deutlich. Beratung muss über ihren Individualansatz hinausgehen und als »Anwalt des Kindes« agieren und den Eltern die Perspektiven und Interessen ihrer Kinder nahe bringen. Dies muss zur Folge haben, dass die Eltern in jedem Fall zunächst zu einer befristeten (übergangsweisen) gemeinsamen Regelung der elterlichen Sorge oder des Umgangsrechts zu führen sind. Die – auch therapeutische – Wirkung solcher »Erprobungsvereinbarungen« dürfen nicht unterschätzt werden. Sie können Kommunikation, Kooperation und in deren Folge das verlorene Vertrauen aufbauen helfen – eine wichtige Voraussetzung zur Bearbeitung und Überwindung des Paarkonfliktes. Damit wird die zentrale Aufgabe auch der psychologischen Beratung und Gutachten offenbar: Das oberste Ziel aller ihrer Bemühungen muss darin bestehen, den Eltern dabei behilflich zu sein, wenigstens annäherungsweise die Entflechtung von Paar- und Elternebene zu schaffen, um auf dieser Basis zumindest soweit wieder dialogfähig zu werden, dass ihre Kinder nicht u.U. bis zur Volljährigkeit oder noch länger in der Schizophrenie leben müssen, ihre Liebesgefühle zu Mutter und Vater in zwei völlig unterschiedliche Welten aufzuteilen.[21]
Hier treffen sich dann die Bemühungen der jeweils anderen Scheidungsprofessionen, die – jede aus ihrer Kompetenz und Sichtweise – sozusagen im Verbund, die Befähigung der Eltern zur befriedigenden und befriedenden Kooperation und Kommunikation herstellen oder verbessern helfen sollen.

IX. *Vernetzte Mediation – Chancen und Grenzen*

Sicherlich werden nicht alle Eltern für einen Ausgleich ihrer Wünsche und Interessen durch Mediation zu gewinnen sein. Erfahrungen zeigen jedoch, dass Eltern die Leistungen der öffentlichen Jugendhilfe dann am besten akzeptieren können, wenn ihnen kommunikative Mediationsstrategien angeboten werden, die ihre positiven Möglichkeiten ansprechen. Dieser Ansatz entlastet Eltern und Fachkräfte gleichermaßen; die Eltern geraten nicht auf den Prüfstand, und Fachkräfte können besser unterscheiden zwischen Elternverantwortung einerseits und ihrer Aufgabe, im Interesse des Kindeswohles die Eltern hierin zu unterstützen. Im Übrigen muss die Fachkraft auch ent-

21 Jopt, U., Im Namen des Kindes. Plädoyer für die Abschaffung des alleinigen Sorgerechts, Hamburg, 2. Auflage 1994, S. 171.

scheiden, ob Mediationsvereinbarungen möglich sind. Dazu ist häufig eine intensive Motivationsarbeit notwendig, um die Eltern zur Kooperation mit der öffentlichen Jugendhilfe zu ermutigen.
Kriterien, die Mediation erschweren oder ausschließen, können letztlich nur auf den Einzelfall bezogen definiert werden. Es bleibt stets Aufgabe der Fachkraft, darüber zu entscheiden, ob Mediation möglich ist. Folgende Faktoren können Anlass sein, eine Mediation auszuschließen oder abzubrechen:

- es ist nur eine Partei zur Teilnahme an Mediation zu motivieren;
- es zeigt sich, dass die Entscheidung zur Trennung nicht wirklich getroffen wurde;
- die Bereitschaft zur Offenheit reicht nicht aus;
- die Bereitschaft zur Fairness ist nicht gegeben;
- ein Mindestmaß an persönlicher Kompetenz zum Erkennen und zum Wahren der eigenen Interessen liegt bei mindestens einer Partei nicht vor;
- es besteht ein unauflösliches Machtgefälle zwischen den Parteien, das die Autonomie einer Partei erheblich einschränkt;
- es liegt eine erkennbare Einschränkung der Erziehungsfähigkeit bei mindestens einem Elternteil vor;
- es ist eine Gefährdung des Kindeswohls erkennbar (Misshandlung, sexueller Missbrauch, Vernachlässigung);
- es liegen wiederholte bzw. extreme Gewalthandlungen vor;
- es zeigen sich erhebliche psychische Auffälligkeiten bei zumindest einem Elternteil.

Es ist Aufgabe der Fachkraft der Kinder- und Jugendhilfe, die einzelnen Faktoren zu erkennen, zu gewichten und zu entscheiden, wo ihrer Motivationsarbeit Grenzen gesetzt sind. Dies gilt nicht nur für den Beginn der Mediation; auch im Verlauf des Mediationsprozesses ist darüber zu reflektieren, ob bestimmte Kriterien für einen Gesprächsabbruch sprechen. Entscheidet sie sich für eine Beendigung, wird sie den Eltern ihre Gründe darlegen. Wenn ein Mindestmaß an Vertrauen gegeben ist, kann es gelingen, das Gespräch in einer späteren Phase, etwa nach einer Gerichtsentscheidung, wieder aufzunehmen.

X. *Ausblick/Anregungen*

Kinder brauchen beide Eltern. Dies gilt insbesondere auch in familialen Krisensituationen. Bei Trennung und Scheidung denken Eltern oft zu sehr an sich und zu wenig an ihre Kinder. Mit kooperativer Mediation steht ein effektives Instrument zur Konfliktbewältigung im Interesse von Kindern und Eltern zur Verfügung. Es effektiv zu nützen, ist verfassungsrechtliche Aufgabe der Kin-

der- und Jugendhilfe. Der Staat hat nach Art. 1, 2 6 Abs. 2 GG verfassungsrechtlich die Pflicht, Eltern und ihren Kindern die erforderlichen Hilfen zur Selbsthilfe bei familialen Konflikten zu geben.
Der Staat hat dabei auf die aktuellen und modernen Entwicklungen in der Arbeit der Kinder- und Jugendhilfe zurückzugreifen. Das verstärkte (neue) Zutrauen in die eigene Regelungskompetenz der Eltern erfordert deshalb vom Staat eine verstärkte Förderung der Selbstregelungs- und Konfliktregelungsressourcen der betroffenen Eltern. Diese müssen in ihrem Bemühen um eine eigene Konfliktbewältigung entsprechend unterstützt werden. Auch wenn die Wiederherstellung der Ehe bzw. die Versöhnung der Eheleute nicht Ziel von Mediation bei Trennung und Scheidung ist, so stellen doch die De-Eskalationen von partnerschaftlichen, elterlichen Konflikten und das anschaulich Machen entsprechender eigenverantwortlicher Bewältigungsstrategien eine wichtige präventive Leistung dar, die Eltern und ihre Kinder auch zur Scheidungsvermeidung führen können.
Defizite in der Kommunikation und Kooperation sind mit ursächlich für Trennung und Scheidung. Diese Defizite in Mediation zu beheben, kann somit auch ein Beitrag zur Scheidungsvermeidung sein. Freilich müssen die entsprechenden Mediationsinterventionen wirken können. Insoweit ist es wichtig, Mediation in die allgemeine Erziehungsarbeit von (Ehe-)Eltern zu integrieren. Für Kinder kann sich Mediation dann positiv unmittelbar und mittelbar auswirken. Sie werden mittelbar entlastet, wenn ihre Eltern entlastet sind, und sie werden unmittelbar entlastet, wenn sie die konstruktiven Mediationsgespräche ihrer Eltern erleben. Der (neue) kooperative und kommunikative Stil ihrer Eltern zur Konfliktbewältigung kann für Kinder/Jugendliche beispielgebend sein, ihre Konflikte ebenfalls friedlich und konsensual zu regeln.
Im Mittelpunkt der Mitwirkungsaufgabe der Kinder- und Jugendhilfe in Verfahren vor den Familiengerichten muss »vernetzte Mediationsarbeit« stehen, um konfliktmindernd zu intervenieren und die Eigenverantwortlichkeit und Kommunikationsfähigkeit der Eltern zu fördern. Mediation, die vernetzt mit den beteiligten Professionen organisiert ist und angeboten wird, kann Eltern am besten, auch präventiv befähigen, Konflikte, Krisen und Streitigkeiten in und aus ihrer Partner- und Elternschaft selbst, konstruktiv und zufriedenstellend zu regeln, zu ihrer Entlastung und zu ihrem Wohl sowie gleichzeitig zur Entlastung und zur Förderung des Wohls ihrer Kinder. Schwierigkeiten in der konkreten Arbeitssituation müssen durch entsprechende Supervisionen, Fach- oder Teamgespräche aufgefangen bzw. gelöst werden.
»Vernetzte Mediation« kann einen wirksamen Beitrag leisten, die Ziele, die der Gesetzgeber gerade auch mit den neuen Regelungen gemäß §§ 36, 135, 155 FamFG verfolgt, wirkungsvoll zu erreichen. Der Erfolg vernetzter Mediation hängt entscheidend davon ab, wie gut die Fachkräfte in Mediation quali-

fiziert sind und wie gut das kooperative Netz der Professionen vor Ort geknüpft ist. Daher erscheint es notwendig, Standards zur Qualifikation der Mediationsfachkräfte zu entwerfen und festzuschreiben. Einen Beitrag hierzu könnte die Umsetzung der EU-Richtlinie Mediation in Deutschland leisten, an der gegenwärtig eine Expertengruppe im Bundesministerium der Justiz, der der Autor angehört, arbeitet (vgl. Graf-Schlicker, Marie Luise, Die EU-Richtlinien zu Mediation – zum Stand der Umsetzung, ZKM 2009, 83-87).

Arthur Trossen[1]

Kinder sind auch nur Menschen

Wenn es um Kinder geht, so die Aussage mancher Anwälte, dann setzen wir deren Interessen auch gegen die Interessen der Eltern durch. Manchmal scheint es so, als ginge es ihnen darum, die Kinder vor den Eltern zu beschützen. Dann frage ich mich, ob die Kindesinteressen und die Elterninteressen überhaupt ein Gegensatz sind. Ist es nicht grundsätzlich so, dass es den Eltern darauf ankommt, ihren Kindern das Beste zu geben? Wollten Sie es nicht, dass es Ihren Kindern gut geht?
Die sich häufenden Nachrichten über missbrauchte, verhungerte und vernachlässigte Kinder schaden dem Elternimage. Es entsteht ein generelles Misstrauen in die Kompetenz und die Versorgungsbereitschaft der Eltern. Der Ruf nach Kontrollen wächst in dem Maße, in dem die Erwartung eines eigenverantwortlichen Verhaltens zurückgeht. Ich frage mich, was tun wir den Kindern an, wenn wir ein solches Elternimage kolportieren und wie wirkt sich diese Einstellung auf die Bearbeitung der Kindschaftssachen im gerichtlichen Umfeld aus. Was muss ein Kind denken, wenn es ein Bewusstsein dafür bekommt, dass es eines Schutzes vor den eigenen Eltern bedarf? Dabei besteht überhaupt kein Anlass, den kriegerischen Effekten einer familiären Auseinandersetzung auf diese Weise beizutreten. Die jeweilige Sichtweise ergibt den Handlungsrahmen. Sie geht auf die generelle Haltung der Eltern zurück, auf deren innere Einstellung, die sie sich selbst und den Kindern gegenüber aufbringen. Ihre Haltung interagiert mit der gesellschaftlichen Sicht und dem Stellenwert, den sie den Kindern beimisst. Gerne wird übersehen, dass das Kind nicht immer ein Kind bleiben wird. Irgendwann einmal wird es erwachsen sein. Dann muss es ausbaden, was die Gesellschaft zur Wahrung der Kindesinteressen unternommen hat – oder eben nicht. Der Generationenvertrag ist ein Beispiel dafür, wie Entscheidungen über die Köpfe der Kinder hinweg und zu deren Lasten getroffen werden. So kann es passieren, dass zwar das kindliche Kind geachtet wird, das erwachsene Kind (der erwachsene Mensch) jedoch nicht, obwohl beides zum gleichen Menschen gehört. Die Unterscheidung zwischen Kind und Erwachsenem begünstigt das Denken, das die Kinder vor den Erwachsenen beschützen will. Sie polarisiert und verhindert den Blick auf den Umstand, dass nicht nur das Kind Schutz verdient, sondern der Mensch schlechthin. Dies gilt besonders dann,

1 Der Autor war Familienrichter. Heute ist er als Mediator, Trainer und Autor tätig.

wenn er sich in der Krise befindet, einer Krise, die so schwer wiegt wie eine Scheidung oder der Tod eines Angehörigen.
Viele Menschen verbinden mit der Trennung der Eltern die Vorstellung eines Zusammenbrechens der Familie. Diese Sichtweise wird der modernen Gesellschaft nicht gerecht. Die Trennung der Eltern für sich betrachtet zerstört keine Familie. Sie trägt allerdings dazu bei, dass sich die Erscheinungsform der Familie verändert. Aus der konventionellen Familie entsteht die Patchworkfamilie. Die Kinder erhalten die Chance, in zwei Familien aufzuwachsen. Im idealen Verlauf einer elterlichen Trennung erleben sie statt eines Verlusts des Elternteils einen Zuwachs an neuen Familienmitgliedern und im Umgang mit ihnen einen Zuwachs an sozialer Kompetenz[2]. Viele Eltern sind in ihrem Konflikt hilflos. Sie reagieren intuitiv und projizieren, letztlich in dem Bemühen nur das Beste für die Kinder zu wollen, eigene Sichtweisen und Probleme in das Kindverhalten. Wer muss vor wem beschützt werden? Die Kinder vor den Eltern oder die Eltern vor dem Menschen, der in jedem Teil von ihnen lebt und den man sogar im Kind wieder findet. Dem Menschen, der in Anbetracht der wohl größten Lebenskrise verzweifelt ist, der verletzt ist, der nicht mehr weiter weiß, der irgendwie mit den überwältigenden Gefühlen umgehen muss, der einen Ausgleich sucht. Meistens ist sein Hass der Beweis einer vorangegangenen großen Liebe. Er ist Ausdruck von einer emotionalen Abhängigkeit, die es den Betroffenen extrem schwer macht, sich von dem Partner zu trennen, um alleine ohne ihn weiter zu leben. Sein Hass ist ein Äquivalent für die Verletzungen. Er soll die Liebe und den darauf folgenden Verlust kompensieren. Hass und Wut bringen aber keine Heilung. Entgegen der Meinung vieler Betroffenen ist der Hass nicht das Gegenteil von Liebe. Deren Gegenteil ist die Gleichgültigkeit. Der Hass hingegen ist ein Beweis für besonders starke Gefühle. Er ist ein Indiz für Bindungen, welche die Ehegatten in ihrer nicht bewältigten Paarbeziehung einfach noch nicht verarbeitet haben. Er ist der Beweis für einen anhaltenden Krisenzustand und keinesfalls zur Auflösung oder gar Neutralisation einer Beziehung geeignet. Die Umwelt interpretiert die Auseinandersetzung als ein Kriegszustand. Sie bezeichnet die hoch eskalierte Auseinandersetzung als Rosenkrieg[3], so dass sie sich schon terminologisch über die dahinter liegende Krise hinwegsetzt. Den Krieg nimmt die Außenwelt sehr deutlich wahr, nicht die dahinter verborgene Krise. Demzufolge reagiert die Umwelt auf den Krieg statt auf den mit der Krise zum Aus-

2 Dass Scheidungskinder eine höhere soziale Kompetenz erwerben hat Professor Dr. W. Seitz auf dem Kongress »Nur 7 Minuten« der integrierten Mediation nachgewiesen. Die These trifft indes nur zu, wenn die Scheidung relativ konfliktfrei abgewickelt wird (weitere Hinweise: http://www.in-mediation.eu/7-minuten).

3 Der Begriff stammt von dem Thronfolgekrieg der englischen Familien Tudoe und Windsor, welche beide eine Rosen im Familienwappen trugen. Siehe http://de.wikipedia.org/wiki/Rosenkrieg.

druck kommenden Hilferuf. Sie hört den Hilferuf des Kindes nicht den der Erwachsenen.

Das Kriegsspiel

Die Juristen scheinen das Kriegsspiel zu beherrschen. Viele Menschen glauben, dies läge an der juristischen Methode. Sie behaupten, die juristische Methode sei eine Methode der Streiteskalation. Ihre Ansicht verkennt die Situation. Es ist nicht die Methode die zur Eskalation führt, sondern es sind die Menschen, die sich ihrer bedienen. Es sind die Menschen, die eine Eskalation herbeiführen oder eben nicht. Üblicherweise stehen sich die Parteien in einem Gerichtsverfahren konfrontativ gegenüber. Das ist zugleich die Ausgangslage für das weitere Verfahren. Sie bedingt eine Zielvorgabe, welche die Parteien mit einem Gewinn oder einem Verlust bzw. einem Sieg oder einer Niederlage assoziieren. Sie geht so weit, dass die Parteien sogar immateriell verankerte Werte wie das Sorge- oder das Umgangsrecht als einen ausgelobten Gewinn betrachten. Die streitige Zielvorgabe ergibt aus der strategischen Sicht ein so genanntes Nullsummenspiel[4]. Nullsummenspiele werden in der Spieltheorie definiert. Die Spieltheorie ist eine Disziplin der Mathematik, die sich mit der Analyse von Systemen befasst, wobei die Spiele als Vorgänge verstanden werden, bei denen mehrere Akteure versuchen, ein Ergebnis herbeizuführen. Ein Nullsummenspiel zeichnet sich dadurch aus, dass die Summe der Gewinne bzw. Verluste aller Akteure zusammengenommen immer gleich null ist. Im Nullsummenspiel gewinnt somit die eine Partei immer nur das, was die Gegenpartei verliert. Wird die Auseinandersetzung um das Sorgerecht[5] in einem strategischen Nullsummenspiel erstritten, dann liegt es nahe, wenn sich für die Parteien dementsprechende Sieg- und Niederlagekorrelationen herstellen. Die eine Partei gewinnt das Sorgerecht, die andere verliert es. In einer solchen strategischen Grundhaltung ist es schwer, Frieden zu finden und ist es fast noch schwieriger, den Frieden zu stiften. Der Fokus reduziert sich auf den Sieg. Die Niederlage ist mit allen Mitteln zu verhindern. Der hinter dem Sieg liegende Nutzen wird ebenso wenig reflektiert, wie der Umstand, dass die Übertragung des Sorgerechts im Grunde eine Übertragung von Pflichten ist und eine zusätzliche Verantwortung begründet. Sie ist also alles andere als ein Gewinn. Dennoch wird der Krieg institutionalisiert. Das Siegen wird zum Selbstzweck. Warum ist der Sieg den Parteien so wichtig? Worum geht es ihnen wirklich?

4 http://de.wikipedia.org/wiki/Nullsummenspiel.

5 Der Begriff wird hier untechnisch gebraucht. Das Gesetz spricht in § 1626 BGB richtigerweise von der elterlichen Sorge.

Niemand hat ein wirkliches Interesse an einer unkontrollierten Streiteskalation. Spätestens dann, wenn ein Streit in die Konflikteskalation eines Rosenkrieges eskaliert, schadet er nicht nur den Parteien. Streitigkeiten mit diesem Ausmaß bleiben nicht privat. Sie belasten nicht nur die Parteien selbst, sondern auch das soziale Umfeld, ganz zu schweigen von den Scheidungskindern. Der Scheidungskrieg bekommt eine gesellschaftliche Dimension. Es gibt gute Gründe sich ihm zu stellen. Die Motive sind unterschiedlich. Aber alle zielen darauf ab, den Krieg zu beenden. Die Herausforderung besteht darin, den Krieg zu beenden, ohne die Autonomie der Eltern einerseits und die des Kindes andererseits zu verletzen.

Die Friedensmission

Wie beendet man einen Krieg? Wie gelingt es, Frieden zu stiften? Das ist gar nicht so einfach, denn im Krieg kann sogar ein Friedensangebot eine Finte sein und als kriegerische Maßnahme betrachtet werden. Es kommt nur darauf an, ob das Friedensangebot als solches oder als der Teil einer Konfrontationsstrategie verstanden wird. In strategischer Hinsicht kommt das Bemühen der Parteien um Frieden nur dann zum Tragen, wenn es gelingt, die Auseinandersetzung aus dem Nullsummenspiel zu entlassen. Mit dem Nullsummenspiel ist die Konfrontation als nahe liegende Strategie verknüpft. Die »wie du mir so ich dir – Strategie«[6] ist nicht nur die naheliegendste, sondern auch die erfolgreichste Strategie in dieser Kategorie. Eine Kooperation dagegen versagt im Nullsummenspiel. Zu groß ist das Risiko, dass der kooperative Ansatz den Gegner eher stärkt, anstatt ihn zu schwächen. Die Kooperation würde in einem solchen Setting den eigenen Verlust nahe legen. Anders wirkt sie im so genannten Positivsummenspiel. Hier gehen die Parteien davon aus, dass es keine Verlierer mehr geben kann. Die Summe der Gewinne bzw. Verluste aller Akteure zusammengenommen ist nicht auf den Einsatz beschränkt. Ist es denkbar, ein derartiges Positivsummenspiel etwa bei dem Streit um Sorge oder Umgangsrecht anzunehmen? Die Antwort lautet: Ja. Die Mediation zeigt wie es geht. Sie weist den Weg zu allseits befriedigenden Lösungen im Sinne eines Win-win-Ergebnisses, bei dem sich niemand mehr als Verlierer fühlen muss. Der Weg führt über die Aufdeckung der hinter dem Streit liegenden Interessen. Die Mediation geht davon aus, dass sich der Kuchen, gemeint ist das auszulobende Ergebnis, nach der Einbeziehung der hinter dem Konflikt liegenden Interessen vergrößern lässt. Allerdings setzt die Mediation Freiwilligkeit voraus. Die Freiwilligkeit beschreibt in diesem Verständnis die Bereitschaft der Parteien konstruktiv miteinander zu verhandeln und einander zuhö-

6 http://de.wikipedia.org/wiki/Tit_for_tat.

ren zu wollen. Dies setzt auch die Bereitschaft voraus, die andere Seite und deren Interessen akzeptieren zu wollen. Es handelt sich um eine Anforderung, welche die Parteien im Streit, also in einer konfrontativen Ausgangslage nur bedingt und bei einem hohen Eskalationsgrad gar nicht für möglich halten. Solange die Mediation als ein kooperatives Verfahren der Konfliktlösung nicht möglich ist, kommt es darauf an, den Parteien außerhalb der Mediation Wege aufzuzeigen, die sie motivieren vom Nullsummenspiel Abstand zu nehmen und in ein Positivsummenspiel zu wechseln. Diese Option mag für den Einen oder Anderen nicht nahe liegen. Dennoch ist es grundsätzlich möglich, auch im Gericht ein Positivsummenspiel anzubringen. Dankenswerter Weise hat der Gesetzgeber den Richter nicht in einem Nullsummenspiel gefangen. Über den Schlichtungsauftrag ergeben sich verschiedene Wege, die Parteien gerichtlicherseits zu einer Kooperation zu motivieren[7]. Bei abgegrenzten Konflikten oder niedrigen Eskalationen kann es gelingen, die Parteien von einer Kooperation zu überzeugen. Gegebenenfalls kann er selbst sogar eine kooperative Verhandlung etwa im Rahmen einer Güteverhandlung durchführen. Bei eskalierten Konflikten bedarf es eines größeren Aufwandes. Hier ist der Erfolg fraglich. Allerdings gelingt es dem Richter – möglicherweise sogar besser als jedem anderen Streithelfer – einen wichtigen Schritt in die kooperative Konfliktlösung zu initialisieren. Eine vollständige Kooperation mag dann gegebenenfalls wieder in einer Mediation stattfinden. Bei hohen Konflikten ist es strategisch gesehen ein Vorteil wenn sich die Verfahren der Kooperation und der Konfrontation sauber gegeneinander abgrenzen. Die formale Trennung der Verfahren kommt der Mediation entgegen.
Der Ruf nach Mediation wird immer lauter. Ihm liegt die Erkenntnis zugrunde, dass die Eigenverantwortung der Parteien gestärkt wird, wenn es zu einer einvernehmlichen Vereinbarung der Parteien auf einer konsensualen Basis kommt. Die Nachfrage nach der Mediation ist allerdings noch verhalten. Trotzdem wird mit aller Anstrengung versucht, sie als ein kooperatives Schlichtungsangebot vorzuhalten. Ein Modell, welches das kooperative Verfahren der Mediation mehr oder weniger direkt dem Gericht anbindet ist die gerichtsnahe Mediation. Bei der gerichtsnahen Mediation empfiehlt der erkennende Richter das konfrontative Gerichtsverfahren zu unterbrechen, um den Parteien die Möglichkeit einzuräumen, eine außergerichtliche Mediation durchzuführen. Aber auch hier ist die Nachfrage zurückhaltend. Deutlich bessere Erfolge erlangte in Deutschland das Modell der so genannten gerichtsinternen Mediation. Bei der gerichtsinternen Mediation empfiehlt der erkennende Richter das konfrontative Gerichtsverfahren zu unterbrechen um den Parteien die Möglichkeit einzuräumen, eine außergerichtliche Mediation bei

7 Über die Vorgehensweise dazu siehe ausführlich: Trossen, Wege zur Kooperation, Altenkirchen (www.win-management.de), 2008, S. 24 ff.

einem Richterkollegen durchzuführen, der über eine entsprechende Ausbildung verfügt und in der Sache selbst keine Entscheidungsbefugnis besitzt. Das hoheitlich geprägte Angebot und der kurze Weg vom Gericht in die Konflikthilfe begünstigen die Nachfrage nach einer gerichtsinternen Mediation signifikant. Trotzdem ist diese Art der Verfahrenkombination in Familiensachen nicht sehr hilfreich. Die Familienmediation wird in der Regel mit 10 Stunden kalkuliert. Der zeitliche Rahmen sprengt die ökonomisch vertretbaren Bedingungen, welche von Seiten der Justiz zur Verfügung gestellt werden können. Die Justiz geht davon aus, dass die gerichtsinterne Mediation nach drei Stunden abgewickelt sein soll. Auch das Modell der integrierten Mediation würde unter dem Zeitdruck zu leiden haben. Bei der integrierten Mediation wendet der erkennende Richter Haltungen, Prinzipien, Strukturen, Methoden und Techniken der Mediation an, ohne jedoch ein explizites Mediationsverfahren durchzuführen[8]. Die Verfahrensweise wurde im so genannten Altenkirchener Modell[9] erprobt. Sie beschreibt die Einführung kooperativer Verfahrensformen in ein streitiges Gerichtsverfahren. Der Richter exponiert seine Rolle als Schlichter, indem er den Fall anmediiert. Anmediieren bedeutet, der Richter nimmt die Haltung des Schlichters ein. Er strukturiert das Schlichtungsgespräch entsprechend den Phasen der Mediation und verwendet deren Methoden und Techniken. In einem eskalierten Konflikt wird er kaum zu einem Ergebnis kommen. Um den konstruktiven Ansatz dennoch weiter zu verfolgen, bietet sich in den Familiensachen eine Vernetzung an. Es würde schon helfen, wenn die Rechtsanwälte darauf achten, dass sich die Parteien ebenso wie sie selbst kooperativ verhalten und eine Eskalation vermeiden. Ein Beispiel dafür ist das so genannte Collaborative Law[10]. Es handelt sich um eine von Amerika kommende professionelle Form der Streithilfe, die sich allerdings auf die außergerichtliche Konfliktlösung beschränkt. Vernetzung bedeutet in dem Zusammenhang nicht mehr oder weniger als die Verfolgung eines gemeinsamen Ziels der kooperativen Konfliktlösung, wie sie in einem Positivsummenspiel möglich ist. Solange die Parteien beziehungsweise die Parteivertreter gegnerische Ziele verfolgen, wie sie im Nullsummenspiel typisch sind, fällt es ihnen leicht, alle Bemühungen des Richters für eine Kooperation zu torpedieren. Oft genug geschieht es, dass die Parteien den Anwalt wechseln, um noch effizienter gegeneinander vorgehen zu können. Es ist ein Zeichen des Konfliktes und des unbedingten Willens, die Gegenpartei

8 Zur integrierten Mediation siehe z.B. www.in-mediation.eu oder »«Lit-Med« Zeitschrift für Konfliktmanagement (ZKM) 2/2005, Seite 1 ff, Trossen: »Integrierte Mediation« im »Handbuch Mediation«, Hrsg. Prof. Dr. Haft und Prof. Dr. Gräfin Katharina von Schlieffen, München 2002, 2008, 2. Auflage, Seite 987 ff

9 »Altenkirchener Modell« »Kon:sens«, Rudolf Haufe Verlag, 2000 und http://www.in-mediation.eu/altenkirchner-modell.

10 In Deutschland als »Kooperative Praxis« bekannt. Siehe http://www.in-mediation.eu/kooperative-praxis.

besiegen zu wollen. Manche Anwälte missverstehen die Not der Parteien und legen das Mandat entsprechend scharf an. Sie wollen damit zum Ausdruck bringen, wie sehr sie sich für die Interessen ihrer Mandanten einsetzen. Wofür sie sich aber tatsächlich verwenden ist das Interesse der Parteien am Streiten. Sie helfen ihrer Partei, deren Position durchzusetzen. Es scheint, als wüssten sie nicht, dass das machtvolle Durchsetzen einer Position nur selten geeignet ist, eine nachhaltige und dauerhafte Befriedigung herbeizuführen. In den Dauerschuldbeziehungen bedeutet es meistens einen weiteren Schritt in die Eskalation. Um das Ziel einer gemeinsamen, kooperativen Konfliktlösung zu verfolgen ist es notwendig, dass die am Familienkonflikt beteiligten Professionen nicht nur auf das juristische Wissen zugreifen können, sondern auch über hinreichende Kenntnis der psychologischen Konflikthintergründe, sowie der Phänomene von Kommunikation und Wahrnehmung verfügen. Intuitiv glauben sie zumindest über ein ausreichendes Erfahrungswissen zu verfügen. Tatsächlich ist das für die Konfliktlösung insgesamt erforderliche Wissen jedoch in jeder Profession nur fragmentarisch vorhanden. Ein Wissens- und Erfahrungsaustausch unter den Professionen ist deshalb eine von vielen Möglichkeiten, dieses Defizit zu überwinden.
Die Arbeitskreise Trennung und Scheidung bieten einen idealen Rahmen, in dem die Professionen voneinander lernen können. Das gemeinsame Wissen über Konflikte und Konfliktbewältigung sowie über Familiensysteme legt eine Kooperation nahe. Sie lässt erwarten, dass alle Prozessbeteiligten sich entsprechend konstruktiv verhalten. Wenn es wie in der Cochemer Praxis darüber hinaus zu Absprachen unter den Professionen kommt, kann sich der Richter mehr oder weniger darauf verlassen, dass auch im Falle eines Anwaltswechsels der konstruktive Ansatz nicht verloren geht. Der systemische Ansatz ist sehr stark. Er ist so stark, dass er das Risiko in sich birgt, dass sich andere Sichtweisen dagegen kaum noch behaupten können. Daraus ergeben sich sowohl prozessuale Chancen wie auch Risiken.

Das Krisenmanagement

Im Streit kommt es jeder Partei darauf an, sich durchzusetzen. Die andere Seite soll sich der eigenen Sichtweise und Bewertung unterwerfen. Sie soll Schuldbekenntnisse abgeben und Fehlverhalten eingestehen. Die darauf abzielende Kommunikation verläuft meist zirkulär. Sie ist nicht zielführend. Es gibt ein endloses »Du bist schuld!«, »Nein Du bis schuld!«, »Nein, Du hast aber«, »Du hast doch selber«, usw. Eine derart zirkuläre Kommunikation[11]

11 Rothfischer: »MEDIATION Die Grundlagen der Mediation in Theorie und Praxis«, Trossen (Hrsg.), Altenkirchen, 2008, Seite 153.

führt zur Eskalation. Wie lässt sie sich unterbinden? Abgesehen von den Methoden der Kommunikation (Metakommunikation[12]) und psychologischen Anwendungen (paradoxe Intervention[13]) gibt es einen wirksamen strategischen Ansatz. Er zielt darauf ab, den Parteien die Motivation zur Kriegsführung zu nehmen. Die Parteien müssen ihren Krieg jeweils für sich als sinnlos erkennen. Das ist beispielsweise dann der Fall, wenn ihre Kräfte verbraucht sind und jede weitere Unterstützung versagt wird, gegeneinander zu konfrontieren. Zielführend ist es auch, wenn es keine Gladiatoren mehr gibt oder wenn das Prozessrisiko für beide Seiten so groß wird, dass es praktisch auf keiner Seite mehr Gewinner geben kann. Jetzt sind die Parteien nicht aus ideologischen oder moralischen Gründen veranlasst ihr Vorgehen zu reflektieren. Jetzt sind es strategische Notwendigkeiten, andere Wege der Konfliktbeilegung zu suchen. Der Weg in die Kooperation ist nicht nur eröffnet, er ist naheliegend[14]. Die integrierte Mediation beschreibt eine Migrationsstrategie, wie der Wechsel von der Konfrontation zur Kooperation erfolgen kann. Die Cochemer Praxis erzielt den gleichen strategischen Effekt allerdings mit einem anderen Ansatz. Sie bringt ein als höherwertig angenommenes[15] Interesse ein, dessen Beachtung ebenfalls zu einem Wechsel von der Konfrontation in die Kooperation führt. Anders als bei den zuvor geschilderten strategischen Überlegungen der integrierten Mediation kommt jetzt ein moralischer, bewertender Ansatz auf. Es ist die Idee, dass die Elterninteressen hinter den Kindesinteressen zurückzutreten haben. Dieser Ansatz rechtfertigt die Auffassung, dass sich Eltern so lange streiten sollen, wie deren Kinder davon nicht betroffen sind. Ebenso wie der strategische Ansatz führt auch dieser Gedanke zur Übernahme der Eigenverantwortung oder in diesem Fall besser gesagt der Elternverantwortung. Nachteilig erscheint gegenüber der integrierten Mediation lediglich, dass dieses Modell nur die Kindschaftssachen betrifft[16].

Tatsächlich lebt sich der Konflikt der Eltern nicht nur in den Kindschaftssachen aus. Auch in anderen familiengerichtlichen Auseinandersetzungen wie etwa die Frage nach dem Zugewinnausgleich, der Unterhaltsverpflichtung der Wohnungszuweisung usw. gelangt der elterliche Konflikt an die Oberfläche. Jetzt wird deutlich, dass es sich im Grunde um einen Paarkonflikt handelt, den

12 Rothfischer, a.a.O., Seite 167.

13 Rothfischer, a.a.O., Seite 179.

14 Hofmann: »MEDIATION Die Grundlagen der Mediation in Theorie und Praxis«, Trossen (Hrsg.), Altenkirchen, 2008, Seite 30 ff. unter Bezugnahme auf die Konfliktevolution von Prof. Dr. Schwarz, Konfliktmanagement, 2001, S. 263.

15 Nach den Grundsätzen der Mediation ist grundsätzlich von einer Gleichwertigkeit aller Interessen auszugehen, was natürlich die Verpflichtung zum Schutz und zur Versorgung der Kinder durch beide Eltern in keiner Weise in Frage stellt.

16 Ein Vergleich der Cochemer Praxis mit dem Altenkirchener Modell beschreibt Pia Beck ausführlich in http://www.in-mediation.eu/cochemer-praxis-vs-integrierte-mediation.

die Eltern *miteinander* auszutragen haben und der in den Kindschaftssachen nur einen weiteren Anlass findet, sich auszudrücken. Jetzt wird deutlich, dass es nicht allein die Kinder sind, die Hilfe und Unterstützung brauchen. Zweifellos verdienen auch die Erwachsenen eine verständige Wegweisung bei der Bewältigung ihrer Krise. Anders als die Hilfestellungen, die sich auf Kindschaftssachen beschränken kommt die integrierte Mediation auch in diesen Streitigkeiten zum Tragen. Sie verfolgt ein Umdenken, das die Voraussetzung einer nachhaltigen Konfliktlösung erfüllt und insofern auch den Kindern zu Gute kommt. Die Kinder profitieren von dieser Art der Konflikthilfe also auch dann, wenn sie nicht direkt in ein Verfahren involviert sind. Das zur Konfliktbeilegung nötige Umdenken betrifft in erster Linie die Wahrnehmung des Konfliktes. Das Leid wird nicht zum Anlass für Rache. Es gibt lediglich den Hinweis auf einen Änderungsbedarf. Die Schuldzuweisung erlaubt nicht länger die Schlussfolgerung, dass der Gegner für das Wohlbefinden der sich betroffen fühlenden Partei einzustehen hat. Sie löst lediglich die Frage aus, was kann die betroffene Partei selbst dazu beitragen, damit es ihr besser geht. Eigenverantwortlichkeit wird hergestellt, indem die Partei erkennt, dass es nicht die Gegenseite ist, die für ihr Glück verantwortlich zeichnet. Die Vorstellung, der andere Elternteil könne das Kind wegnehmen relativiert sich durch die Erkenntnis, dass ein Kind kein Besitz ist, den man verlieren kann. Ein Kind hat man ein Leben lang. Das hat nichts damit zu tun, ob Umgang gepflegt wird und ob das Kind bei dem Elternteil wohnt. Etwas das man nicht besitzt kann man auch nicht wegnehmen lassen. Der Umstand, dass ein Kind bei einem Elternteil wohnt und dass sich dieser Elternteil um die leibliche Versorgung des Kindes kümmert bedarf ebenso der Wertschätzung wie die Tatsache, dass sich der andere Elternteil der finanziellen Versorgung annimmt. Außenstehenden mag es leicht fallen, sich diesem Gedanken anzuschließen. Vor dem Hintergrund einer Krise fällt den Betroffenen das Umdenken allerdings extrem schwer. Die Wahrnehmung ist auf einen Standpunkt fokussiert. Die im Konflikt vertretenen Positionen dokumentieren das individuelle Defizit. Manchmal braucht es eines Anstoßes von außen, um dies zu erkennen und um von dem schädlichen Fokus abzulassen. Der Weg dorthin wird durch eine (auf)klärende Kommunikation vorgegeben. Er muss freiwillig gegangen werden, denn nur so gelingt es der Partei, ihre Augen für andere Standpunkte zu öffnen und andere Sichtweisen zu akzeptieren. Nicht ohne Grund ist die Freiwilligkeit eines der wichtigsten Prinzipien der Mediation. In einem Verfahren der Konfliktlösung sollte die strategische Zielführung deshalb zunächst die Herbeiführung einer Gesprächsbereitschaft sein. Hier zeigt sich eine unerwartete Stärke des Richters. Im Gegensatz zum Mediator pflegen die Parteien seinen Einladungen zu folgen. Ihm gelingt es leicht, die Parteien an einen Tisch zu bekommen. Nachdem dies geschehen ist, liegt es an ihm, ob und wie es dem Richter gelingt, den Blick der Parteien vom Streitgegenstand weg auf den dahinter verborgenen Konflikt zu lenken. Die erste methodische Vorgehensweise besteht somit darin, Verständnis herzustellen und dieses Verständnis der gegnerischen Partei zu vermitteln. Es ist der Kerngedanke der Mediation. Der Richter versucht den Fokus zu verändern. Es kommt nicht darauf an, wer was falsch gemacht hat, sondern darauf, was nötig ist, damit es allen Beteiligten, also den Eltern *ebenso* wie den Kindern gut gehen kann. Seine Werkzeuge sind die der Mediation. Er versucht deshalb Verhandlungsprinzipien einzuführen, wie etwa die Transparenz, welche alle Schritte im Verfahren offen legt und streitige Strategien entlarvt oder die Offenheit, welche es den Parteien ermöglicht, ihre Sorgen anzusprechen und die Informiertheit, die zur Beantwortung aller relevanten Fragen führt. Über eine strukturierte Kommunikation, welche entsprechend dem Phasenmodell der Mediation zunächst die Position erfasst, danach die Interessen und zuletzt die Lösungsoptionen, versucht er eine Klärung herbeizuführen. Darüber hinaus verwendet er die Techniken des Paraphrasierens, des Verbalisierens und des Fragens, um eine klärende Trennung der Sachebene (des Problems) von der Beziehungsebene (dem Mensch) zu ermöglichen. Die systemischen Möglichkeiten und Werkzeuge, welche die Gerichte einsetzen können sind im Detail beschrieben[17]. Sie kollidieren nicht mit seiner Rolle als Richter und passen sich an die Prozessordnung an. In der Rolle als Schlichter ergeben sie dem Richter nahezu unbegrenzt viele Möglichkeiten, mit den Parteien zu kommunizieren. Ein formal abgegrenzter Rahmen, in dem die Kommunikation als eine geschützte Kommunikation gelingen mag, stellt die Güteverhandlung zur Verfügung. In Familiensachen ergeben sich durch die Zusammenarbeit mit Jugendämtern, Beratungsstellen und Gutachtern gegebenenfalls weitere Möglichkeiten, zeitaufwendige Verhandlungen auszulagern. Jetzt profitiert der Richter von den in einer Vernetzung verfügbaren Ressourcen. Er profitiert auch von der Möglichkeit, die Parteien zum Zweck kooperativer Verhandlungen in die Mediation zu zwingen. Außerhalb der Mediation und in Kindschaftssachen könnten solche meditativen Gespräche natürlich auch im Jugendamt in der psychologischen Beratungsstelle oder im Rahmen eines lösungsorientierten Gutachtens stattfinden.

Der Friedensvertrag

Die integrierte Mediation denkt nicht in Verfahren, sondern in Abläufen (psychologische Prozesse). Deshalb ist ein Mediieren ohne weiteres auch im Gericht möglich, auch wenn es sich bei dem Gerichtsverfahren nicht wirklich

17 Eine ausführliche Beschreibung wie der Richter einen konsensualen Vergleich herbeiführen kann ergibt Trossen, a.a.O., Seite 24 ff:

um ein Mediationsverfahren handelt. Wenn die Notwendigkeit zu einer Einigung von den Parteien erkannt wurde und es gelungen ist, das Verständnis für sich und den Gegner zu vermitteln, sind die Voraussetzungen für eine konsensuale Einigung erfüllt. Verfahrenstechnisch spielt es keine große Rolle wo die Vereinbarung zustande kommt, ob beim Richter oder beim Mediator. Ob sie allein oder mit der Unterstützung der Rechtsanwälte eingeführt wurde. Wenn die Parteien selbst eine Lösung gefunden und vereinbart haben besteht eine gewisse Vermutung für die Nachhaltigkeit der von ihnen erarbeiteten Lösung. Wenn die Einigung der Parteien schließlich auf einem Konsens beruht, ergibt sich eine Win-win-Situation, von der nicht nur die Parteien, sondern auch alle anderen Prozessbeteiligten profitieren. Die Rechtsanwälte verbessern ihre Reputation. Insbesondere beweisen sie, dass ihr zweifelhaftes Image als Streittreiber und Mietmaul nicht immer gerechtfertigt ist. Die Richter profitieren davon, dass die Parteien selbst die Verantwortung für das Ergebnis übernehmen. Das hat für sie eine psychologisch entlastende Wirkung. Wie sehr die Richter unter der Entscheidungspflicht in Familiensachen leiden, ergab die Umfrage im Koblenzer Justizprojekt[18], als eine Richterin nach der Fortbildung zur integrierten Mediation zurückgemeldet hat: »Ich hab keine Albträume mehr«. Sie hat gelernt zu erkennen, wo die Richterverantwortung beginnt und die Elternverantwortung endet.

Zusammenfassung

Es wird deutlich, dass der Richter eine Familiensache strategisch angehen kann. Sein Ziel sollte darin bestehen, dass die Parteien im Rahmen einer Kooperation selbst die Lösung ihres Konfliktes herbeiführen. Das ist nicht immer im außergerichtlichen Bereich möglich, wie es beispielsweise das Collaborative Law[19] anstrebt. Bei hoch eskalierten Konflikten ist der Einsatz des Gerichts durchaus sinnvoll und hilfreich. Voraussetzung ist, dass auch der Richter das Ziel verfolgt, den Schritt in eine kooperative Konfliktlösung zu ermöglichen. Er bedient sich dazu am besten des Wissens und der Methodik einer mediativen Konfliktlösung, wie sie in der integrierten Mediation[20] beschrieben wird. Er optimiert seine Vorgehensweise, indem er systemische Effekte ausnutzt und darauf vertraut, dass es auch das professionelle Umfeld anstrebt, eine Kooperation der Parteien zu ermöglichen. Über den Austausch

18 Trossen: »Koblenzer Praxis«, Win-Management-Verlag-, Altenkirchen, 2008.

19 In Deutschland als »Kooperative Praxis« bekannt. Siehe http://www.in-mediation.eu/kooperative-praxis.

20 Zur integrierten Mediation siehe z.B. www.in-mediation.eu oder»Lit-Med« 2/2005 Zeitschrift für Konfliktmanagement (ZKM), Seite 1 ff, sowie der Beitrag »integrierte Mediation« im »Handbuch Mediation«, Hrsg. Prof. Dr. Haft und Prof. Dr. Gräfin Katharina von Schlieffen, Beck Verlag, 2002, 2008, Seite 987 ff.

in Arbeitskreisen werden diese systemischen Effekte nutzbar gemacht. Die ideale Vorgehensweise ist somit eine systemisch integrierte Mediation, wie sie im Justizprojekt »Koblenzer Praxis« erprobt wurde, wo die integrierte Mediation mit der Cochemer Praxis vereint wurden.

Kolibri 360 GmbH
Ferdinand-Jühlke-Straße 7
99095 Erfurt, Deutschland
produktsicherheit@kolibri360.de